FALÜ GUWEN GONGZUO JINGYANTAN

法律顾问
工作经验谈

▶▶ 北京市朝阳区律师协会◎编

万　欣　毛亚斌◎主编

中国政法大学出版社

2022·北京

声　明　　1. 版权所有，侵权必究。

　　　　　 2. 如有缺页、倒装问题，由出版社负责退换。

图书在版编目（ＣＩＰ）数据

法律顾问工作经验谈/北京市朝阳区律师协会编. —北京：中国政法大学出版社，2022.11
ISBN 978-7-5764-0708-2

Ⅰ.①法… Ⅱ.①北… Ⅲ.①法律顾问－工作－中国－文集 Ⅳ.①D926.5-53

中国版本图书馆 CIP 数据核字(2022)第 203826 号

出　版　者　　中国政法大学出版社
地　　　址　　北京市海淀区西土城路 25 号
邮寄地址　　北京 100088 信箱 8034 分箱　邮编 100088
网　　　址　　http://www.cuplpress.com (网络实名：中国政法大学出版社)
电　　　话　　010－58908586(编辑部) 58908334(邮购部)
编辑邮箱　　zhengfadch@126.com
承　　　印　　北京旺都印务有限公司
开　　　本　　720mm×960mm　　1/16
印　　　张　　16.75
字　　　数　　280 千字
版　　　次　　2022 年 11 月第 1 版
印　　　次　　2022 年 11 月第 1 次印刷
定　　　价　　69.00 元

法律顾问工作经验谈
编委会

主　　任：万　欣

委　　员：毛亚斌　　王占辉　　宋　通　　李吉伟　　姚丽波　　李　屏
　　　　　贺勤超　　殷玉航　　张景胜　　张学琴

主　　编：万　欣　　毛亚斌

副 主 编：王占辉　　李　屏

编写成员：毛亚斌　　王占辉　　孟丽娜　　闫凤矗　　李　屏　　殷宇航
　　　　　贺勤超　　张学琴　　张志同　　缪志军　　刘汝忠　　孙小瑞
　　　　　严　权　　王　丽　　杨昌明　　焦景收　　卓　强　　王　跃
　　　　　王闻君　　周海华　　朱子墨　　张京伟　　张翰文　　李军军
　　　　　王珊珊　　王　平　　杨高州　　陆婷婷　　侯　正　　康　健
　　　　　纪　硕　　杨　灿　　龚丽平　　黄　珊　　代广义　　贾　泽

政府法律顾问，是指各级政府及其部门选聘的，参与政府法律事务，为政府提供法律服务的专业人员。担任政府法律顾问的人员包括各级政府法制机构工作人员、法学专家和律师等。

政府法律顾问制度是舶来品。我国政府法律顾问制度先后经历了试点创设、全面推进、改革发展三个阶段。1955 年，国务院法制局草拟《关于法律室任务和组织办法的报告》，对政府法律顾问室的工作内容、人员构成及属性作出规定。1980 年出台的《中华人民共和国律师暂行条例》首次明确律师可以接受国家机关、企业事业单位、社会团体等的聘请，担任法律顾问。1989 年司法部发布《关于律师担任政府法律顾问的若干规定》，进一步细化了律师担任政府法律顾问的具体工作，包括为政府重大决策提供法律方面的意见、进行法律论证，对政府起草或拟发布的规范性文件提供修改意见，代理政府参加诉讼，协助审查重大合同及法律文书等。这一阶段，各省市政府逐步开始政府法律顾问制度的实践探索，如 1984 年山西省聘请律师担任政府法律顾问，1988 年深圳市设立全国首家市级政府法律顾问室，1999 年吉林省组建全国首家省级政府法律顾问团。国务院 2004 年出台了《全面推进依法行政实施纲要》，2010 年发布了《关于加强法治政府建设的意见》，随着建设法治政府目标的提出，各地开始建立政府法律顾问制度，相继推出相关地方立法。2013 年、2014 年，党的十八届三中、四中全会先后通过了《中共中央关于全面深化改革若干重大问题的决定》《中共中央关于全面推进依法治国若干重大问题的决定》，提出普遍建立、积极推行政府法律顾问制度的总体安排。2016 年，中共中央办公厅、国务院办公厅印发《关于推行法律顾问制度和公职律师公司律师制度的意见》，对各级政府建立政府法律顾问制度体系作出系统规划，提出在 2017 年底前，中央和国家机关各部委，县级以上地方各级党政机关普遍设立法律顾问、公职律师，乡镇党委和政府根据需要设立法律顾问、公职律师，国有企业深入推进法律顾问、公司律师制度，事业单位探索建立法律顾问制度，到 2020 年全面形成与经济社会发展和法律服务需求相适应的中国特色法律顾问、公职律师、公司律师制度体系。该文件颁布后，随着各地一系列配套立法的颁行，覆盖全国的省、市、县三级政府法律顾问工作体系逐步建设完成。根据司法部最新发布的数据，截至 2021 年底，全国共有执业律师 57.48 万多人，2021 年全国律师为 84.6 万多家党政机关、人民团体和企事业单位等担任法律顾问。[1]

2022 年我国政府工作报告中明确要求各级政府部门坚持依法行政，深化政务公开，加强法治政府建设。当前，在新的国际政治经济形势下，我国党政机关面临的社会治理问题愈加复杂，专业化要求更高。政府要实现依法行政、科学决策，有必要借助专业的第三方力量提供智力资源。外聘律师作为政府法律顾问队伍的组成部分，因其固有的专业优势、职业优势和实践优势，是法治政府建设不可或缺的助力。首先，律师群体具有专业特长。律师以专业为本，既熟悉实体法又熟悉程序法，既熟悉非诉讼事务又熟悉诉讼事务，既熟悉国内法律事务又熟悉涉外法律事务，有助于为政府部门立法、决策、执法、普法、司法等提供专业支撑和智力支持。其次，律师群体具有职业优势。作为外聘法律顾问，基于第三方法律服务机构的职业定位和伦理约束，律师事务所及律师应当独立发表意见、承担责任，有助于政府部门以法治思维和法治方式思考问题、分析问题和解决问题。最后，律师群体具有实践优势。律师基于委托人的要求，为各行各业不同主体提供法律服务的过程，也是对社情民意的调研实践，有助于立足我国国情和地区实际，为实践创新提供源头活水。律师担任政府法律顾

---

[1] "2021 年度律师、基层法律服务工作统计分析"，载 http://www.moj.gov.cn/pub/sfbgw/zwxxgk/fdzdgknr/fdzdgknrtjxx/202208/t20220815_461680.html.

问，既是政府全面推行依法行政、践行法治精神的重要体现，也是律师深度融入全面依法治国体系、切实发挥职业作用的重要实践。

北京市朝阳区律师协会总结了多年以来律师同仁在政府法律顾问工作中积累的实务经验，编写完成本书。本书以政府法律顾问工作中常见的法律问题为导向，既有立足政府法律顾问工作的宏观思考，如政府法律顾问的角色和定位、政府法律顾问制度的实践难点、政府法律顾问助力法治建设的举措等，又有围绕政府顾问工作热点难点问题的微观分析，如村务公开、违法建设查处、网约车监管、僵尸企业治理、疫情防控期间行政征用等。本书所涉监管领域涵盖自然资源、城乡规划、住房和城乡建设、市场监管、教育行政、交通运输等；研究对象既包括政务公开、投诉举报、行政许可、行政处罚、行政征用等职权事项，又涉及事前审查、日常监管、涉诉处理等多个环节，围绕政府机关及其工作人员履职过程中面临的现实问题及痛点、堵点、难点，从理论与实操层面提出解决思路与对策，具有针对性和可行性。相信本书的出版能够为政府法律顾问工作实践提供启发和参考。

同时，我们还应清醒地认识到，政府法律顾问工作现阶段仍存在一些问题与不足，如角色定位不准确、专业水平参差不齐、服务体验褒贬不一等。希望本书的出版，一方面能促使律师同仁从服务者的角度进一步反思如何提高服务质效、改善服务体验、提升服务水平，另一方面亦能为社会公众进一步了解政府法律顾问提供一个新的视角，以期进一步推动律师行业向上、向善、向强、向优、向专。

第三届北京市朝阳区律师协会会长　杨　光

2022 年 9 月

序言二
PREFACE2

做好推动法治政府建设的参谋

中华人民共和国成立后，首个"法律顾问室"经指示建立。早在 1955 年 3 月，《国务院法制局关于法律室任务职责和组织办法的报告》就对机关、单位设立的法律顾问室的性质、地位、职责以及成员构成等方面作了比较明确的规定。此一般被认为我国法律顾问制度的诞生标志。

1989 年，在具有里程碑意义的《中华人民共和国行政诉讼法》制定实施之背景下，司法部制发《关于律师担任政府法律顾问的若干规定》，以此加强对律师行业的规范引导、管理和监督。

十八大至今，政府法律顾问制度有了新的发展。党的十八届三中全会审议通过了《中共中央关于全面深化改革若干重大问题的决定》，要求普遍建立法律顾问制度。2014 年十八届四中全会通过的《中共中央关于全面推进依法治国若干重大问题的决定》提出，积极推行政府法律顾问制度，并对法律顾问的人员构成作了规定，即包括政府法制机构人员、专家和律师。在 2014 年中央全面深改组第六次会议上，习近平总书记再次指出建立健全决策咨询制度，强调智库在依法行政中的作用，2015 年，中共中央办公厅、国务院印发了《关于加强中国特色新型智库建设的意见》，进一步强调建立智库。2016 年 6 月，中共中央办公厅、国务院办公厅印发了《关于推行法律顾问制度和公职律师公司律师制度的意见》，并发出通知，要求各地区各部门结合实际认真贯彻执行。至此，我国的政府法律顾问制度全面发展。

　　新时期，政府法律顾问的角色应当实现从单纯的法律咨询者向独立的法治守护者转变，通过为重大决策、重大行政行为提供法律意见；参与法律法规规章草案、党内法规草案和规范性文件送审稿的起草、论证；参与合作项目的洽谈，协助起草、修改重要的法律文书或者以党政机关为一方当事人的重大合同；为处置涉法涉诉案件、信访案件和重大突发事件等提供法律服务；参与处理行政复议、诉讼、仲裁等法律事务；履行所在党政机关规定的其他职责，有效推进政府法律顾问角色的转变。同时使政府的管理、决策进一步迈向程序化、规范化和法治化。

　　北京市朝阳区律师协会作为全国最大的基层律师协会，一直高度重视行政法和政府法律顾问业务的研讨，本届协会继续成立行政法和政府法律顾问业务研究会，汇聚朝阳律师经验，助力法治朝阳的建设。本届研究会成立以后，积极作为，开展了一系列有声有色的活动：组织了行政法业务培训；进行了政府法律顾问业务调研；参与了有关业务领域的立法、修法活动，提出了很多具有较强针对性和实操性的建设性意见；起草了律师从事金融业务、不动产查询业务的操作指引，为广大律师规范办理行政法业务提供了较大的帮助。

　　这本《法律顾问工作经验谈》，是由行政法和政府法律顾问业务研究会组织的、一批具有政府法律顾问执业经验的律师从各自的执业活动实践角度出发撰写而成的。书中既有对时下热点法律问题的研讨，亦有对基础法理的探究；既有微观层面的村务公开、物业费收取，也有宏观层面的政府信息公开、市场监督管理，涉及政府法律顾问业务的 34 个问题，以论文的形式在本书中展现。本书旨在促进政府法律顾问更好地为政府直接、及时地提供法律咨询服务，进一步避免和减少政府行政决策和管理的失误或违法，进一步推动政府法律顾问制度不断完善、均衡发展，最大限度发挥其价值与功能。

　　"法治先锋、行业典范、中国形象"，北京市朝阳区律师协会始终秉持敢为人先的精神，鼓励专业律师通过积极参与政府法律顾问的工作参与到依法治国的进程中。专业律师更应该在新时代勇于担当，为政府建言献策，为依法行政保驾护航。胸怀"国之大者"，切实履行中国特色社会主义法治工作者的职责、使命，为全面依法治国作出自己的贡献！

第三届北京市朝阳区律师协会副会长　　万　　欣

2022 年 9 月

踔厉奋发　为法治政府建设贡献力量

　　2022年10月16日召开了中国共产党第二十次全国代表大会，二十大报告第七部分指出，坚持依法治国、依法执政、依法行政共同推进，坚持法治国家、法治政府、法治社会一体建设；扎实推进依法行政，转变政府职能，优化政府职责体系和组织结构，提高行政效率和公信力，全面推进严格规范公正文明执法。这为法治政府建设指明了方向，规划了蓝图，更为律师担任政府法律顾问工作提供了机遇和挑战。

　　三十年回顾——我国政府法律顾问制度受到了高度重视。1989年司法部通过了《关于律师担任政府法律顾问的若干规定》，首次规定了政府法律顾问制度中的律师任务：为政府在法律规定的权限内行使管理职能提供法律服务，促进政府工作的法律化、制度化。2014年中国共产党十八届四中全会通过了《中共中央关于全面推进依法治国若干重大问题的决定》，指出了政府法律顾问机制中的律师作用：要积极推行政府法律顾问制度，建立政府法制机构人员为主体、吸收专家和律师参加的法律顾问队伍，保证法律顾问在制定重大行政决策、推进依法行政中发挥积极作用。2016年中共中央办公厅和国务院办公厅印发了《关于推行法律顾问制度和公职律师公司律师制度的意见》，确定了政府法律顾问机制建设的目标任务：中央和国家机关各部委，县级以上地方各级党政机关普遍设立法律顾问，乡镇党委和政府根据需要设立法律顾问，事业单位探索建立法律顾问制度，全面形成中国特色法律顾问制度体系。

2019 年中国共产党第十九届中央委员会第四次全体会议，通过了《中共中央关于坚持和完善中国特色社会主义制度、推进国家治理体系和智力能力现代化若干重大问题的决定》，提出了政府法律顾问机制中的领导干部率先垂范作用：各级党和国家机关以及领导干部要带头尊法学法守法用法。2020 年 10 月中国共产党第十九届中央委员会第五次全体会议，审议通过了《中共中央关于制定国民经济和社会发展第十四个五年规划和二〇三五年远景目标的建议》，强调了政府法律顾问制度中的治理体系：建设职责明确、依法行政的政府治理体系。

三十年发展——我国政府法律顾问制度得到了有效快速发展。我国政府法律顾问制度发轫于上世纪八十年代，深圳市作为改革开放的排头兵率先成立了经济领域法律咨询顾问室。之后，政府法律顾问制度历经三十余载栉风沐雨，从早期的部分地区试点，到如今神州大地落地生根，逐步形成了省、市、县三级一体化建设，成为了各级政府依法行政、依法执政、法治政府建设的重要力量。

三十年展望——律师担任政府法律顾问的机遇和挑战。随着全面深化改革的不断深入，许多实务性问题不断产生，许多矛盾亟待解决，如何科学解决这些问题和矛盾，成为了法治政府建设的新课题。律师作为工作在一线的法律实践者，具有丰富的法律实践经验，应当积极主动热情的参与到法治政府的建设之中，构建政府法律顾问的工作机制，预防政府法律风险，维护行政相对人合法权益。律师应当积极传播法治政府建设的经验和知识，成为法治政府建设的传道者、授业者、解惑者，将法律知识用通俗易懂的语言，通过以案释法的形式，向政府单位的领导和同志们进行讲解，使大家深刻感受到法律不是"硬梆梆"文字堆积，而是有血有肉、关系切身利益的"文化盛宴"，使想学习、要学习、能学习在政府部门蔚然成风，大力促进法治政府建设。律师担任政府法律顾问工作，一定会大有可为，必定会大有作为。

本书采用理论与实践相结合的方式，以解决具体法律问题为出发点，内容涵盖基层群众自治、行政处罚、房屋征收等各类行政法律工作，对政府部门及律师担任政府法律顾问工作具有极大的参考价值。孔子曰："知者不惑，仁者不忧，勇者不惧"。我们衷心希望本书中的经验能够为广大读者提供帮助，以期读者们在依法行政、依法执政、或办理案件中起到一定的参考作用。

一切伟大成就，都是接续奋斗的结果；一切伟大事业，都需要在继往开来中推进。本书在编辑过程中得到了北京市朝阳区司法局、北京市朝阳区律师协会和广大律师的鼎力支持和大力帮助，向各位领导和律师同仁们表示衷心感谢！祝愿北京市朝阳区广大律师能够以饱满的热情，积极投身到政府法律顾问工作中，为推动和促进法治政府建设，贡献我们的智慧和力量！

第三届北京市朝阳区律师协会

行政与政府法律顾问业务研究会主任　毛亚斌

2022 年 10 月

第 一 部 分

政府法律顾问工作经验分享

第二部分

依法行政问答

第一部分

政府法律顾问工作经验分享

01

依法履行村务公开监管职责的几点建议
——以原告李某诉被告北京市某区人民政府行政告知案为例

孟丽娜*

村务公开制度是我国农村村民自治中实现民主管理和民主监督的一种重要途径和有效方法，但在具体的实施过程中容易出现不及时公开或公开不真实等问题，进而侵害村民的合法权益，这就需要相关行政机关依法对村务公开情况进行监管，主要体现在行政机关依村民申请对公开情况予以调查核实方面。但是，调查核实的具体操作流程缺少相关规定，这导致了行政机关履行监管职责不全面、不及时的问题时有发生，从而增加了行政应诉的败诉风险。笔者拟就此问题结合案例进行分析探讨并向行政机关提出有针对性的建议。

村务公开制度是《村民委员会组织法》[1]规定的民主管理和民主监督的重要制度。设立村务公开制度的初衷在于保障农村村民实行自治的权利，发展农村基层民主，维护村民合法权利。

通过对近五年有关村务公开的相关典型案例进行分析，可以发现法院在审理履行村务公开监管职责纠纷案件时，会先对原告申请的事项是否属于村务公开的范围进行判断。对于不属于村务公开范围的情况，法院通常会驳回原告的起诉；对于属于村务公开的事项，出现村委会未公开或未及时公开的情形，且行政机关存在履职不到位的情形，法院会根据具体情况确定该村务公开申请是否仍有公开必要。对于无村务公开的可能性、判令行政机关重新启动程序、已对村民进行回复没有必要性和实际意义的情况，法院会判决确

---

* 孟丽娜，单位：北京市康达律师事务所，电话：13911616196。

〔1〕《村民委员会组织法》，即《中华人民共和国村民委员会组织法》。为表述方便，本书中涉及我国法律文件直接使用简称，省去"中华人民共和国"字样，全书统一，后不赘述。

认行政行为违法；对于仍有公开必要的，法院会判决行政机关在一定期限内处理相关事项、履行相应职责。原告李某诉被告北京市某区人民政府行政告知案即属于行政机关履职不到位的情况，由行政机关对原告的申请继续进行调查、核实并作出处理。

一、案例事实介绍

2017年1月23日，原告李某向驹子房村委会提交《村务公开申请书》，要求驹子房村委会公开：（1）村委会办事议事制度；（2）村干部分工；（3）村委会任期目标责任、年度工作计划及完成情况；（4）村干部民主评议结果及考核情况；（5）村经济发展规划；（6）村干部任期内集体资产、资源的增值情况；（7）村（组）评选推荐先进及受表彰奖励情况；（8）村干部任期内财务审计结果；（9）村财务年度收支情况及审计结果；（10）村年度重点工作计划及进展情况；（11）村民主议政日提出的问题及改进情况；（12）农村低保政策及享受对象、补助标准；（13）五保供养政策及享受对象、补助标准；（14）新型农村合作医疗制度及实施情况；（15）农村困难家庭大病医疗救助政策及享受对象、补助标准；（16）新农村建设实施方案、资金来源及使用情况；（17）村债权、债务及清理情况；（18）村办公经费收支情况；（19）村（组）干部和专干报酬；（20）村集体经济项目的承包、租赁、转让费用收缴、使用情况；（21）村集体资产的购置、经营、处置数量、金额等情况及审计结果；（22）村办经济实体、公益事业项目招投标和承包方案；（23）宅基地申报、审批情况；（24）集体土地征用补偿费用及使用分配；（25）集体土地、"四荒"地承包、租赁、经营方案及费用收缴、使用情况；（26）村民会议和村民代表会议认为需要公开的其他事项。

2017年4月13日，原告以驹子房村委会为被申请人向被告北京市某区人民政府提交《要求某区政府责令村务公开申请书》，申请事项为：请求责令被申请人依据《村民委员会组织法》等相关法律法规的规定向申请人公开某乡驹子房村集体土地征收、征用情况等26项村务信息。被告于同年4月17日收到，于2017年5月19日从驹子房村党支部副书记吴某处了解到原告申请公开的村务信息已由该村予以公开，并提供了已公开信息照片。2017年6月6日，区民政局向被告提交的《关于以区政府名义告知李某反映某乡驹子房村委会村务未公开事宜的请示》载明，根据调查结果申请人可到村务公开地点核实或直接与驹子房村委会联系查看村务公开内容，请示以被告名义向原告履行答复。2017 年 6 月 8 日，被告作出《告知书》，告知驹子房村委会依据《村民委员会组织法》进行村务公开，在该村村务、财务公开栏中公开了涉及该村的村务信息内容，并已送达给原告。后被告将该《告知书》送达原告。

二、案例问题分析

根据《村民委员会组织法》的有关规定，对于村民委员会不及时公布应当公布的事项或者公布的事项不真实的，村民有权向乡政府或者区政府及其有关主管部门反映，有关人民政府或者主管部门应当负责调查核实，责令依法公布；经查证确有违法行为的，有关人员应当依法承担责任。该案中，区政府负有对村民反映的村民委员会村务公布事项进行调查核实，并在确认村民委员会存在不及时公布应当公布的事项或者公布的事项不真实的情况下责令其依法公布的法定职责。

《村民委员会组织法》已明确规定县级人民政府对村民反映的村务公布事项负有调查核实的法定职责，调查核实的范围包括村民委员会是否及时公布应当公布的事项以及公布的事项是否真实。被告区政府根据区民政局协助调查核实的情况及从驹子房村委会了解的情况，向原告作出《告知书》，但被告提交的证据不足以证明驹子房村委会在该村村务、财务公开栏中已公开了原告申请公开的村务信息，被告未对驹子房村委会是否及时、全面公开了原告所提出的多个村务公开请求进行调查核实，属于未充分履行前述法律规定的法定职责。被告作出的《告知书》，认定事实不清，应予撤销。

三、规范履职建议

对于如何规范履行村务公开监管职责，笔者提出如下建议：

1. 履职主体应明确，具体事项可委托

《村民委员会组织法》规定了村务公开纠纷的解决途径之一是村民有权向区政府及其主管部门、乡政府反映，有关人民政府或者主管部门在收到申请时应当负责调查核实，责令村民委员会依法公布。

司法实践中，如区政府收到履行村务公开监管职责的申请，可转交由区民政局或区农业农村局进行调查核实，区民政局或区农业农村局进行调查后，向区政府反馈调查核实情况，代表区政府向有关村民委员会发送责令其依法公布的通知，报区政府作出书面告知书的做法，人民法院是予以认可的。如乡政府收到履行村务公开监管职责的申请，可自行进行调查核实并责令有关村民委员会依法公布。

2. 调查取证不超期，确保公开要到位

行政机关在收到履行村务公开监管职责申请时，应当及时履行法定职责。以区政府收到履责申请为例，区政府转交相关主管部门处理，对于相关主管部门接到转办事宜后的调查核实工作，以及报送区政府审批的时间，区政府需要在 2 个月内作出告知书并及时送达申请人，否则会构成拖延履行法定职责。

需要注意的是，相关主管部门的调查情况及相关证据需要连同告知书一并报送区政府审查。以该案为例，虽经区民政局调查，但最终举证的村务公开信息与调查内容尚有出入，包括村务公开公示材料不清晰、难以辨认，作为证据的村务公开资料年份较早，距申请人提出申请时的间隔期限较长，村委会亦未向申请人确认需要村务公开文件的时间跨度，申请人对公开内容不予认可等，显然区政府仅凭区民政局的调查报告，难以作出准确判断。这说明区民政局在调查过程中，仅以自己的理解完成了调查核实工作，导致申请人对公开内容不予认可并引发了争议。

此外，如果村民委员会没有及时公布村务信息，需要责令村民委员会依法公布的，还要对村民委员会后续的执行情况进行调查核实并留存相关证据，使申请人对村务信息的知情权和监督权得以有效保障，行政机关亦能降低应诉风险。

3. 履职情况留证据，调查核实应具体

区政府及其主管部门、乡政府在调查核实过程中，不仅需要制作调查笔录，还需要调取申请人要求公开内容的纸质文本以及公开的照片或录像。对于纸质文本，需要审查其内容与申请人要求公开内容的对应性以及真实性，如果没有相应的村务信息，则需要村委会出具情况说明或在调查笔录中说明理由，公开的照片或录像要注明拍摄时间与地点。而且，如果申请人的申请事项不明确，如对要求公开的村务信息的年份没有明确，则需要申请人补充说明具体公开内容，避免调查核实内容不全面、不具体。

四、结论

在大部分被判决败诉的履行村务公开监管职责案件中，行政机关并非完全未履行监管职责，而是存在着不完全履行或者拖延履行的情形，致使法院认为行政机关未切实尽到全面调查、核实的义务。这就要求行政机关在履行调查核实村务公开工作时，不仅要对村民委员会是否存在不及时公开或公开不真实的情况进行充分的调查、核实，还要求行政机关作出责令公开决定或通知时，给村民委员会设定依法公开的合理期限，使其及时履行村务公开的法定职责，更要求行政机关对后续村务公开情况进行核实并将调查处理情况反馈给申请人。只有行政机关按照法律规定充分地履行了前述职责，才能有效避免诉讼风险。

关于行政机关不履行职责或履行职责不充分问题的分析和建议

毛亚斌* 刘 巍**

党的十八大以来，党中央从保持和发扬中国特色社会主义的全局角度，将全面依法治国纳入"四个全面"战略布局，形成了习近平法治思想，为加快建设中国特色社会主义法治体系提供了坚实基础，自此开启了全面推进依法治国的新发展局面。

一、建设法治政府的重要意义

中共中央、国务院印发的《法治政府建设实施纲要（2021-2025年）》明确指出，法治政府建设是推进全面依法治国进程中的重点任务，也是一项主体工程，是推进国家治理体系和治理能力现代化的重要支撑。

《法治中国建设规划（2020-2025年）》提出，到2035年，我国将基本建成法治国家、法治政府、法治社会，基本形成中国特色社会主义法治体系，基本实现国家治理体系和治理能力现代化。同时，该规划还提到，建设法治国家，首先要建设职责明确、依法行政的法治政府。各级政府坚持"法定职责必须为、法无授权不可为"，要把所有政府活动都纳入法治轨道中，落实依法行政的要求。

二、法律顾问制度对于建设法治政府的积极作用

在积极推进全面依法治国和建设法治政府的进程中，各级政府部门办理

----

* 毛亚斌，单位：北京普盈律师事务所，电话：13366881359。
** 刘巍，单位：北京普盈律师事务所，电话：13120095946。

法律专业问题的事项日益增多，因此必须积极推行、建立政府法律顾问机制，聘请具有不同学科背景的法律专家、律师、学者等担任法律顾问。外部法律顾问机制将从法律角度为政府部门的重大决策保驾护航，助力依法行政工作。

2016 年，在《关于推行法律顾问制度和公职律师公司律师制度的意见》中，中共中央、国务院对中央和国家机关各部委，以及县级以上地方各级党政机关制定法律顾问制度、聘请公职律师等事项设定了明确的目标任务，其他各乡镇党委和政府则可以根据需要配备法律顾问、公职律师等。到 2020 年，全面形成与我国经济社会发展和法律服务需求相适应的中国特色法律顾问、公职律师、公司律师制度体系。

政府部门、党政机关等普遍建立法律顾问制度，既符合国家各项大政方针的规定和要求，又能够为各级地方政府、行政机关以及行政决策人员及时提供外部法律保障，让政府决策能够多一种视角、多一层思考，助力行政机关作出科学决策，依法行政。因此，也有学者将政府法律顾问人员比喻为预防违法行政行为的"守门员"、推进依法行政的"助推器"、助力科学决策的"智囊团"、沟通百姓的"传声筒"。[1]

三、建设法治政府工作中存在的问题及原因

（一）建设法治政府工作中存在的问题

随着全面依法治国、建设法治政府工作的不断推进，行政机关在执法工作等多方面取得了一定的进步，但是，距离 2035 年基本建成法治政府的目标还存在一定差距。

从政府法律顾问的角度，同时参考司法裁判案例，可以看出行政机关在工作过程中，仍然存在不履行职责或履行职责不充分的问题。

例如，在云南省某基层人民法院 2017 年审理的县人民检察院诉县森林公安局怠于履行法定职责的行政案件中，行政相对人在未取得合法手续的情况下，擅自改变林地用途、破坏自然资源，县公安局对此作出"责令限期恢复原状"的行政处罚决定。但是，在此后三年多的时间里，县森林公安局并没有积极地监督执行行政处罚决定，行政相对人也怠于履行行政义务，致使处

---

〔1〕 魏爽："政府法律顾问为依法行政'保驾护航'"，载《青海日报》2017 年 7 月 25 日。

罚决定一直没有落实，被相对人破坏的自然资源、林地、植被等也未得到及时修复。法院经审理，最终判决县森林公安局继续履行其法定职责。[1]

在浙江省某基层人民法院 2016 年审理的戴某、张某等六原告诉被告县人民政府某街道办事处不履行信息公开法定职责的案件中，申请人向街道办事处提交了信息公开申请，该街道办事处具有处理和履行行政信息公开的职责和义务，应当依法在规定的期限内作出答复，否则属于行政不作为。法院经审理作出判决，对于申请人提交的《政府信息公开申请书》，街道办事处应当依照法律规定，在 15 个工作日内予以答复。[2]

在山东省某基层人民法院 2020 年审理的原告刘某诉被告县公安局不履行法定职责一案中，申请人为了避免自己的房屋及人身安全遭受不法侵害，向公安局提交了《人身及财产安全保护申请书》，请求县公安局对其房屋以及房屋内的财产予以保护，以避免自己的房屋被非法强拆或毁坏，同时申请公安局保护自己的人身安全免受侵害，但是刘某在邮寄申请四日后收到了县公安局的拒收退件。根据法律规定，县公安局在收到当事人的申请后，应当依法予以受理、登记，拒不接受申请的行为属于没有依法履行法定职责。经审理，法院判决县公安局拒收申请属于违法行政行为。[3]

（二）行政机关存在不履行法定职责问题的原因

1. 行政机关存在职权变更，或者机关合并、分立、被撤销等情况

当行政机关发生职权变化、原行政机关被撤销，或者行政机关内部之间存在合并、分立等情况时，其职权范围、执法程序等都会发生变化，继续行使职权的行政机关可能会对新承接职权范围内的疑难复杂问题处理不当，尤其是对于前一机关的遗留问题等在处理上存在困难，这可能是造成行政机关未能依法履行法定职责的原因之一。

例如，在前述某县森林公安局怠于履行法定职责的行政案件中，原本应当由林业局行使关于林业管理事务的行政处罚权，但是，因机关职权调

[1] [2017] 云 2931 行初 1 号公益诉讼人某县人民检察院诉某县森林公安局怠于履行法定职责一案行政判决书。

[2] [2016] 浙 1024 行初 102 号戴某、张某等诉被告某县人民政府福应街道办事处为不履行街道办事处信息公开法定职责一案行政判决书。

[3] [2020] 鲁 1522 行初 55 号原告刘某诉被告某县公安局不履行法定职责一审行政判决书。

整并经省政府授权，改由各级森林公安机关相对集中地行使林业部门的部分处罚权，县森林公安局在接管该部分职权后，可能由于对之前工作了解得不充分，导致未能全面履行法定职责，未能监督相对人履行恢复原状的义务。[1]

2. 作出行政决定后难以全面落实和执行

行政机关作出行政决定后，在实际执法过程中，由于没有配套的执行细则与规划，在相对人拒不配合或者出现其他突发情况时，无法贯彻执行决定内容，使得行政决定书成了一纸空文，行政决定落实不到位，无法全面履行行政职责。

3. 行政机关事务繁杂导致处理问题不及时、不全面

行政机关作为处理国家、社会、个人事务的权力主体，由于工作量大、事务繁多复杂，可能会存在处理事务不及时、不全面等问题，进而无法及时、全面地履行法定职责。大多行政法律规定都会对行政行为的履行期限作出明确要求，目的是督促行政机关积极、高效地履行职责。但是，在实际工作当中，诸如街道办事处等基层行政单位每天都要处理众多繁杂的事务，如果不能将工作进行合理安排，很容易超过法律规定的期限，不能及时履行其法定职责。[2]

4. 行政机关之间分工不明确、缺乏有效合作

各行政机关执法方式、程序、权限、范围等存在不明确、不具体等问题，如果同一件事多个部门均有权处理，可能会导致互相推诿的情况；如果某项事务，没有部门负责管理执行，就会在实际工作中形成空白区域，无法形成分工合理、高效运行的有机整体，这些都会导致行政机关难以全面依法履行行政职责。

四、关于加快推进法治政府建设的建议

1. 加强行政工作全程记录工作

行政机关发生职权变更，或者合并、分立、被撤销等情况时，如果未能

---

[1] [2017] 云 2931 行初 1 号公益诉讼人某县人民检察院诉某县森林公安局怠于履行法定职责一案行政判决书。

[2] [2016] 浙 1024 行初 102 号戴某、张某等诉被告某县人民政府福应街道办事处为不履行街道办事处信息公开法定职责一案行政判决书。

进行完整的工作交接，可能会产生遗留问题，继续行使职权的机关由于对于之前的情况不了解，而无法有效地处理和解决问题。在行政执法工作中，建立健全行政行为执法全过程记录制度，[1]一方面有利于行政执法工作监督、定期复盘，工作流程更具条理性、科学性，提高工作质量和效率，另一方面也能够让之后行使该职权的机关有所借鉴。

2. 政府作出行政行为时，内容必须明确且具有可操作性

行政机关作出的行政行为文书内容应当明确具体，例如，在某县森林公安局怠于履行职责的案件中，县森林公安局仅作出"责令限期恢复原状"的行政处罚决定，但是没有明确具体恢复原状的期限、方式等。在行政相对人拖延履行义务后，也没有进行有效督促，导致该行政处罚一直不能落实。由此可见，行政机关在执法过程中，还需加强沟通，给予相对人指导和释明，依法全面履行自己的职责。

3. 完善行政执法体制，明确行政机关权责

法治政府，要求各个部门都能够按照法定的程序和规则依法执法。首先要明确各类主体的权限范围，对于存在权限交叉的部门，应当加强综合执法，避免相互推诿；对于执法的空白区域，应当明确责任主体，在法定权限内依法行政。[2]深化行政体制改革，整合队伍，明确各自职权，同时加强各执法部门之间工作衔接，提高整体行政工作效率，避免出现工作空白。

4. 完善网络信息公开制度，提高办事效率

政府信息公开应当作为政府机关的一项常态化工作。目前，部分行政机关能够有意识地主动公开行政信息，但仍存在公开信息碎片化、滞后性等问题。依申请公开缺乏负责统筹协调的统一部门，可能会导致申请难、受理不规范、回复不及时等问题。建议在政府信息公开场所，尤其是网络信息平台，设立专门的部门和人员进行日常维护、及时更新信息，让人民群众能够及时、准确地找到办事平台、途径，减少办事人力和时间成本，也能够提升机关行政执法的整体效率。

建设法治国家、法治政府任重而道远，需要不断探索与实践。在长期的规划与发展过程中，需要各级行政机关同心协力，正视当前存在的各类现实

---

〔1〕 刘勤："加快法治政府建设中存在的问题及对策"，载《法制与社会》2019 年第 25 期。

〔2〕 刘勤："加快法治政府建设中存在的问题及对策"，载《法制与社会》2019 年第 25 期。

问题，配合党的方针政策，不断完善我国法律法规体系和内容，树立行政工作人员的法治思维，严格执法，健全机制。[1]希望以上分析和建议能够对法治政府建设工作有所助力。

---

[1]　刘勤："加快法治政府建设中存在的问题及对策"，载《法制与社会》2019 年第 25 期。

政府实施乡村振兴战略需注重发挥律师作用

——依法实施乡村振兴战略的有效保障

闫凤翥* 李 屏**

乡村振兴战略是新时代下习近平总书记提出的新课题，是具有政治性、法治性、社会性、经济性的系统战略工程，涉及社会、法律、经济等层面的诸多问题，特别是法律问题更具有复杂性、专业性、及时性，需要律师提供系统的、高质量的服务。律师作为专业法律人才，是满足和保障实施乡村振兴战略法律需求的主要力量。因此，各级党委、政府要注重发挥律师的专业化作用，积极引导律师投身于乡村振兴的伟大事业之中，为各级党委、政府解决乡村振兴中遇到的"难点、热点、新点"问题，提供咨询、顾问、专项服务等，用专业法律技能及时、高效、高质地为乡村振兴提供服务。笔者分析了政府在实施乡村振兴战略中将会遇到的各类法律、政策问题，如如何注重发挥律师的作用、律师如何参与到实施乡村振兴战略中来、律师如何练就新本领适应乡村振兴需求。实践证明，实施乡村振兴战略的过程也是政府依法行政的过程，律师是依法行政的保障主体，注重发挥律师的作用才能保障乡村振兴顺利实施。

2018年中央一号文件提出全面实施乡村振兴战略的意见，再次吹响了中国农村改革的号角。可以说，乡村振兴战略的实施是中国改革开放40余年经验的积累和总结，是中国农村第二次改革的重要举措。以集体产权制度、土地权能分置、基础设施投入、农业产业现代化、农民脱贫、乡村社会治理为改革核心的乡村振兴战略，是习近平新时代中国特色社会主义思想在农村、农

---

 * 闫凤翥，单位：北京市尚和律师事务所，电话：13521774577。
** 李屏，单位：北京市尚和律师事务所，电话：18600679676。

业领域的具体体现。2020 年 6 月，全国人大面向社会征询对《乡村振兴促进法（草案）》的意见标志着依法实施乡村振兴即将启航，2021 年成了依法实施乡村振兴战略元年。政府如何发挥律师在乡村振兴中的作用；如何将依法行政全面融入乡村振兴中，确保乡村振兴事业顺利推进、实施？笔者依据中共中央、国务院《关于实施乡村振兴战略的意见》（本文以下简称《意见》）、《乡村振兴战略规划（2018-2022 年）》（本文以下简称《规划》）、《乡村振兴促进法（草案）》以及各部委有关乡村振兴方面的政策规定，从政府实施乡村振兴战略角度给予解读。

一、实施乡村振兴战略涉及的法律问题分析

实施乡村振兴战略是一项关乎政治、经济、社会、法律的系统工程，从《意见》提出的"产业兴旺、生态宜居、乡风文明、治理有效、生活富裕"总要求可以看出，实施乡村振兴不仅涉及投资、建设、金融、股权、产权等经济关系，还包括社区、生活、治理等社会关系。因此，实施乡村振兴战略的主要内容均包含众多、复杂的法律关系，政府在实施中应注重处理好各类法律关系主体的权益，下面就乡村振兴中的法律问题分析如下：

（一）经营制度改革涉及的法律问题

农村土地经营制度改革是乡村振兴的热点，《意见》明确提出在坚持农村土地集体所有、坚持稳定家庭承包经营关系的基础上，实行农村承包土地"三权分置"制度。"三权分置"是土地经营制度改革的核心，也是实施乡村振兴战略的基础。以家庭承包方式承包的耕地、林地、草地等均须实施"三权分置"，即将土地所有权、承包权、承包土地经营权"三权"分开设立并赋予三个权能不同的权利。"三权分置"的实行是依法行政的过程。主导实行"三权分置"的是各级地方政府和政府职能部门，在实施改革中将会遇到新的法律、政策问题，需要新的处理方法，这就需要政府处理大量的法律问题。在行政管理、行政处理中基于依法行政的要求，法律需求成为必然。权利主体为维护自身的权利地位、权利主体之间的权利之争必然会产生民事、行政争议，这些争议、纠纷案件均是法律需求热点。同时，《意见》明确提出："完善农村承包地'三权分置'制度，在依法保护集体土地所有权和农户承包权前提下，平等保护土地经营权。农村承包土地经营权可以依法向金融机构

融资担保、入股从事农业产业化经营。实施新型农业经营主体培育工程，培育发展家庭农场、合作社、龙头企业、社会化服务组织和农业产业化联合体，发展多种形式适度规模经营。"可见，不仅"三权分置"本身会产生大量法律问题，还会创造出诸如融资担保、投资入股、合作经营等法律问题和法律纠纷。政府、村集体经济组织，还有金融、证券、企业等均需要处理大量的法律问题，这些法律问题若不能及时解决将会直接影响政府实施乡村振兴战略。

（二）产权制度改革涉及的法律问题

产权制度改革是乡村振兴原始资本形成的重要方式，《意见》指出："全面开展农村集体资产清产核资、集体成员身份确认，加快推进集体经营性资产股份合作制改革。推动资源变资产、资金变股金、农民变股东，探索农村集体经济新的实现形式和运行机制。"可见，产权"三变"机制的建立和维护仍是一个新的法律问题。

资源变资产需要通过合法途径、方式、方法才可以，不是财务统计或审计认定即可的简单工作。农村的资源非常丰富，既有可变资源，也有不可变资源；既有自然资源，也有工程改造资源；既有有形资源，也有无形资源；既有物质资源，也有精神资源。无论资源有多丰富，形态如何，所变成的"资产"一定是具有法律属性的资产。因此，变资产的途径、方式、方法必须是合法的。由此可见，资源变资产存在大量的法律问题需要及时处理。

资金变股金需要设立股权主体，将资金作为股权投资，投入股权主体之中变为股权主体的资产。整个过程既要制定股权结构，又要制定股东的权利义务，还要制定股权权益分配和投资风险防范等具体方案。哪些资金可以变为股金，如何审查资金来源合法性、用途合法性等，这些均属于法律问题。

农民变股东是实施乡村振兴战略的最终目标，农民将成为不同股权主体的股东，再从事农业劳动时已经变为"职业农民"，不仅仅是农业劳动者，还是产业投资主体的股东。股东必须是股权主体的投资者。股权主体具有多样性，股权关系具有互相渗透性。既有农民集体股份合作社，也有农民自愿组合的专业合作社；既有农民集体控股的公司，也有农民集体参股的公司。股权治理、股东权益、公司治理、公司经营等众多事务均存在大量法律问题，都需要法律服务。农民用什么投资、投资比例占多少、投资如何分红，每一问题都是法律问题。

（三）城乡融合发展涉及的法律问题

城乡融合发展是实施乡村振兴战略的重要途径和方法，具体体现在提升城乡交通、通信、水利等基础设施一体化水平，实现城乡基本公共服务一体化、均等化。政府势必加大乡村基础设施建设投资和投资保障，大量的基础建设项目将陆续开工建设，建筑市场势必活跃。建筑工程合同、建筑工程签证、建设工程管理等方面必将产生大量的法律问题。《意见》指出："坚决破除体制机制弊端，使市场在资源配置中起决定性作用，更好发挥政府作用，推动城乡要素自由流动、平等交换，推动新型工业化、信息化、城镇化、农业现代化同步发展，加快形成工农互促、城乡互补、全面融合、共同繁荣的新型工农城乡关系。"由此可见，政府按照"市场在资源配置中起决定性作用"的原则，在推定城乡融合投资建设过程中，市场秩序、市场竞争、市场净化、市场监督等将产生大量的法律问题。

（四）法治乡村建设涉及的法律问题

迈向新时代实施的乡村振兴战略，是一个基于新理念、新思路的长期战略。农村变乡村的治理过程不仅是德治、自治的过程，更是法治的过程。《意见》明确指出："坚持法治为本，树立依法治理理念，强化法律在维护农民权益、规范市场运行、农业支持保护、生态环境治理、化解农村社会矛盾等方面的权威地位。"可见，完成法治乡村建设是一项长期的社会治理任务。随着基层干部法治观念、法治为民意识不断增强，法律问题也会不断增加。特别是政府将涉农各项工作纳入法治化轨道，将会产生大量的法律需求。同时，根据法治乡村建设的需要，市县政府将建立健全乡村调解、市县仲裁、司法保障的农村土地承包经营纠纷处理机制，而在处理土地承包经营纠纷机制中，法律问题会成为政府的主要工作内容。

（五）生态宜居建设涉及的法律问题

实现乡村振兴的重要标志是农村实现生态宜居，而生态是宜居的首要条件。因此，在乡村振兴建设中如何实现生态是关键。实现生态目标就需要进行生态投资建设，包括开发、保护和修复生态投资，生态系统治理投资。需从大力发展生态旅游、生态休闲、生态养老、生态健康、生态种植、生态养殖、生态涵养等产业入手，投资建设乡村生态产业链。在建设生态产业链过程中,农民通过盘活森林、草原、湿地等自然资源,利用设施、农用地开展相关经营活动,而这些生态经营活动会直接产生生态问题及生态法律问题。同时,《规划》指出:"鼓励各类社会主体参与生态保护修复,对集中连片开展生态修复达到一定规模的经营主体,允许在符合土地管理法律法规和土地利用总体规划、依法办理建设用地审批手续、坚持节约集约用地的前提下,利用 1-3% 治理面积从事旅游、康养、体育、设施农业等产业开发。"允许社会资本参与修复性生态开发投资建设,同时给予建设用地使用权指标和治理面积 1-3% 的设施农用地政策红利,将激活乡村生态投资建设市场。这些项目的投资建设将产生大量的法律问题。

以上是笔者从五个方面分析的实施乡村振兴战略中存在的法律问题,而实际上,乡村振兴是一个长期战略,按照《规划》要求,分梯次在全国农村开展,自 2018 年起用几十年时间完成乡村振兴战略目标,这样一个远大的涵盖政治、法律、经济、社会发展和治理的战略的实施,产生的法律问题是无法估量的,政府应在实施乡村振兴战略中注重律师的法律专业作用,引导和推荐律师积极投身于这项伟大的事业中。

二、乡村振兴中亟待解决的法律热点

实施乡村振兴战略的主体是农民和农民集体经济组织,其文化背景、历史背景、法治背景、市场背景等各方面与主导实施乡村振兴战略的能力存在不对称、不协调的可能,特别是在实施乡村振兴战略的基础性、涉法性、政策性、市场性的具体工作中遇到的新点、难点、热点问题,亟待专业型法律服务人才提供及时、准确、适当的法律服务。笔者从目前实施乡村振兴战略的角度,提出以下几个法律热点问题。

(一) 项目用地获取方式法律热点问题

项目建设需要土地,获取国有土地使用权的基本方式是"招、拍、挂",获取方式已经成熟,获取程序有章可循。但乡村振兴项目使用的土地既有农用地,也有建设用地,甚至还有未利用地。这些集体所有的土地用于各类项目开发建设,但项目用地获取方式,目前基本上就是承包和租赁。可见,土地使用权有序竞争体系尚待形成,操作程序尚待确立。例如:土地银行供应方式,政府把某一区域农民的承包土地经营权、农村集体建设用地使用权、农民宅基地使用权分类整合，根据其地理位置、肥沃程度、升值潜力等确定土地储存价格，再以新价格、新用途、新四至供应给产业项目投资人。这种供应土地的方式，涉及村集体、农户的知情权、参与权、补偿权、风险权，如何保证集体和农民在供地中的各项合法权益，不仅要防止"征地侵权"社会问题再度重演，成为新的社会不稳定因素，还要依法保障其合法权益。这就必须对土地储存、招商、出让的各个环节的法律制度设计提供法律意见和具体措施，这些都是新问题，需要大量专业的人才提供服务。乡村振兴产业是多样化、复杂的主体，不仅有土地银行方式，还有土地股份合作方式、宅基流转方式、土地流转方式。通过以上创新土地供应方式可以看出，乡村振兴战略土地供应方式的相关法律问题亟待解决，且是新点、难点、热点的法律业务需求。

（二）集体产权运营模式热点问题

农村集体经济组织经过历史的演变，由初级社到高级社，由高级社到生产队，由生产队到村民小组。产权运营模式由家庭互助到集体经营，再由集体经营返回家庭经营。乡村振兴战略规划强调，必须坚持家庭经营为主的基本原则不变，探索集体产权运营模式的改革。改革的方向是适应中国特色社会主义市场经济，集体产权由封闭运行向市场开放，这就需要社会资本、工商资本、金融资本的不断渗入。产权资本化、资本股权化、股权资金化的渗透过程完全是市场化的结果，这些市场运营、交易规则，收益、分配约定都是新生事物，需要法律专业人才才能解决。这些新问题正是市场上缺少的成熟经验，更无案例可循。因此，集体产权运行模式法律指导、法律监管、法律争议是亟待解决的法律热点问题。

（三）产业投资股权模式热点问题

产业兴旺是乡村振兴战略的首要问题，也是实现乡村振兴的标准之一。因此，乡村振兴战略实施的投资主战场是产业投资。然而，产业是聚焦一二三产联动的循环产业，试想一下，如此大的产业链投资在广阔的乡村，最关键的问题是乡村如何承接如此大的产业投资，农民、集体如何占有产业投资股权，如何行使股东权利，如何保障股权权益，这将是一道乡村干部的赶考大课题。

既要确保乡村振兴产业投资顺畅进入乡村，又要保障农民及农民集体在产业股权收益的安全，才能构建农民变股东的新型社会治理机制。从产业投资商股权治理到农民股权治理，对于律师来说都是新课题，不仅对于农村、农民而言是新课题，对于投资者也是新课题。因此，乡村振兴战略产业投资股权治理、股权模式、股权比例、股权收益、股权权益等均是新的热点问题。

三、引导律师参与乡村振兴的具体举措

乡村振兴战略实施涉及的法律层次多、主体多、领域广，政府应积极引导律师参与乡村振兴事业，制定政策、研究方式、找到端口。

乡村振兴战略的实施，不同于农村第一次改革，第一次农村改革时律师队伍刚刚恢复，不仅律师人数有限，其为农村改革提供的服务也略有不足。第二次农村改革时律师队伍已经发展到 40 余万人，专业化水平、涉及的领域均可满足农村改革的需求。

（一）各级党委组织党员律师开展公益活动

《规划》提出："建立健全激励机制，研究制定完善相关政策和管理办法，鼓励社会人才投身乡村建设。以乡情乡愁为纽带，引导和支持企业家、党政干部、专家学者、医生教师、规划师、建筑师、律师、技能人才等，通过下乡担任志愿者、投资兴业、行医办学、捐资捐物、法律服务等方式服务乡村振兴事业，允许符合要求的公职人员回乡任职。"因此，各级党委、职能部门党委应安排律所党支部将乡村振兴作为党员律师履行党员义务的一项活动。比如，推行党员律师出任村党支部第一书记，以党员律师第一书记提供公益法律服务的方式走进乡村。

（二）组织律师参与"法治乡村"建设

树立依法治理乡村的理念，强化法律在维护农民权益、规范市场运行、农业支持保护、生态环境治理、化解农村社会矛盾等方面的权威地位。逐步增强村干部的法治观念、法治为民意识，将各项工作纳入法治化轨道。可以借鉴司法行政多年来推动的律师"进社区"方式，由政府组织司法行政部门推动律师"进村委"活动，还可以政府采购模式为重点采购诸如土地"三权分置"专项律师服务等。

（三）聘请律师为产业规划提供合规审查

农业产业规划是乡村振兴的主战场，也是乡村干部的短板。因此，政府

依托律师服务为农业产业规划提供法律、政策依据和适用法律和政策的合法性、合规性审查服务，确保产业规划符合法律和政策。

四、政府实施乡村振兴战略需注重发挥律师作用

律师作为法律工作者，是政府依法行政的参谋和助手。各级党委和政府应建立健全律师服务大局的工作机制，充分发挥律师的市场服务作用，为政府实施乡村振兴战略出谋划策。中共北京市尚和律师事务所支部委员会结合创新党建管理提出"党员律师担任乡村第一书记"的行动计划，以担任村党支部第一书记的形式深入乡村第一线，助力乡村振兴，得到了各地党委、政府的重视和好评。党员律师出任第一书记后，积极协助村两委完成村民身份确认、集体土地资源调查、村产业发展规划等乡村振兴基础性工作，是积极探索律师参与乡村振兴的基本路径和方法，各地党委政府可以借鉴。

乡村振兴，律师有责。政府在实施乡村振兴战略中应当注重发挥律师的社会作用和专业作用，为实施乡村振兴战略保驾护航。

行政机关依法行政时应考虑
政府信赖利益因素的存在

殷玉航* 孙小瑞**

根据我国《城乡规划法》第 40 条、第 41 条之规定，在城市、镇、乡、村庄规划区进行相关建设，需要办理建设工程规划许可证。现实中存在大量没有办理建设工程规划许可证的建筑物，但"没有办理建设工程规划许可证"是否等同于"违法建设"？建筑物存在政府信赖利益因素及其他正当事由而未办理的情况，行政机关在作出行政行为时，不能简单地以没有办理建设工程规划许可证界定为违法建设。

一、案情回顾

2002 年，南京市秦淮区人民政府红花办事处通过招商引资与南京天康科技公司签订土地租赁协议，协议约定租赁期限为 30 年。由此该公司合法拥有协议中约定的土地使用权。2002 年至 2005 年间，该公司陆续投资兴建了办公楼等建筑物合计 11 000 平方米，其间未有任何行政执法部门责令其停止建设。

2014 年 5 月 4 日，秦淮区城管局作出《限期拆除告知书》，告知涉案公司建筑物未办理建设工程规划许可证，违反了《城乡规划法》第 40 条的规定，拟对涉案建筑物进行强制拆除。

2014 年 5 月 6 日，秦淮区环境综合整治指挥部作出《拆违通知书》，告知南京天康科技公司兴建的建筑物，因未取得建设工程规划许可证，违反了《城乡规划法》的规定，属于违法建筑，责令其自行拆除。

---

　* 殷玉航，单位：北京京润律师事务所，电话：15911113069。
　** 孙小瑞，单位：北京京润律师事务所，电话：13261208093。

涉案公司不服，以秦淮区人民政府为被告，向人民法院提起行政诉讼，请求撤销其作出的《拆违通知书》。

一审中，原告认为涉案房屋系通过招商引资政策，和街道办事处签订租赁协议，当时政府允许在该地块上面建房。在该地块上建房后，截止到房屋被作出《拆违通知书》之前的 10 年时间里，涉案房屋的合法性均没有被质疑，原告据此认为，其建房行为包含着政府信赖利益，所建房屋并非违建。

秦淮区政府认为涉案建筑物未办理建设工程规划许可证，应当被认定为违法建设。南京市中级人民法院经审理，认为因涉案建筑物未办理建设工程规划许可证，属于违法建设。故原告起诉要求撤销《拆违通知书》不予支持，遂作出 [2014] 宁行初字第 84 号行政判决，驳回原告的诉讼请求。原告不服，提起上诉。

二审中，上诉人（一审原告）认为，秦淮区政府不具有认定违法建设的职权；涉案建筑物基于政府信赖利益而建设，不能认定为违法建设。

二、案件结果

江苏省高级人民法院认为，被上诉人秦淮区政府作出的《拆违通知书》缺乏职权依据和主要证据，且没有履行法定程序。鉴于涉案建筑物已经被拆除，被诉的《拆违通知书》不具有可撤销性质，判决确认南京市秦淮区人民政府 2014 年 5 月 6 日作出的《拆违通知书》违法。

三、律师说法

该案件是二审直接改判的案件，其主要争执焦点在于涉案建筑物是否是违法建设，秦淮区政府作出的《拆违通知书》是否违法，是否对行政行为相对人产生了实际影响。现对其中主要问题予以探讨：

（一）秦淮区人民政府系作出《拆违通知书》的主体，但区政府不具有认定违法建筑以及作出城建强制决定的法定职权

《拆违通知书》的署名机关为秦淮区人民政府环境综合整治指挥部，是秦淮区人民政府的临时机构，属于内部组织，其行为后果应由其组建机构，即秦淮区人民政府承担。根据《城乡规划法》的规定，城乡规划主管部门作出责令停止建设或者限期拆除的决定后，当事人不停止建设或者逾期不拆除，

建设工程所在地县级以上地方人民政府可以责成有关部门采取查封施工现场、强制拆除等措施。由此可知,《城乡规划法》已经对违法建设的认定职能部门作出了明确规定,即只有城乡规划主管部门才具备认定违法建设的职权并作出责令停止建设、限期拆除等决定,地方人民政府仅有责成有关部门强制拆除违法建筑的职权。本案中,秦淮区人民政府认定涉案建筑物为违法建设,并要求当事人对涉案建筑物进行拆除的行为,显然超出了其职权范围。

(二)未取得建设工程规划许可证的建筑,并不必然导致拆除,行政机关作出《拆违通知书》时应遵循比例原则

最高人民法院在1999年审理的一起规划行政处罚案件中,首次在判决理由中运用了比例原则。在黑龙江省哈尔滨市规划局与黑龙江汇丰实业发展有限公司行政处罚纠纷上诉案(最高人民法院〔1999〕行终字第20号行政判决书)中,最高人民法院运用比例原则进行了裁判,该裁判要旨为按照必要性原则,行政机关在能够达到执法目的的前提下,应当选择对当事人损害最小的执法方式。规划局所作的处罚决定应针对违法建设行为影响城市规划的程度,责令相对人采取相应的改正措施,既要保证行政管理目标的实现,又要兼顾保护相对人的权益,应以达到行政执法目的和目标为限,尽可能使相对人遭受最小的侵害。

我国《城乡规划法》第40条第1款规定,在城市、镇规划区内进行建筑物、构筑物、道路、管线和其他工程建设的,建设单位或者个人应当向城市、县人民政府城乡规划主管部门或者省、自治区、直辖市人民政府确定的镇人民政府申请办理建设工程规划许可证。《城乡规划法》第64条规定,未取得建设工程规划许可证或者未按照建设工程规划许可证的规定进行建设的,由县级以上地方人民政府城乡规划主管部门责令停止建设;尚可采取改正措施消除对规划实施的影响的,限期改正,处建设工程造价5%以上10%以下的罚款;无法采取改正措施消除影响的,限期拆除,不能拆除的,没收实物或者违法收入,可以并处建设工程造价百分之十以下的罚款。从这两个规定可知,建设之前应办理建设工程规划许可证。但如果因未办理而进行处罚,行政处罚行为也要遵循行政比例原则,即未办理建设工程规划许可证,不等于建筑物一定系违法建设;即便是违法建设,也要遵循比例原则进行相关行政处罚。南京市规划部门对涉案建筑物未取得建设工程规划许可证进行过确认,但对

违法建设属性并没有定性，针对涉案建筑物是否达到拆除标准，也没有认定。秦淮区政府直接以拆除作为其行政措施，违反了行政比例原则。

（三）行政机关认定违法建筑时应考虑政府信赖利益

现实中往往存在地方政府以招商引资的方式，转让土地使用权的情形。随后企业根据当时的约定在该土地上建设房屋并开始生产经营。建设房屋之时因种种原因未能正常办理建设工程规划许可证，但其他手续如立项、环评、工商、税务等都正常办理了。企业在该土地上正常经营十几年或者几十年之后，地方政府突然以地上建筑物未办理建设工程规划许可证为由，就将其定性为违法建设予以拆除，往往令当事人无法接受。

该案中天康科技公司系秦淮区下属机关招商引资的企业。2014年秦淮综治指挥部作出《拆违通知书》之时，天康科技公司对涉案土地的租赁使用权亦未到期。基于招商引资当中政府机关的参与，土地使用权租赁合同中的行政主体对象、政府机关对租赁合同履行过程中的权利义务等，涉案建筑物虽未办理建设工程规划许可证，但天康科技公司系基于对政府的信赖利益开展的经营活动，在对办公场所、经营厂房建设时，地方政府对此亦知情，地上建筑物建成后，对天康科技在此生产经营的合法性均没有异议。因此，如将地上建筑物视为城乡规划法上的违法建设，将会损害政府的信赖利益，有损政府形象，降低行政机关在百姓心目中的可信度。

四、经验提示

行政机关在作出违法建设通知时，应首先界定该"通知"仅仅是一个通知，还是通过该"通知"将建筑物的性质认定为违法建设。现实中违法建设的认定以多种形式出现，有的是行政处罚决定书，有的是拆除告知书，有的是拆违通知书，有的是违法告知书，各种法律文书名目繁多，不一而足。但行政机关在作出法律文书时，要客观分析法律文书是程序性行为，还是决定性的可诉行为。在违法建设的认定上，如行政机关的书面材料确定建筑物就是违法建设，则是对建筑物进行了定性，对当事人产生了实际影响，行政机关将会面临被诉的风险。

根据我国《城乡规划法》第64条及第65条的规定，在城市规划区内的，界定违法建设的职权单位是城乡规划主管部门；在乡、村庄规划区内的，界定违法建设的职权单位是乡、镇人民政府。如存在集中行使行政处罚权的地方性法规，职权单位也有可能是城市执法机关。除此之外，其他机关无权对建筑物是否是违法建设进行认定。

违法建设的认定，需要履行相应法定程序，具体包括调查、询问、勘验、听证、申辩、决定、送达等程序。如行政机关作出违法建设认定时未履行法定程序，则构成程序违法。

现实中未办理建设工程规划许可证的情况很多，要结合未办理的原因客观陈述建筑物的合法性与否，如存在正当事由以及历史遗留原因，则不可将涉案建筑物的违法后果全部让当事人承担。

根据《行政强制法》第44条的规定，对违法的建筑物、构筑物、设施等需要强制拆除的，应当由行政机关予以公告，限期由当事人自行拆除。当事人在法定期限内不申请行政复议或者提起行政诉讼，又不拆除的，行政机关可以依法强制拆除。由此，对违法建设的拆除，如果当事人在法定期限内申请了行政复议或提起诉讼，根据规定，应当依法停止强制拆除工作。

违法建设的限期拆除，是行政处罚还是行政强制措施，往往存在争议。国务院原法制办公室在对四川省人民政府原法制办公室的关于"责令限期拆除"是否是行政处罚行为的答复中明确："你办《关于"责令限期拆除"是否是行政处罚行为的请示》（川府法〔2000〕68号）收悉。经研究，现函复如下：根据《行政处罚法》第二十三条关于'行政机关实施行政处罚时，应当责令改正或者限期改正违法行为'的规定，《城市规划法》第四十条规定的'责令限期拆除'，不应当理解为行政处罚行为。"笔者认为，如因土地违法行为所致，国土资源主管部门可以作出处罚决定，要求行政行为相对人改正违法行为拆除地上建筑物；如因城乡规划违法行为所致，责令限期拆除是一种强制措施。无论针对行政处罚行为还是行政强制行为，作为行政机关都要考虑程序性规定，在作出上述决定之前，对当事人的陈述、申辩权利要予以充分保护。对涉及送达程序部分，要注意保留证据材料。在行政行为作出时，要考虑行政法的比例原则；在处罚决定或者措施行为的幅度上，要考虑是否存在政府信赖利益因素，以免导致行政行为相对人的情绪对立。

审查意见不得代替行政许可

——行政行为形式错误应认定违法

贺勤超[*]

一、案情简介

1999 年，原告张家港新兴空调公司通过补办出让的方式取得了杨舍镇金港大道西侧面积为 4009.7 平方米、用途为综合用地、出让年限为 50 年的国有建设用地使用权。2011 年，根据规划、土地、城投公司、土地储备部门的意见，将该地块的用途调整为商业用地，出让年限为 40 年（2009 年 12 月 11 日至 2049 年 12 月 10 日），规划指标按照被告江苏省张家港市规划局出具的［2009］1019 号建设项目规划条件执行。该地块建设项目规划条件为：总用地面积约 4010 平方米、容积率 2.75、建筑密度 30%、绿地率 20%、建筑限高 12 层（小于等于 52 米），建筑面积为 11 000 平方米。原告于 2009 年 12 月 14 日缴清了因土地用途调整需补交的土地出让金 1122.13 万元，并办理了该土地的登记手续。原告建设的"优城商厦"目前建造面积 6264.32 平方米（容积率 1.56），与建设项目规划条件中容积率 2.75 的建筑面积差 4735.68 平方米。原告在建设施工中根据规划条件于 2015 年 5 月向被告提出了增建并恢复原有建筑面积的申请，被告于 2015 年 9 月 1 日进行了受理登记，并将该项目的建筑设计方案变更进行了现场公示。2015 年 11 月 10 日被告对原告申请作出了决定不同意本次方案变更的规划审查意见，理由为群众信访。原告认为，被告作出的规划审查意见决定缺乏事实根据和法律依据。为此，要求撤销被告作出的规划审查意见决定。

---

* 贺勤超，单位：北京市潮阳律师事务所，电话：13911513363。

被告辩称，原告系优成商厦的建设单位，被告依其办理建设工程规划许可证提出的申请，于 2010 年 4 月 13 日就原告递交的优成商厦工程设计方案依法在拟建项目所在地进行了公示。其间，因相邻南城花园 1 幢-3 幢居民的投诉、质疑和反对，经被告解释和协调，原告经二次自行修改调整了优成商厦的工程设计方案，最终确定由原来的主楼 12 层降至 8 层、高度由 49.35 米降至 31.80 米，裙房仍为 3 层，高度由 18.90 米降至 15.30 米。由此平息了相邻关系矛盾。2013 年 11 月 27 日被告对优成商厦工程设计方案出具了规划审查意见，并对原告申领建设工程规划许可证作出了具体要求。2014 年 8 月 5 日，被告向原告核发了该项目的建设工程规划许可证。之后原告在施工过程中因发生相邻房屋墙体裂缝、渗水，又遭相邻居民多次投诉。2015 年 5 月 4 日，原告为考虑建设成本和有效利用国有土地，向被告递交了"关于优成商厦恢复原有建筑面积的申请"，被告根据《江苏省城乡规划条例》第 39 条的规定出具了告知书，并于 2015 年 9 月 1 日受理登记了原告送审的优成商厦工程建筑设计方案。原告的工程建筑设计变更方案公示后，又引起了相邻南城花园居民的反对。之后，被告依法就原告工程建筑设计方案变更规划组织了听证，并根据听证意见、房屋质量咨询意见、再次组织的社会稳定风险评估结论等，于 2015 年 11 月 10 日对原告作出了决定：不同意本次优成商厦工程建筑设计方案变更的规划审查意见，待相关问题得到妥善处理后可重新申请该项目变更。驳回原告的诉讼请求。

二、代理意见

被告张家港市规划局于 2015 年 11 月 10 日对原告作出了关于"优成商厦建筑设计方案变更"的规划审查意见决定，主要内容为："你单位于 2015 年 9 月 1 日送审的'优成商厦建筑设计方案变更'，经审查，具体意见如下：1. 我局认为该项目与周边住宅项目存在利害关系，根据《江苏省城乡规划条例》第四十条第一款的规定，于 9 月 9 日至 9 月 18 日对该变更项目进行了公示，其间周边住户提出了听证申请；2. 听证中住户认为原建设行为引起住户房屋裂缝造成安全隐患，且项目方至今未予以解决，反对该项目变更。由于项目前期施工中安全动态监测措施不到位，周边住宅产生裂缝的原因无法查明，张家港市工程质量投诉处理专家委员会认为不能排除优成商厦灌注桩施工对裂缝产生的影响；3. 综合听证笔录和专家评审意见，我局认为该建筑建设过程中产生了住户认为的安全隐患，再在原八层的情况下变更设计方案加建四层，致周边住户以安全问题为由强烈反对。根据《行政许可法》第三十六条、第四十八条的相关规定，该方案变更尚不具备安全实施的条件，决定不同意本次方案变更，待相关问题得到妥善处理后可重新申请该项目的变更。"

该答复意见存在以下法律问题：

第一，行政许可属于法定的特别行政行为，在我国由《行政许可法》进行规范。《行政许可法》第38条对行政许可的申请程序、批准方式及许可内容作了明确规定。而该案中，被告作出的行政行为是以书面审查意见的形式作出不予受理决定。从形式上不属于行政许可，与原告的申请背道而驰，本身属于违法行政。

第二，该案以"书面审查意见"为由，行行政许可之实。其行为实质上影响了行政相对人的实际权益，造成了损失。属于具体行政行为，具有可诉性。根据《行政诉讼法》第70条之规定，被告作出的该行为违法并且违反法定程序，没有给被告实际答复和救济渠道。被告必须在法定期限内完成自身的法律职责，重新作出许可决定。

三、判决结果

一审常熟市人民法院认为，根据《江苏省城乡规划条例》第39条第1款、第3款、第45条第1款的规定，建设单位或者个人申请变更规划条件和规划许可的内容办理建设工程规划许可证的，其提供的建设工程设计方案、建设工程施工图设计文件申请材料均是城乡规划主管部门决定是否准予申请人规划许可的条件之一，城乡规划主管部门经审查认为申请人提供的该建设工程设计方案不符合规划条件和控制性详细规划、建设工程施工图设计文件不符合国家设计规范的，则应当对申请人作出不予批准或者不予许可的决定。

该案中，原告在取得被告核发的优成商厦建设项目建设工程规划许可证后，在建设施工中于2015年5月4日向被告提出要求增加楼层至12层、增加建筑面积4735.68平方米的申请，该申请的性质属于变更规划许可内容办理建设工程规划许可证的申请。被告于2015年9月1日出具了方案受理登记单，该行为应当视为被告对原告提出申请的受理。之后，被告仅对原告提供的优成商厦建设工程设计方案进行了审查，并作出了不同意该方案变更的规划审查意见，而未对原告变更规划许可内容办理建设工程规划许可证提出的申请作出是否许可的决定。被告以规划审查意见的形式作为对原告申请变更规划许可作出的决定，其行为并不符合法律的规定，应当认定其为缺乏法律根据，属于适用法律错误。被告作出的规划审查意见这一行为，应当依法予以撤销。

《江苏省城乡规划条例》明确规定了规划变更需要提供的材料：建设工程设计方案、建设工程施工图等，只有许可与不予许可两种决定。至于是否构成其他规划变更的特殊情况，需要进一步审核与决定，但是没有明确决定是违法的，需予以纠正。

四、案例评析

对于建设施工类的行政许可，法律有明确规定由某政府机构负责，具体到该案，涉及建设工程规划许可证变更，应当由当地规划局负责。这是法律规定的职责。

同时，行政许可有严格的程序要求和形式内容。程序即要求申请、审查、决定。其中申请由相对人作出，审查与决定由行政机关作出。形式有许可和不许可两种，其中不许可又分为材料不全需要补正以及直接不予许可两种，并且在不予许可中要明确行政相对人的权利及救济途径。

实践中，很多机关存在着不履行法定职责，消耗相对人时间、精力的做法。该案中，以书面审查形式作出决定，理由为维稳和所谓的"公共利益"，但是又不明确告知相对人救济途径和直接决定，使得案件模棱两可。但是，规划局作为行政机关，理应作出许可决定，其审查意见书就是一种实质上的许可决定，即不予许可。故法院认为其违反法律规定，应当撤销；同时，其需履行行政机关职责，故责令其在期限内重新作出行政许可决定。

五、结语和建议

在实践中，行政机关往往为了不承担法定责任，以及规避成为行政诉讼、复议的被告、被申请人，存在形式违法的行政行为，以为这样的"说明""审查意见""暂缓决定"等就可以规避法律规定，这是一种错误的行政思维。

行政行为先要确定的就是该行政机关是否具有法定职责，如果有法定职责，就应当依法履行，否则，则是行政不作为；同时，在作行政行为时，要符合法律要求的形式和内容，否则，应承担违法、撤销等不利后果。

为了所谓的维护稳定和"公共利益",现实中部分行政机关怠政懒政。迫于信访压力和维护稳定要求,将本不相同的法律关系混为一体,造成不确定性,影响了社会的稳定和法治政府的建设。

该案中,原告是张家港市改革开放最早的一批企业,为社会作出了大量经济、就业等方面的贡献,也是张家港市的明星企业,一直合法经营,兢兢业业地创造社会财富。笔者建议规划局向当地群众说明情况,第一次规划许可公示时,没有任何问题,后来群众因为政府不拆迁自己房屋没有利益获得就对旁边的建设项目"出手",完全没有正当理由,政府反而"无视"这种本属于非法的行为,从而使得政府公信力有所下降,合法的建设单位利益受损。至今,该案没有证据证明建设项目存在影响当地群众的采光、房屋建筑基础、噪声等。但是政府所谓的"退让",给了当地群众"信心",使得该土地闲置20余年无法建设开发,造成了社会财富的贬值与浪费。

对于当地群众的诉求,如果存在实际的损失,可以向法院提起民事诉讼;如果造成侵权及其他人身伤害,可以刑事报案;如果造成环境污染,可以向行政机关举报,但不能以信访的方式向当地政府施加压力,给合法企业经营造成损失。

履行职务行为是否应被行政处罚

张学琴*

　　行政处罚，是指行政机关依法对违反行政管理秩序的公民、法人或者其他组织，以减损权益或者增加义务的方式予以惩戒的行为。[1]行政处罚有警告、通报批评、罚款、没收违法所得、没收非法财物、行政拘留等。[2]

　　作为企业法律顾问，总会碰到各种咨询事项，以下案件所涉及的行政处罚是常见但又让人费解的，当事人坚持认为公安机关是违法行政，以下展开讨论。

一、案情简介

（一）案件起因与经过

　　北京某投资公司（本文以下简称"公司"）到某市与当地景区管委会合作，投资、建设、托管某景区，王某为公司在该景区项目的现场工作人员。

　　2021年4月17日10时许，时某在景区牡丹园内摘牡丹花，破坏了公共景观，王某第一时间打电话通报给景区产权单位负责人并报警，时某见警察来了就跑了，后警察对时某予以警告。

　　当日12点10分，时某跑到王某在景区二楼的办公室，并要求王某给其安排工作和发奖金。王某和同事耐心劝说时某，想要工作去找景区产权单位负责人。但其不听劝阻，依旧紧紧尾随王某，给王某和同事的工作造成了影响，导致所有工作和会议均无法进行。于是，公司再次报警，在等待警察的

　　* 张学琴，单位：北京市盈科律师事务所，电话：13121545556。
　　[1] 行政处罚的定义，见《行政处罚法》第2条。
　　[2] 行政处罚的种类，见《行政处罚法》第9条。

过程中，时某依然纠缠，这期间公司多次打 110 催促出警。

一直持续到 13 时许，在长时间劝说无果后，时某尾随王某至二楼楼梯口时突然对王某及同事大打出手（有视频为证），从二楼下一楼的整个过程中，时某对王某和同事不是拳头捶，就是打耳光，尤其是下到一楼时，她的攻击变得更加肆无忌惮，不但打了王某耳光还打了重拳，在拉扯、躲闪的过程中，时某因为重心不稳而摔倒，当时有其他同事和保安在劝架（有视频为证）。随后时某脾气愈发暴躁、打骂更加激烈，王某被打耳光、暴打，其在躲闪无效的情况下，情绪激愤，想离开时某，出于自卫本能，王某胡乱地踢了两脚，但并没有踢到时某，更没有殴打时某，随后被拉开，王某离开了现场，找地方自行查看伤势。

大概 14 时，警察终于赶到现场，对时某进行了劝说和教育，并将其劝回家。当时在现场包括出警警察在内的所有人均未发现时某受伤，也没有发现时某有什么行为或精神不正常的地方。

（二）案件发展

2021 年 4 月 18 日（案发后的次日），时某的家人跑来公司说时某被打伤要赔偿，于是王某与时某双方都去医院进行了检查，时某并没有查出受伤，反而王某受伤严重、明显，当时双方谁都没有提出要做伤情鉴定。

（三）行政处罚告知笔录

事发 2 个多月后的 2021 年 6 月 24 日，王某突然收到公安机关的行政处罚告知笔录，笔录中记载"王某用拳头殴打时某，脚踢时某，致使时某受伤""2021 年 6 月 17 日发现时某在景区水塘死亡""时某系精神残疾二级"。公安机关依据《行政处罚法》第 31 条[1]、《治安管理处罚法》第 43 条第 2 款第 2 项[2]之规定，拟对王某处 10 日以上 15 日以下拘留，并处 500 元以上 1000 元以下罚款。

---

[1] 《行政处罚法》第 31 条："精神病人、智力残疾人在不能辨认或者不能控制自己行为时有违法行为的，不予行政处罚，但应当责令其监护人严加看管和治疗。间歇性精神病人在精神正常时有违法行为的，应当给予行政处罚。尚未完全丧失辨认或者控制自己行为能力的精神病人、智力残疾人有违法行为的，可以从轻或者减轻行政处罚。"

[2] 《治安管理处罚法》第 43 条第 2 款："有下列情形之一的，处十日以上十五日以下拘留，并处五百元以上一千元以下罚款……（二）殴打、伤害残疾人、孕妇、不满十四周岁的人或者六十周岁以上的人的……"

二、当事人态度

王某作为公司员工，正常履行工作职责，在工作中遭到时某无端殴打，公司本应追究时某毁坏景区牡丹花及无故殴打王某寻衅滋事[1]之责，但公司比较忙且看时某是女性，便不再追究。但不料时某离奇死亡，公安机关超时限、篡改案件事实，要对王某实施行政拘留及罚款。王某对该行政处罚告知不认可，请求律师帮助。

三、律师方案

律师认为公安机关执法程序不正当，无法律依据，有违公平公正，违背依法行政原则，陈述与发表申辩意见，要点如下：

（一）详细陈述案件事实及经过，案发当日事实与时某死亡并无关联

纠正笔录中的案件不实之处，以及公安机关自始至终未对时某进行医学鉴定且未出示时某为残疾人的医学证明文件。

案发当日及次日，均没有人告诉过公司，时某是否有精神疾病，且从时某4月17日的表现来看，时某跟常人一样，无精神疾病特征。事后据了解，时某及其家属均未能提供伤情报告，也未做精神疾病医学鉴定。行政处罚笔录中的时某受伤、时某是残疾人，均不属实。

通过笔录，公司得知时某不幸于2021年6月17日被人发现死于水塘中，与时某4月17日在景区寻衅滋事并无关联性，王某建议并希望警方查明其死因。

（二）公安机关拟对王某作出行政处罚缺少事实依据与法律依据

该事件中，时某无端寻衅滋事，先破坏景区管理秩序，后私闯王某公司办公场所，严重干扰了公司的工作与工作秩序；此外，是时某先动手殴打王

---

[1]《治安管理处罚法》第23条："有下列行为之一的，处警告或者二百元以下罚款；情节较重的，处五日以上十日以下拘留，可以并处五百元以下罚款……（二）扰乱车站、港口、码头、机场、商场、公园、展览馆或者其他公共场所秩序的……"第26条："有下列行为之一的，处五日以上十日以下拘留，可以并处五百元以下罚款；情节较重的，处十日以上十五日以下拘留，可以并处一千元以下罚款……（二）追逐、拦截他人的；（三）强拿硬要或者任意损毁、占用公私财物的；（四）其他寻衅滋事行为。"

某及同事，导致王某受伤。

王某不具有《治安管理处罚法》第43条"殴打他人的，或者故意伤害他人身体的……（二）殴打、伤害残疾人……"的事实与法定情形。

第一，王某不知道时某是残疾人，王某没有伤害时某的故意，王某没有殴打时某的事实行为；王某仅是出于自卫、脱身之目的，胡乱踢两脚，并未伤到时某，无主观殴打、伤害之故意，也无伤害之后果。

第二，笔录中使用"揪打"一词，背离了事实，不存在"揪打"的事实。证人证言及视频录像均证明是时某先对王某及其同事实施殴打，时某用巴掌打王某及其同事耳光、用拳头击打王某及其同事的身体，王某仅仅是出于自卫胡乱踢两脚，并未使时某受伤。

第三，事发当天，时某的行为能力和精神状态与正常人无异；事发当天及第二天没有人告知王某，时某是残疾人或者是精神病人，也没有人向王某提供时某是残疾人的医学证明，无法证明事发当时时某是精神病人，如果时某是精神病人，怎么会去景区索要工作和奖金，这有悖常理。

第四，法律规定的是当事者明知对方是残疾人，且该残疾人并未对当事者实施侵犯的前提下，当事者对残疾人实施殴打和伤害，而王某并不具备此情形，拟对王某作出处罚，有失公允。

正当防卫行为依法应当予以保护。

（1）不管是证人证言还是视频画面，均证明王某是在被时某纠缠、骚扰和殴打的前提下，进行的自我防卫。法律明确规定公民在遇到危险或攻击的情况下，有权进行自卫。即使防卫过当，也应当从轻处罚，更何况王某并无防卫过当之行为与后果。

（2）没有法律规定残疾人、精神病人对公民进行人身伤害或殴打时，被打一方不能进行正当防卫。

（三）调查取证应当客观、公正、实事求是，不能偏听偏信，应当以事实为依据，以法律为准绳

公安机关对治安案件的调查，应当依法进行，调查取证不但要注重人证，而且应当结合监控视频。

事发时从报警到出警，这期间约有1个小时的时间，公司先后三次报警，但是警察始终未能及时出警，这也是造成本次事态演变、激化的因素之一。

当日上午时某见到警察后便离开，但其中午再次私闯公司办公场所，警察不出警，其始终纠缠，进而大打出手伤人。

四、处理结果

在提交律师书面意见后，公安机关采纳了律师意见，未对王某予以行政处罚。

五、律师解读

该案鉴于上文所述，公安机关作为行政处罚决定的执法主体资格合法，拟作出行政处罚之前履行了告知程序，告知王某作出治安管理处罚的事实、理由及依据，并告知王某依法享有陈述权与申辩权。但是，认定事实、适用法律、执法程序等方面的合法性有明显瑕疵。

公安机关必须遵循依法行政原则，遵循公正、公开的原则，实施行政处罚必须以事实为依据，与违法行为的事实、性质、情节以及社会危害程度相当。[1]而该案中的公安机关违背了基本原则，不遵守办案时限，[2]未遵守独立办案原则。对于王某的行政处罚是违法处罚，依法应予以纠正。

行政执法应当准确把握立法精神，全面体现立法本意。行政行为既要保证实体合法，又要保证程序合法；任何一方面欠缺合法性，都会导致行政行为的整体违法。程序正当是依法行政的基本要求与原则，违反法定程序、处罚明显不当的，行政机关将会面临诉讼的风险，其应当予以重视，并不断提高严格遵守程序的法治意识。

---

〔1〕《行政处罚法》第5条："行政处罚遵循公正、公开的原则。设定和实施行政处罚必须以事实为依据，与违法行为的事实、性质、情节以及社会危害程度相当……"
〔2〕《治安管理处罚法》第99条："公安机关办理治安案件的期限，自受理之日起不得超过三十日；案情重大、复杂的，经上一级公安机关批准，可以延长三十日……"

浅谈行政执法权下放背景下
街道办事处如何依法查处违法建设

——以北京市"疏解整治促提升"专项行动为例

张志同*

私搭乱建的违法建设，不仅占用公共资源，影响市容市貌，还存在安全隐患。自 2017 年以来，北京市持续开展"疏解整治促提升"专项行动，查处违法建设、拆违腾退土地，疏解整治工作成效显著。2021 年，北京市人民政府在《关于"十四五"时期深化推进"疏解整治促提升"专项行动的实施意见》中对该现象再次强调予以整治。相较于前几年多部门查处违建不同的是，根据新规定，对城市规划区内的违法建设查处权下放到了街道办事处，由其行使，特别是《北京市街道办事处条例》赋予了街道办事处依法开展综合行政执法活动的职权，扭转了以前"管得了的看不见""看得见的管不了"的窘境，现在"看得见的管得了"。这在法规层面上，为基层社会治理能力的提高提供了明确依据。不过，有依据管得了，还不等于能够"管得好"。违法强拆行为并未因此消失，仍有部分查处违法建设的行为被确认为行政违法，有些行政机关甚至承担了国家赔偿责任。为此，笔者从规范执法行为角度，探讨街道办事处应当如何依法查处违法建设，实现依法行政。

街道办事处查处违法建设时，要明确自身的职权来源和执法依据。行政行为特质在于法无明文规定不可为，行政权来源于法律法规授权，行政机关应当按照法律法规（参照规章）规定的权限、程序以及要求等履行行政职责，否则，即构成违法行政。在此，就北京市街道办事处违法建设查处权来源和执法依据分别加以阐述。

---

* 张志同，单位：北京京润律师事务所，电话：13901042287。

一、关于北京各街道办事处对违法建设查处权来源

北京各街道办事处违法建设查处权主要来源于以下三个不同层级的规定：

（一）**法律层面规定**

《行政处罚法》第 24 条规定，省、自治区、直辖市根据当地实际情况，可以决定将基层管理迫切需要的县级人民政府部门的行政处罚权交由能够有效承接的街道办事处行使，承接行政处罚权的街道办事处应当按照规定范围、依照法定程序实施行政处罚。

（二）**法规层面规定**

《北京市街道办事处条例》第 28 条规定，街道办事处应当按照本市城市环境和居住区环境整治标准，组织开展工作。

（三）**规章层面规定**

《北京市禁止违法建设若干规定》第 5 条规定，街道办事处是具体承担违法建设查处工作的执法主体之一，有权"对本行政区域内未依法取得建设工程规划许可证、临时建设工程规划许可证、乡村建设规划许可证、临时乡村建设规划许可证以及选址意见书、规划综合实施方案等规划文件但进行建设的情形进行查处"。

北京市人民政府为深化党建引领"街乡吹哨、部门报到"改革，推进行政执法权限向基层延伸，还作出了《关于向街道办事处和乡镇人民政府下放部分行政执法职权并实行综合执法的决定》（本文以下简称《向街道办下放执法权规定》），将原由城管执法部门行使的违法建设行为的全部行政处罚权、行政强制权下放至街道办事处。

二、关于街道办事处查处违法建设中的执法依据

行政行为要行之有据，即要据以作出该行政行为的法律法规的具体条款。只有实体和程序都符合法律法规规定的执法行为才是合法的行政行为，所以，街道办事处行使查处违法建设职能时，要同时关注实体法和程序法两个方面的规定。目前，与之相关的规定主要有《行政处罚法》《行政强制法》《城乡规划法》《建筑法》《土地管理法》以及与之相应的司法解释或北京市地方性

规定，如《土地管理法实施条例》《北京市行政处罚听证程序实施办法》《北京市城乡规划条例》《北京市禁止违法建设若干规定》等。

需要注意的是，援引相关规定时，应当具体到条、款、项、目，而不能笼统地说根据某法律法规的相关规定。否则，根据《行政处罚法》第 38 条第 1 款的规定，行政处罚没有依据的，行政处罚无效。

规范具体实施的行为主体——两名以上具有行政执法资格的人员。

街道办事处享有查处违法建设的职权，不等于街道办事处的任何工作人员都能够行使该项行政执法权。按照《行政处罚法》第 42 条的规定，行政处罚应当由具有行政执法资格的执法人员实施，执法人员不得少于两人，且《向街道办下放执法权规定》明文规定"严禁执法辅助人员独立开展执法活动"。

实践中，常出现的问题是执法文件上没有或只有一名执法人员签字，从而造成形式要件不合法。一旦进入行政复议或行政诉讼，则不能被认定为合法有效的证据，不被采信，由此可能承担不利的法律后果。因此，街道办事处应当对被指派执法人员的数量和资格进行双重考量。

务必要完善执法程序，做到"先后有序、不重不漏"。

行政执法程序是指行政执法行为实现的空间表现形式、时间顺序和持续状态，即方式、步骤和过程，是行政管理民主化、法治化的体现和反映。遵守法定程序是行政主体依法行政的内在要求。过去，我们过多强调结果公正，对过程是否正当注重不够，由此养成了"重实体、轻程序"的执法思维模式，行政执法也不例外。其实，依法行政包含实体合法和程序合法两个方面。违反法定程序实施的行政行为不受法律保护，如《行政诉讼法》第 70 条规定，行政行为违反法定程序的，人民法院判决撤销或者部分撤销，并可以判决行政机关重新作出行政行为。《行政处罚法》第 38 条第 2 款规定："违反法定程序构成重大且明显违法的，行政处罚无效。"

违法建设通常会被依法没收或拆除，而其又往往价值不菲，根据《行政处罚法》第 44 条、第 45 条、第 54 条、第 55 条、第 57 条至第 61 条、第 63 条和《行政强制法》第 35 条、第 37 条、第 44 条、第 45 条等规定，街道办事处查处违法建设时，应当遵循立案、调查取证、告知听证权利、组织听证会（相对人放弃听证权利的除外）、作出处罚决定（送达）、催告书（送达）、强制执行决定书（送达）、强制执行等程序。当然，如果相对人在收到处罚决定书等法律文书后，自行拆除违法建设的，相应的后续程序也就不再发生。

另外，涉及"直接关系当事人或者第三人重大权益，经过听证程序的"，"应当由从事行政处罚决定法制审核的人员进行法制审核；未经法制审核或者审核未通过的，不得作出决定"。

实践中，行政机关因行政执法程序违法被判败诉的案件屡见不鲜，程序违法成了行政违法中的一道硬伤，所以，在查处违法建设过程中应当严格遵循法定程序，先后有序、不重不漏。

需要注意实务中几个常见问题与处理原则。违法建设中以居民自建住房居多，量大面广，而且此类违法建设关乎百姓切身利益，拆除难度大，矛盾尖锐。所以，在执法过程中，既要严格把守法律原则性，也要适当掌握灵活性。

三、查处违法建设时，要平衡好社会公共秩序、当事人实际利益

违法建设是指违反法律法规的规定建造的建筑物和构筑物。大体可分为：①在建造前未申请或虽申请但未获得批准建设工程规划许可证，未取得建设用地规划许可证和建设工程许可证而建成的建筑；②违反建设工程规划许可证的规定而建设的建筑；③擅自改变了规划使用性质的建筑；④超过批准期限但没有自行拆除的临时建筑或是在临时使用的土地上修建永久性建筑物。这里需要特别指出的是违法建设肯定手续不全，但手续不全的未必就是违法建设。所以，不能把手续不全的一概以违法建设论处，应当区分以下两种情形：

（1）因历史原因没有取得相关审批文件的房屋不宜定性为违法建设。如，建房时还没有相关法律法规要求必须先取得规划或施工审批文件的；又如，当年政府部门同意当事人建房并收取了费用，由其统一办理相关手续，后来没有办理的。根据法不溯及既往或信赖利益保护原则，不能对其合法性予以否定。

（2）未办理房屋所有权证、土地使用权证的房屋。房屋所有权证及相应土地使用权证是确定不动产物权的公示凭证，不是房屋建设行为合法的凭据。如果之前的建设行为符合当时的法律法规，则不能按违法建设处理。所以，无证房未必都是违法建设。

总之，要本着尊重历史、区分对待的基本原则来处理，结合现行法律法

规和当地实际情况，并对历史遗留问题进行分类，对因历史原因形成的违法建设，即便应当拆除或没收的，在符合一定条件的情况下，给予适当补偿，以便在保障公共利益与公共安全不受侵害的同时，有效地维护当事人的实际利益。

四、文明执法，力求将法律效果与社会效果相统一

暴力执法也可以达到行政处罚的预期目的，但不会获得公众认同，反而有损政府行政机关的社会形象和公信力。所以，街道办事处在拆除违法建设时，应当文明执法。这已经从对执法人员自身职业素质和道德层面的要求，上升为了法律的强制性要求。《行政处罚法》第42条第2款规定："执法人员应当文明执法，尊重和保护当事人合法权益。"文明执法从尊重人性出发，在确保执法行为合法的前提下，力求执法行为合情、合理，符合公众普遍性认知和感受。如《行政强制法》第43条规定："行政机关不得在夜间或者法定节假日实施行政强制执行。但是，情况紧急的除外。行政机关不得对居民生活采取停止供水、供电、供热、供燃气等方式迫使当事人履行相关行政决定。"文明执法能够最大限度地将法律效果与社会效果有机地统一起来。

五、以中止执行为原则，不停止执行为例外

虽然违法建设处罚决定书送达给当事人即生效，就具有强制执行力，《行政处罚法》第73条第1款规定，"当事人对行政处罚决定不服，申请行政复议或者提起行政诉讼的，行政处罚不停止执行，法律另有规定的除外"。可见，行政复议和行政诉讼不影响行政处罚的执行。然而，违法建设处罚决定书在复议期限或诉讼期限届满前，还不具有最终确定效力，因为，该决定书还有可能在行政复议或行政诉讼中被撤销或被确认无效。加之拆除行为具有不可逆性，建筑物、构筑物被拆除后，无法恢复原状或恢复难度大、成本高。一旦违法建设处罚决定被撤销或被确认无效，物理上将形成不可逆转的后果。这样既造成了社会资源浪费，又增加了执法成本。对此，街道办事处不妨按照《行政强制法》第44条的规定来处置，即"当事人在法定期限内不申请行政复议或者提起行政诉讼，又不拆除的，行政机关可以依法强制拆除"。换言之，如果当事人依法提起了行政复议或行政诉讼，就应暂停强制拆除，待行政复议或行政诉讼结果生效后，再决定如何执行。如果违法建设处罚决定被撤

销或确认无效的，应当终结执行；反之，则可依法恢复强制执行。当然，涉及严重危害公共安全以及其他紧急情况的，另当别论。在强制拆除违法建设时，应当保持行政执法谦抑性，坚持以中止执行为原则，不停止执行为例外的基本原则。

总之，街道办事处身处基层一线，直面违法建设，应依法行使行政执法权，力求做到合法、有理有节，在实现行政执法目的的同时，彰显行政强制的力度，体现执政为民的温度。

行政执法权下沉背景下如何避免程序违法

李 屏*

自 2020 年 4 月 1 日北京市人民政府实施《关于向街道办事处和乡镇人民政府下放部分行政执法职权并实行综合执法的决定》以来，执法成效显著。街乡执法人员对街乡环境、人员情况较为熟悉，确实有利于发现辖区内潜在性、苗头性的问题，有利于实现"接诉办理"向"未诉先办"转化，实现温情执法，对减少多部门执法机构对市场主体、自然人的打扰，提高行政机关的执法效率也起到了较大的作用。但对北京市人民法院公布的裁判文书进行分析后可以看出，近一年来在乡镇、街道的行政执法案件中因执法程序问题造成街乡人民政府败诉的案件不在少数，同时笔者在同乡镇、街道行政执法人员的座谈中了解到街乡执法人员对行政执法程序以及执法过程中的法律问题存在把握不准、认识不到位、学习有漏洞等现象。现笔者以北京市人民法院行政诉讼的真实案例为基础，结合相关法律法规、司法解释，对行政执法中存在问题较多的送达、证据、主体三个方面的注意事项予以分析，以期能给街乡行政执法人员提供借鉴、参考。

一、关于送达的合法性

根据 2021 年北京市第二中级人民法院的一份判决，张某于 2003 年 10 月与北京市房山区某公司签订合同，取得了该公司 90 亩土地 50 年的使用权，张某在该土地上投资建设约 10 000 平方米房屋，用于经营和自住。2020 年 4 月 13 日，镇政府公告显示，张某上述房屋纳入拆迁腾退范围，要求其于 2020 年 4 月 20 日前自行腾退，否则将按照违法建设强制拆除。张某未按照公告要

---

* 李屏，单位：北京市尚和律师事务所，电话：18600679676。

求自行拆除腾退。4 月 29 日，张某收到镇政府作出的被诉限期拆除通知书，认定张某的房屋系违法建设并限期自行拆除。张某认为被诉限期拆除通知书事实认定不清、程序违法，遂诉至法院。经过一审、二审两次审理，北京市第二中级人民法院认定镇政府直接将被诉限期拆除通知书张贴在张某的建筑物上，送达方式不符合法律规定，属程序违法。同样，在北京市第三中级人民法院审理的密云区某镇政府认为李某的房屋未取得乡村建设规划许可证，属于违法建设需被强制拆除一案中，北京市第三中级人民法院认定该镇政府将限期拆除通知书及被诉通知张贴在涉案建设处的送达方式不符合法律规定，属于程序违法。实践中，因送达程序不合法造成行政机关败诉的案件屡见不鲜。

如何送达才属于符合法律规定、程序合法呢？《行政处罚法》第 61 条第 1 款规定，行政处罚决定书应当在宣告后当场交付当事人；当事人不在场的，行政机关应当在 7 日内依照《民事诉讼法》的有关规定，将行政处罚决定书送达当事人。《行政强制法》第 38 条规定，催告书、行政强制执行决定书应当直接送达当事人。当事人拒绝接收或者无法直接送达当事人的，应当依照《民事诉讼法》的有关规定送达。两部法律对于法律文书的送达方式均规定了当场送达，如当场不能送达则依据《民事诉讼法》的相关规定送达。

《民事诉讼法》在第七章第二节专门对送达进行了规定，要求送达法律文书必须有送达回证，由受送达人在送达回证上记明收到日期，签名或者盖章。法律文书的送达同样应首选直接送交给违法主体即受送达人。如果受送达人或者他的同住成年家属拒绝接收诉讼文书，送达人（作出法律文书的行政机关）可以邀请有关基层组织或者所在单位的代表到场，说明情况，在送达回证上记明拒收事由和日期，由送达人、见证人签名或者盖章，把法律文书留在受送达人的住所；也可以把法律文书留在受送达人的住所，并采用拍照、录像等方式记录送达过程，即视为送达。采取此种留置送达方式的前提是受送达人本人或者同住的成年家属拒绝接收，同样，受送达人的拒绝需要证据，如拒绝接收的文书、录音、录像等。经受送达人同意可以采取电子送达方式，如电子信息、邮件等。直接送达困难的可以采取邮寄送达的方式，要特别注意，根据《邮政法》的规定，国家机关公文采取邮寄送达的必须使用邮政快递，否则违法。如果受送达人下落不明，通过上述方式无法送达的，可以采取公告送达方式。上述两个真实案例出现的问题正是未首先进行直接送达，或者无法证明受送达人或者其同住的成年家属拒绝接收法律文书从而被认定为程序违法。

二、关于证据的合法性

张、何两家因宅基地分界发生纠纷，张家到镇政府提出申请要求镇政府对两家的宅基地使用界线予以确定。镇政府立案受理后，向何家邮寄了受理通知，随后进行了现场勘查测量工作，并出具《土地使用权争议处理决定书》。何家以镇政府认定事实错误、执法程序违法诉至法院，经审理法院认为：行政机关没有证据证实对争议土地进行实地测量时通知过何家人到场，应视为未通知当事人到现场，执法程序违法。因现场勘验示意图是镇政府作出被诉行政处理决定的事实依据之一，其在程序违法的前提下作出的现场勘查图无法被采信，被诉处理决定的主要证据不足，因此判决撤销该处理决定书。大兴区某镇政府依据被区政府行政复议撤销的限期拆除决定书作出强制拆除决定书，同时无证据证明作出强制拆除决定书前进行了调查取证，无证据证明涉案违法建设的具体位置与建筑面积，属于认定事实不清，最终被法院判决撤销了强制拆除决定书。两个案件均因证据存在问题导致法律文书不合法被法院撤销。

收集证据有哪些注意事项，如何才能保证证据的合法性？《行政诉讼法》第34条第1款规定："被告对作出的行政行为负有举证责任，应当提供作出该行政行为的证据和所依据的规范性文件。"行政诉讼法中的被告指的是行政机关，行政诉讼案件中要求行政机关提供作出行政处罚、行政强制决定的证据及法律依据。根据最高人民法院《关于行政诉讼证据若干问题的规定》，行政执法中收集证据应注意以下几个问题：其一，以书证作为证据的，书证应当为原件；由有关部门保管的书证原件的复制件应注明出处，由保管部门核对无异后加盖印章；询问、陈述等谈话类笔录应当有行政执法人员、被询问人、陈述人、谈话人签名或盖章。其二，提供计算机数据或者录音、录像等视听资料作为证据的，应当为原始载体。提供原始载体确有困难的，可以提供复制件。视听资料证据要注明制作方法、制作时间、制作人和证明对象等，声音资料应当附有该声音内容的文字记录。其三，行政程序中采用的鉴定结论应当载明委托人和委托鉴定的事项、向鉴定部门提交的相关材料、鉴定的依据和使用的科学技术手段、鉴定部门和鉴定人鉴定资格的说明，并应有鉴定人的签名和鉴定部门的盖章。通过分析获得的鉴定结论，应当说明分析过程。如出现鉴定人不具备鉴定资格、鉴定程序严重违法、鉴定结论错误、结论不明确或者内容不完整的情况，法院将不采纳此鉴定结论。其四，现场笔录应当载明时间、地点和事件等内容，并由执法人员和当事人签名。当事人拒绝签名或者不能签名的，应当注明原因。有其他人在现场的，可由其他人签名。其五，证据取得方式要合法，不能有偷拍、偷录、窃听、利诱、欺诈、胁迫、暴力等或侵害他人合法权益的手段取得的证据材料；在行政程序中非法剥夺公民、法人或者其他组织依法享有的陈述、申辩或者听证权利所采用的证据不合法。上述案例中镇政府如在现场勘验时，让何家在勘验图上签字，且对何家进行了询问，这起案件的结局就会不一样了。

三、关于主体的合法性

花某某公司与某村委会签订土地租赁合同，约定了租赁期限、用途、租赁费用以及租金支付方式等内容，2003年集体土地使用证载明土地使用者为花某某公司。2020年，镇政府经向规划和自然资源部门调查发现，涉案的建筑未办理规划许可，建设人为刘某。随后，镇政府对刘某作出告知，要求限期拆除。询问笔录中刘某称自己不是法人，可以询问，不需要委托书，全权代理，镇政府向刘某送达了限期拆除决定书。1个月后花某某公司以镇政府认定事实不清，要求撤销该决定书。法院审理后认为镇政府在行政执法程序中，对刘某进行调查询问时，虽提供了集体土地使用证、营业执照、延庆区发展计划委员会立项批复、土地租赁合同等证明文件，声称全权代理，但镇政府在未进一步就涉案建筑的建设主体等相关基础信息向花某某公司进行调查核实的情况下，即认定刘某为涉案建筑的建设人，确属对涉案建筑的建设主体认定事实不清、证据不足，判决限期拆除决定书违法。实际执法中，存在执法人员将单位法定代表人的配偶、子女、父母或者某个自然人的配偶、子女、父母甚至亲朋视作同一个可以相互代理的人，从而对该人进行处罚，造成处罚错误。违法处罚、行政强制措施的对象必须是违法行为人，单位违法的被处罚人应为该单位，法定代表人、总经理都不是被处罚的对象；自然人违法，被处罚的对象必须是该自然人本人，因此，在询问、处罚违法行为人时必须调查清晰，有足够的证据证明违法主体的身份。

这里有一个需要注意的与上述问题不同的情况，就是法律文书送达的签收主体问题：受送达人是公民，送达法律文书时本人不在场可交由他的同住成年家属签收；受送达人是法人或者其他组织的，应当由法人的法定代表人、其他组织的主要负责人或者该法人、组织负责收件的人签收；受送达人有诉讼代理人的，可以送交其代理人签收。

浅析《电子商务法》之不足

缪志军*

在互联网经济蓬勃发展的多年后，历经全国人大常委会四次审议才通过的《电子商务法》终于出台，但该法案仍有不足之处。该法案内容广泛，涉及公法、私法等多个法律条文，既涉及商法内容，又有行政法规的内容，既有法理，又涉及专业术语和科技知识。

笔者认为目前的《电子商务法》存在几方面的问题：一是虽然对电子商务平台经营者和自营商有了明确的划分，但对混同形式的经营方式没有涉及；二是对电子商务平台及附属企业在条文上定位不明确；三是没有约束目前电子商务活动中普遍存在的恶意低价促销等不正当竞争行为；四是对上下游用户与加盟者汇聚到电子商务经营者平台内的押金、货款与服务费如何监控，保障资金安全等热点问题缺乏进一步的细则。笔者以时下常见的网约车行业为例分析《电子商务法》的不足。

2019年初开始实施的《电子商务法》规定的平台企业的法律地位是独立法人，其担负的主体责任也是以过错认定为前提。具体到网约车行业，如滴滴、高德等平台对加盟的司机和车辆有审核、公示、数据存储并上传的责任，但没有提到网约车企业对司机具有实际支配性管理的权利与义务。而《网络预约出租汽车经营服务管理暂行办法》对网约车平台企业要求既要有事先的审核，又要有日常的管理，两个法律文件存在较大的冲突。对发生运营侵权纠纷后如何处理、打车平台承担多大责任、避风港规则和红旗规则的理解等问题，目前立法机关和各级执法机关也有待达成共识，这对地方行政机关具体监管产生了障碍，行政机关处罚的尺度也不统一。

---

* 缪志军，单位：北京市中盾律师事务所，电话：138010050301。

　　之所以产生各种混乱，究其根源，首先还是对电子商务运营商这一龙头的法律地位和作用的认识不到位。按照笔者理解，《电子商务法》对搭建交易平台方面的规定，对只是提供技术支持与网上推广的平台经营者和自营平台企业还是有很大区别的。打个比方，电子平台经营者如同是街边开棋牌室的，只提供场地和服务吸引牌友入内游戏。而现在的网约车平台企业既是棋牌室的经营者，同时自己也在棋牌室里坐庄参与游戏，并不只是信息中介，还是出行行业实际的经营者。对于正规的出租车司机加盟网约车平台，出租车司机自有发票还算是独立运营，平台派单后抽取一定的手续费，有点类似于进入棋牌室自我游戏。但是，对吸纳社会车辆加盟打车平台而言，社会司机没有经营资质又不敢成为"黑车"或是"克隆车"，只能依附在不同的网约车平台，受其管理，被动接单，同时受到平台企业的保护，减少被行政机关处罚的风险，并由网约车企业给乘客出具电子发票。在此种模式下，打车平台企业实际是《电子商务法》规定的第三种电子商务主体，即"通过自建网站、其他网络服务销售商品或者提供服务的电子商务经营者"。《电子商务法》对这种既提供网络平台同时又自我经营的采用双重经营方式的电子商务经销商并没有详细规制，而目前互联网经济普遍存在的混同经营实际上是法律上的空白地带。

　　其次，目前的《电子商务法》对认定为自营的电子商务经营者所附属的加盟商、供应商及衍生经营者也没有提出法律主体概念，而这几类是自营电子商务运作的重要组成部分。这些加盟商、供应商即所谓的租赁公司，与打车平台企业有密切的业务关系，平时执行网约车企业下达的各种运营任务，同时还能替平台企业分担很多法律风险。这些租赁公司与滴滴、首约、高德等经营平台签订加盟合作协议，按照平台企业分配来的司机每月流水额的5%抽取提成。而且，租赁公司自己也可以找司机加入平台。平台企业会定期根据考核司机服务质量的内部数据分配给租赁公司不同数量的司机，同时平台企业也在考核租赁公司的日常管理力度，并把考核不达标的租赁公司下属的司机打散后重新分配给其他租赁公司。这些租赁公司为了稳妥起见，会同时接受不同网约车平台企业的委托，具体管理着带车加盟司机和不带车加盟司机的日常事项。对司机执行甚至高于打车平台企业的指标，同时也执行网约车企业的处罚标准，甚至自行设定更高标准对司机进行处罚。这些所谓的租赁公司把自有车辆租赁给司机，有的公司名下连车辆都没有，名称为技术公司或者信息公司，大多是独立的法人机构，收集社会车辆再转租给司机。依据租赁公司是否有车辆投入与承担运营风险，其法律身份应该区分为受托管理者和加盟商。尤其是那些以通信技术或科技信息公司名义注册、没有相关的汽车租赁资质的公司，只能依靠与平台企业的合作运营为生，平台企业对它们的生存有着决定性的影响。

监管部门如何约束这些新兴的附属企业、衍生企业，近20年来一直存在较大的漏洞？据笔者了解，这种经营架构不仅是在网约车行业，在代驾行业、快餐配送及快递行业等所谓的互联网企业都普遍存在。而打车平台企业为了应付监管部门而伪称的劳动派遣单位和劳务合作单位大都是空壳公司，并没有实际管理着司机或者加盟者。前文讲过，现在最重要的问题不是对网约车司机进行分类管理，而是对网约车企业分类、对电子商务企业的经营主体分类。如果没有把被监管的主体分门别类地搞清楚，又如何能针对性地制定政策，再据其执法呢？

再次，对于低价促销是否构成不正当竞争行为没有涉及。界定的标准在1993年的《反不正当竞争法》中有具体的规定，但该法条在2019年修正后被取消了，具体规定放到了《反垄断法》里。但是，实际操作中，对某个企业是否具备垄断地位的认证本来就很困难，认定的时间跨度很大，就是等来了认定结论往往也要数年之久。而目前的电子商务行业内的低价恶意竞争行为每天都在上演，甚至在不同的时间段都在变化，如何在网络上取证也让执法者面临很大的挑战。"一元打车""高补贴买菜"这种恶意低价促销行为严重背离了经济规律，破坏了所在行业的正常秩序，诱发了低劣服务和假冒商品，这在以往"质量万里行"中经多次整顿依然没有消失，这次的《电子商务法》没有涉及低价倾销这方面内容，而《价格法》虽然有类似的规定但执法主体为发改委，远没有工商总局监管及时和高效。

最后，此次的《电子商务法》对电子商务经营者平台企业收取消费者预付款有所规制，但对从业人员、加盟商的货款、押金、保证金等巨额钱物没有涉及。如何防止电子商务经营者动用不是他们自己的但实际掌控的财物，也是现实中存在的重要问题。近几年很多网络出行运营商出了问题，比如小黄车、途歌等分时租赁公司，被讨要押金的用户堵门，在全国有影响的易到出行、滴滴公司也被司机或者租赁公司索要运营费、加盟费。很多平台企业到了破产的边缘，其加盟商、从业人员因拿不到钱还在四处上访。目前涉及电子商务退费的多数事件都没有被彻底解决，各地各级机关也是疲于应对。当前，京东商城、淘宝网等电子商务的领头羊都掌管着巨额货款，虽然地方上出台了相关的文件加以预防，但没有全国性的尺度。如果能统一规制对该级别的电子商务平台的财物监控，日后就会避免更大的事件，但这次的《电子商务法》并没有提及。

笔者认为各级监管部门不是没有看到《电子商务法》以上的缺憾，出现这种情况有很多原因。但是，为了互联网电子商务的健康发展，顺应国际上对互联网加强管控的趋势，保护公民隐私和国家数据安全，确实有必要对目前的《电子商务法》再做修改，或者从法律角度，通过行政机关在制定的相关条例、实施细则等行政法规加以完善。

参考资料：

一、《电子商务法》

第二条　中华人民共和国境内的电子商务活动，适用本法。

本法所称电子商务，是指通过互联网等信息网络销售商品或者提供服务的经营活动。

法律、行政法规对销售商品或者提供服务有规定的，适用其规定。金融类产品和服务，利用信息网络提供新闻信息、音视频节目、出版以及文化产品等内容方面的服务，不适用本法。

第九条　本法所称电子商务经营者，是指通过互联网等信息网络从事销售商品或者提供服务的经营活动的自然人、法人和非法人组织，包括电子商务平台经营者、平台内经营者以及通过自建网站、其他网络服务销售商品或者提供服务的电子商务经营者。

本法所称电子商务平台经营者，是指在电子商务中为交易双方或者多方提供网络经营场所、交易撮合、信息发布等服务，供交易双方或者多方独立开展交易活动的法人或者非法人组织。

本法所称平台内经营者，是指通过电子商务平台销售商品或者提供服务的电子商务经营者。

第十条　电子商务经营者应当依法办理市场主体登记。但是，个人销售自产农副产品、家庭手工业产品，个人利用自己的技能从事依法无须取得许可的便民劳务活动和零星小额交易活动，以及依照法律、行政法规不需要进行登记的除外。

第十四条　电子商务经营者销售商品或者提供服务应当依法出具纸质发票或者电子发票等购货凭证或者服务单据。电子发票与纸质发票具有同等法律效力。

第二十一条　电子商务经营者按照约定向消费者收取押金的，应当明示押金退还的方式、程序，不得对押金退还设置不合理条件。消费者申请退还押金，符合押金退还条件的，电子商务经营者应当及时退还。

二、《反垄断法》

第二十二条　禁止具有市场支配地位的经营者从事下列滥用市场支配地位的行为：（一）以不公平的高价销售商品或者以不公平的低价购买商品……

三、《价格法》

第十四条　经营者不得有下列不正当价格行为：

（一）相互串通，操纵市场价格，损害其他经营者或者消费者的合法权益……（六）采取抬高等级或者压低等级等手段收购、销售商品或者提供服务，变相提高或者压低价格……

四、《网络预约出租汽车经营服务管理暂行办法》

第十八条　网约车平台公司应当保证提供服务的驾驶员具有合法从业资格，按照有关法律法规规定，根据工作时长、服务频次等特点，与驾驶员签订多种形式的劳动合同或者协议，明确双方的权利和义务。网约车平台公司应当维护和保障驾驶员合法权益，开展有关法律法规、职业道德、服务规范、安全运营等方面的岗前培训和日常教育，保证线上提供服务的驾驶员与线下实际提供服务的驾驶员一致，并将驾驶员相关信息向服务所在地出租汽车行政主管部门报备……

第二十条　网约车平台公司应当合理确定网约车运价，实行明码标价，并向乘客提供相应的出租汽车发票。

第二十一条　网约车平台公司不得妨碍市场公平竞争，不得侵害乘客合法权益和社会公共利益。

网约车平台公司不得有为排挤竞争对手或者独占市场，以低于成本的价格运营扰乱正常市场秩序，损害国家利益或者其他经营者合法权益等不正当价格行为，不得有价格违法行为。

浅析依法行政及行政机关的应诉策略

——以人民法院对行政行为合法性审查路径为视角

刘汝忠*

随着行政诉讼法的实施，行政诉讼愈发成为行政相对人（利害关系人）寻求权利救济的途径之一。行政机关作出的行政行为不仅要接受上级机关的考核，还要面临司法的审查甚至公众舆情的监督。因此，如何保证行政行为的合法性就成了行政机关在行政执法工作中的重点。人民法院对行政行为的审查，首先需要审查的就是行政行为的合法性。为此，笔者结合自身办理行政案件的经验，对人民法院审查行政行为合法性时所遵循的路径作一探讨，从中提炼出行政机关依法行政应注意的事项，并对行政机关如何应诉提出几点建议。

一、合法性审查路径

人民法院对行政行为的合法性审查，一般分为程序审查和实体审查。程序审查中，首先需要确定的是行政行为主体是否具有作出该行政行为的职责权限、是否符合法定程序、是否符合正当程序、是否存在滥用职权等。实体审查则主要是对行政行为的事实认定是否证据充分（是否明显不符合事实）、适用法律是否正确、裁量是否适当等进行审查。

（一）程序

1. 法定职责与行政职责

职责包含职权与责任。根据法无授权不可为的一般原则，行政机关首先应当遵循职权法定原则，其作出行政行为必须有法律明确的授权，不得超越

＊　刘汝忠，单位：泰和泰（北京）律师事务所，电话：13522284813。

职权或者未经授权擅自作出行政行为。另外，除法定职责外，有些规范性文件也规定了行政机关的行政职责，行政职责的范畴比法定职责更为广泛，甚至在一定意义上外化并涵盖了法定职责，包括法律直接规定的行政职责、法律间接体现的行政职责、先行行为引起的行政职责、行政规范性文件规定的行政职责等。法定职责（行政职责）是行政行为合法的必要条件，行政机关在作出行政行为时必须遵循法定职责。

2. 执法程序

（1）法定程序。法定程序指作出行政行为时必须遵循的程序，在实践中比较常见的是听证程序。如《行政处罚法》第 63 条规定，行政机关作出责令停产停业、吊销许可证、较大数额罚款等行政处罚决定之前，应当告知当事人有要求举行听证的权利，当事人要求听证的，行政机关应当组织听证。假如某一行政机关对行政相对人作出较大数额罚款的行政处罚，而在处罚决定书作出之前未告知该行政相对人有申请举行听证的权利，或者行政相对人要求听证，该行政机关未组织听证，则作出的行政处罚就有可能因违反法定程序而被人民法院撤销。在行政许可、行政强制等领域，同样应遵循法定程序。

（2）正当程序。根据《全面推进依法行政实施纲要》的精神，正当程序原则指行政机关实施行政管理，除涉及国家秘密和依法受到保护的商业秘密、个人隐私外，应当公开，注意听取公民、法人和其他组织的意见；要严格遵循法定程序，依法保障行政管理相对人、利害关系人的知情权、参与权和救济权。行政机关工作人员履行职责，与行政相对人存在利害关系时，应当回避。现实中，违反正当程序的表现主要有不听取陈述申辩、不履行教示义务、行政决定书不符合规范形式等。不符合正当程序的要求，也会影响行政行为的合法性。

（二）实体

1. 事实认定

在人民法院对行政行为合法性审查的事实认定过程中，主要涉及两个范畴：举证责任及证明标准。我国行政复议与行政诉讼程序都规定了举证责任倒置原则，作出行政行为的行政机关应当承担举证责任。同时，行政相对人或利害关系人享有举证的权利，允许其提交与案件有关的证据。证明标准指负担证明责任的人提供证据加以证明所要达到的程度。这就要求行政机关在作出行政行为时，应当全面认定事实，尽到全面的审核职责，同时，增强证据意识，注重收集证据，行政程序中，在证据采信时，绝不能采用相互矛盾的证据。

2. 法律适用

法律适用有广义和狭义之分。广义的法律适用是指国家机关及其工作人员、社会团体和公民实现法律规范的活动。这种意义上的法律适用一般被称为法的实施。狭义的法律适用是指国家机关及其工作人员依照其职权范围把法律规范应用于具体事项的活动，特指拥有司法权的机关及司法人员依照法定方式把法律规范应用于具体案件的活动。

人民法院对行政行为合法性审查的重中之重就是对行政机关的法律适用的审查。行政机关在法律适用中，应注重依照法律位阶对法律法规等由上而下适用。任何行政行为应当释明所依据的法律法规，包括规章及规范性文件。在效力方面，行政机关不得随意扩大或者缩小法律法规的适用范围；在内容方面，规章及规章以下的规范性文件修改频繁，行政机关作出行政行为前若不仔细甄别，有可能错误适用修改前或废止后的规定。此外，适用法律时还应考虑是否符合立法本意和社会生活经验。对法律规定得模糊或有争议的问题，行政机关适用法律时必须遵循立法原意。

3. 裁量适当性

合理行政是依法行政的基本要求，人民法院对行政行为合理性审查的标准在于相关因素考量及平等对待。在实践中常见的误区包括：不考量应该考量的因素，如残疾人的安置补偿中应当考量其残疾人的身份；考量了不该考量的因素，比如地域歧视、职业歧视、户籍歧视等。不平等对待表现为相同情况不同对待，例如对同样情节的违反《治安管理处罚法》的行为，有的处以行政拘留，有的处以罚款等。

4. 行政不作为

判断某一行政行为是否属于行政不作为，一般参考以下因素：①是否具有法定职责；②是否接到申请或者依职权应该履行职责；③是否进行调查处理；④是否遵循法定期限；⑤是否作出明确的处理。若行政机关的行政行为符合以上条件，即具有法定职责的行政机关在接到申请后不在法定期限内进行调查处理，则构成行政不作为。实践中，以下情形的行政不作为较为典型：①拒绝接收当事人的履行职责申请；②行政机关内部衔接运转不畅导致不履责情形的发生；③部分行政机关职责交叉导致履行职责不当；④将正常履责申请错误纳入其他程序处理；⑤行政处理流于形式，不回应诉求。

二、行政机关在行政案件中应诉的策略

若行政机关作出的行政行为不被行政相对人（利害关系人）所信服，则有可能启动行政诉讼程序。行政机关本身有一定的行政执法权限，是行政行为的"实施者"，同时，在行政复议程序中，其又承担了事实与价值评判的功能，类似于"裁判者"，而在行政诉讼程序中，其又是"被告"，这种多重的角色构造，迫使行政机关转变工作方式，准确把握角色定位，以做好行政案件应诉工作。

（一）立足本位

1. 判断原告诉权（是否存在诉的利益），确定答辩思路

根据诉讼程序，作为被告的行政机关，要关注原告是否存在诉的利益，如果存在，提起的是撤销之诉、确认违法之诉还是确认无效之诉，原告的事实与理由如何，受理法院是否符合《行政诉讼法》管辖的规定，并根据原告的起诉状确定答辩思路。

2. 程序与实体答辩的取舍

在行政应诉中，行政机关可按照"先程序后实体，自证为主、反驳为辅"的原则。对于涉诉行政行为，行政机关可先就程序问题释明其合法性，例如对需要听证的组织听证程序，对需要听取原告陈述申辩的听取原告陈述申辩等。对于行政行为实体的合法性，要依据具体的法律法规，参照规章予以释明。"自证为主、反驳为辅"是行政诉讼特点决定的：一方面，法律分配给行政机关更多的举证责任，其自证行政行为合法是履行举证义务的需要；另一方面，即使行政机关反驳了行政相对人的请求，甚至法庭亦认为行政相对人提交的证据不符合真实性、关联性、合法性的规定，行政机关也依然要回转到证明行政行为合法的轨道上来，这其实也是"谁主张、谁举证"的基本要求。

（二）遵循规律

1. 行政诉讼具有复审性

复审性指在行政诉讼之前已经历了诸如行政处罚程序、行政裁决程序甚

至行政复议程序等完整法律程序。行政诉讼是由法院对被诉行政行为是否合法进行的审查，这在证据规则上体现为：行政诉讼中的事实认定以行政程序中收集到的证据为基础，对行政机关在获取和处理证据及得出事实结论上是否符合法律要求进行审查。因此，行政诉讼证据规则具有一定的特殊性，如被告在行政诉讼过程中不得自行收集证据等。

2. 行政机关负举证责任

由于行政相对人举证较为困难，我国在行政诉讼中规定了责任倒置原则，即由行政机关对其作出行政行为的合法性承担举证责任。这就要求行政机关在应诉时要杜绝"高高在上"的心态，要积极履行举证义务，查明的事实以及作出行政行为的法律依据等，都要一并提交给法庭，而且必须在法定期限内提交，否则，视为没有证据，会导致行政机关败诉。

（三）讲求方法

1. 事实问题：证据证明为主，辩驳为辅

行政机关作出行政行为时一定要重视对证据的收集，从证据的形式看，证据包括物证、书证、视听资料、证人证言、当事人陈述、鉴定结论、勘验笔录、现场笔录等。在行政诉讼中，行政机关应从证据着手，通过完整的证据链使证据达到排除合理怀疑、优势证明、可信服等证明标准。对于行政相对人提出的事实，可以针对其真实性、关联性、合法性进行辩驳。

2. 法律问题：以论为主，从上而下找法

行政机关应当说明被诉行政行为依据的法律、法规、规范性文件等，并将据以作出行政行为的法律、法规等依据提交给法庭。在进行答辩或法庭陈述、辩论时，可以按照法律位阶的不同，以高位阶至低位阶的顺序论证行政行为的合法性。

3. 程序问题：法律与法理相结合

程序正义是实体正义的保障，正当程序原则是行政行为必须遵循的原则，也是行政机关极易忽略的原则。一方面，行政机关在作出行政行为时要扭转实体重于程序的思维，从程序上保证行政相对人的合法权利；另一方面，当被诉的行政行为确实违反法定程序时，行政机关也应该根据行政诉讼法、相关部门法及司法解释的规定，论证该情形属于一般性的程序瑕疵还是严重的程序违法。

4. 裁量问题：情理法相融合

裁量问题，即行政机关论述行政行为合理性的问题。对于裁量行政行为，行政机关应参照案件事实、行为后果、社会影响等诸多因素，做到情理法的融合，作出恰当的行政行为。在庭审中，力求让法官认为，被诉行政行为是情理法相融合的最佳结果。

行政委托认定因素之考量

殷玉航*　孙小瑞**

《国有土地上房屋征收与补偿条例》第 4 条第 1 款规定："市、县级人民政府负责本行政区域的房屋征收与补偿工作。"第 5 条第 2 款规定："房屋征收部门对房屋征收实施单位在委托范围内实施的房屋征收与补偿行为负责监督，并对其行为后果承担法律责任。"据此，在国有土地上房屋征收过程中，有且仅有市、县级人民政府具有依法征收房屋的职权。房屋征收部门委托其他主体实施房屋征收行为的，应当对其行为后果承担法律责任。

一、案情回顾

湖北省武汉市武昌区人民政府为实施道路综合改造提升工程，委托武汉市武昌家园拆迁事务所对该工程涉及的四栋房产进行协议征收拆迁。杨某系本次拆迁范围内武汉市中北路 113 号房屋所有人。武昌家园拆迁事务所在不能与杨某达成一致协议的情况下，将其房屋进行了拆除。随后，武昌区人民政府按原规划用途将该房屋所在地改建为城市绿地广场。

杨某遂以武昌区人民政府为被告向武汉市中级人民法院提起行政诉讼，同时将武昌家园拆迁事务所列为第三人。武昌区人民政府认为，其仅委托武昌家园拆迁事务所进行协议收购，并未委托拆除房屋，拆迁行为系武昌家园拆迁事务所擅自行动，超出了委托范围。第三人对此亦予以认可，承认其拆除行为并未得到武昌区人民政府的委托。

---

* 殷玉航，单位：北京京润律师事务所，联系电话：15911113069。

** 孙小瑞，单位：北京京润律师事务所，联系电话：13261208093。

二、案件结果

一审法院以被告不适格为由裁定驳回起诉。湖北省高级人民法院以没有证据证明武昌区人民政府实施强拆行为为由裁定驳回上诉，维持原裁定。杨某依法向最高人民法院提起再审申请。最高人民法院认为，被诉行为作出时，武昌区人民政府虽尚未作出房屋征收决定，但一方面，其于2014年8月25日作出的武昌征决字〔2014〕19号《房屋征收决定》，决定对中南路与中北路综合整治工程范围内国有土地上的房屋实施征收，涉案房屋坐落在该征收范围内；另一方面，武昌区人民政府对其口头委托武昌家园拆迁事务所对包括杨某在内的四户房屋进行收购，武昌家园拆迁事务所在拆除其他三户房屋时将杨某房屋一并拆除的事实亦不持异议。故武昌区人民政府应当对武昌家园拆迁事务所拆除涉案房屋行为的后果承担法律责任。并于2019年4月29日作出裁定：指定湖北省高级人民法院对此案予以再审。

三、律师说法

本案审理的焦点在于第三人武昌家园拆迁事务所的强制拆迁行是否在被告武昌区人民政府的行政授权范围内，接下来就该问题展开论述：

（一）本案所涉"协议收购"是行政行为，其间所产生的行为受行政法调整

武昌区人民政府是承担中北路沿线整治范围拆迁工作的行政单位。武昌区人民政府委托武昌家园拆迁事务所进行的协议收购，是为实施中北路整体改造提升的行政目的而产生的行为。而武昌家园拆迁事务所在协议收购不成的情况下，拆除了原告房屋，如果将拆除行为界定为民事行为，武昌区人民政府的收购资金、收购目的、行为后果均与实际产生了冲突，即收购资金并非武昌区人民政府的单位资金；收购目的也并非单位使用，其行为后果也不产生行政法的权利义务。另，政府通过民事行为将当事人土地及房产进行征收，该行为规范是否符合法律规定，也是值得商榷的。政府收购房产和公民之间的房产交易行为不同，公民之间的交易行为，建立在公民对个人财产的所有及支配上，而政府收购房产所支付的费用并非其单位所有，收购后的房产也并非归单位所私有。因此，将武昌家园拆迁事务所的拆除行为界定在民事行为，在逻辑上无法成立。

我国《行政诉讼法》第 12 条第 1 款第 11 项将为了实施行政管理需要而产生的政府与公民的协议，界定为行政协议，故在行政协议过程中所产生的协商、订立、履行、拆除等行为，均是行政行为。

（二）拆除行为在政府委托权限范围内，是受政府委托而产生的行为

对收购房产进行拆除，是武昌区人民政府委托武昌家园拆迁事务所处理的一部分行政事务，武昌家园拆迁事务所的协议收购行为，虽然是收购，但实际上和征收程序相同。这也是在实践中受委托单位展开工作时的常用方式，下面结合本案具体情况展开分析：

（1）武昌家园拆迁事务所的自认。2014 年 9 月 10 日，武昌家园拆迁事务所出具中北路 113 号杨某房屋拆除的情况说明。2015 年 2 月 28 日，武昌家园拆迁事务所再次出具情况说明，明确综合整治征收项目内签订的协议是征收协议。故在征收过程中所产生的行为，系行政行为的体现。结合武昌家园拆迁事务所对中北路其他三户的实际拆除工作，可以反映出武昌区人民政府不仅委托了拆迁公司进行协议收购，也具有拆除的授权。

（2）武昌区人民政府存在委托武昌家园拆迁事务所拆除房屋的事实。在同一征收范围内，武昌家园拆迁事务所在实施协议收购过程中，与另外三户房屋权利人除了签订收购协议，并在签订收购协议后对另外三户的房屋实施了拆除工作。这反映出武昌区人民政府委托武昌家园拆迁事务所实施协议收购过程中具有委托一并进行拆除的授权。

（3）客观中立的第三方且系有权单位的认定。武昌金管委［2014］12 号答复意见书，反映出系区政府决定提前实施协议收购并委托武昌家园拆迁事务所负责协议收购及拆除工作。

武汉市公安局武昌区分局答辩状：发现该房屋由武汉市武昌家园拆迁事务所进行拆除，拆除原因是受武昌区人民政府委托对该房屋进行收购拆除并建成绿化带。这反映出经有权单位认定，武昌区人民政府不仅委托武昌家园拆迁事务所进行收购，还有拆除工作。

该案中，以上材料均证明了对涉案房屋的拆除是武昌区人民政府委托武昌家园拆迁事务所进行的。实践中，亦存在其他不同证据材料，同样能够证明拆除行为在政府委托权限范围内，是受政府委托而产生的行为。

（三）行政委托中，因受托人产生的行为后果，由委托人承担责任

最高人民法院《关于适用〈中华人民共和国行政诉讼法〉的解释》第20条第3款规定，没有法律、法规或者规章规定，行政机关授权其内设机构、派出机构或者其他组织行使行政职权的，属于《行政诉讼法》第26条规定的委托。当事人不服提起诉讼的，应当以该行政机关为被告。

涉案房屋的收购及拆除工作，均是武昌区人民政府为实施中北路整体改造提升的要求，在拆迁过程中委托武昌家园拆迁事务所实施的行为。"协议收购"在我国现行法律中并无规定，故武昌家园拆迁事务所在此委托过程中实施的行为所导致的后果，根据上述法律规定，应由武昌区人民政府承担。

（四）该案房屋被拆除，是否合法，归根结底要看有无法律规定

如上所述，政府基于行政管理目的实施收购行为形成的协议是行政协议，行政协议的协商、订立、实施及实施行政行为过程中产生的行为均是行政行为。当事人的房屋被拆除是否合法，根据行政法上的要求对房屋进行拆除行为进行判断即可。在征收过程中，拆除房屋是不可避免的，就该案而言，看似为拆迁事务所实施的拆除，实质为拆迁事务所接受行政机关的委托在征收过程中而实施的行为，是一种行政行为。行政机关忽略这一点，误认为系拆迁事务所的民事行为，进而导致未履行拆除的前置法定程序及行为规范，造成了违法拆除的后果。

（五）违法行政可能带来的连锁反应

（1）该案中，武昌区人民政府作出的房屋征收决定晚于房屋拆除时间，因杨某已经对强拆行为提起诉讼。武昌区人民政府为防止拆除行为被纳入行政行为，在当时明确称征收决定的效力不及于当事人，即武昌区政府的征收决定对当事人不产生效力。行政机关在出现违法行政行为后，为了避免可能带来的法律后果，往往会选择与武昌区人民政府一样的行为方式，企图让自己在诉讼中抽身。

（2）如果按照武昌区人民政府的说法，拆除行为系武昌家园拆迁事务所的民事行为，将不发生物权转移的效力，即便是房屋拆除，土地使用权仍归属于杨某。那么武昌区人民政府在土地上建造绿地的行为，将构成对该土地的违法占用。

（3）征收决定对被征收人产生了法律效力，征收的过程应当符合法定程序，否则亦将对拆除行为的合法性产生影响。根据国有土地征收的程序，征收前的摸底调查、征收补偿方案的征求意见、评估机构的选择、评估机构的入户，这些过程均应当有被征收人的参与。武昌区人民政府的征收决定是否合法值得推敲，征收决定的合法性，与强拆案件的审理亦存在必然的联系。

（4）《国有土地上房屋征收与补偿条例》第 26 条第 1 款规定，房屋征收部门与被征收人在征收补偿方案确定的签约期限内达不成补偿协议，或者被征收房屋所有权人不明确的，由房屋征收部门报请作出房屋征收决定的市、县级人民政府依照本条例的规定，按照征收补偿方案作出补偿决定，并在房屋征收范围内予以公告。第 27 条第 1 款规定，实施房屋征收应当先补偿、后搬迁。

按照上述规定，征收决定作出之后，因双方协商不成征收部门要作出征收补偿决定。但实践中，行政机关往往是在征收补偿决定尚未下达、对当事人的安置事项未处理的情况下，直接拆除土地上的房屋，进而将该土地收回用作他途。行政机关出于自身行政目的的考虑，从大局出发，可以理解，但急于求成，往往违背了依法行政的基本原则。

（5）行政机关所称的政府收购土地及房屋，应当界定为民事行为还是行政行为，该模式的合法性尚需进一步明确。根据我国土地管理法律法规，因公共利益需要使用国有土地的，国家规定了法定程序，要求行政机关按照《国有土地上房屋征收与补偿条例》进行征收，但实践中，有些行政机关绕其道而行之，以"收购方式"将土地及房产征收，此"收购模式"，亦是为了达到征收的目的，其行为往往会被认定为行政行为。

四、结语和建议

该案法律关系貌似复杂，其实明了。经最高人民法院裁定再审之后，将争议最大的行政委托责任的归属确定。武昌区人民政府下一步将承担因武昌家园拆迁事务所的违法拆除行为所导致的国家赔偿责任。行政机关在从事行政管理事务过程中经常会涉及行政委托、行政协议和行政强制诸多法律问题，厘清行为的实质，结合行政管理目标及行为本身所产生的后果，去伪存真，方能正确确定法律关系。我国正在大力推行依法治国方略，依法行政是依法治国的关键。地方政府在实施具体的行政行为时理应成为模范守法者，而一味地混淆法律关系、企图逃避法律责任，并非一方政府机关的正确做法。

依申请公开的政府信息公开案中行政机关对商业秘密和第三方合法权益的审查判断和举证参考

严 权 王 丽 *

应当强化行政机关的证据意识。行政机关对商业秘密和第三方合法权益的审查判断，主要从厘清商业秘密的法定含义和特征、结合个案把握第三人合法权益的内涵、考量行政比例原则和效率原则、衡量公益和私益几方面出发，对行政机关的审查判断过程进行举证。

举证参考方面，除了强调证据的真实性和合法性之外，更要强调证据与案件待证事实的关联性。

实践中，政府信息公开案件行政机关向法院提交的证据多集中在答复告知书、信息公开申请登记回执、征求第三方意见的函等文件。此类证据的来源和形式在符合法律规定的证据形式要求的前提下，可以被法院采纳。但问题是，此类证据往往不能证明行政机关是否对商业秘密和第三方合法权益进行了审查判断，因而法院无法认定行政机关是否履行了《政府信息公开条例》第15条规定的审查义务，存在行政机关败诉的风险。

为强化行政机关的证据意识，笔者拟通过以案释法，对行政机关审查判断商业秘密和第三人合法权益提供思路和举证参考。

一、行政机关对商业秘密的审查判断和举证参考

根据法律、行政法规、司法解释和审判案例，行政机关以申请人申请的信息涉及商业秘密，会对第三方合法权益造成损害为由决定不予公开的，应当对商业秘密和第三方合法权益进行审查判断。在具体的审查过程中，值得

---

* 严权、王丽，单位：泰和泰（北京）律师事务所，联系电话：13681499172。

注意的是以下几点：其一，厘清商业秘密的法定含义；其二，不得仅以第三方不同意公开为由而决定不予公开；其三，对审查判断商业秘密和第三方合法权益的具体过程进行举证和说理。

（一）商业秘密的法定含义及其特征

《政府信息公开条例》并未对"商业秘密"进行界定。《反不正当竞争法》第9条第4款界定了商业秘密的法定含义："本法所称的商业秘密，是指不为公众所知悉、具有商业价值并经权利人采取相应保密措施的技术信息、经营信息等商业信息。"

最高人民法院《关于审理侵犯商业秘密民事案件适用法律若干问题的规定》第1条界定了技术信息、经营信息和客户信息的法定含义。该条规定："与技术有关的结构、原料、组分、配方、材料、样品、样式、植物新品种繁殖材料、工艺、方法或其步骤、算法、数据、计算机程序及其有关文档等信息，人民法院可以认定构成反不正当竞争法第九条第四款所称的技术信息。与经营活动有关的创意、管理、销售、财务、计划、样本、招投标材料、客户信息、数据等信息，人民法院可以认定构成反不正当竞争法第九条第四款所称的经营信息。前款所称的客户信息，包括客户的名称、地址、联系方式以及交易习惯、意向、内容等信息。"

以上是商业秘密、技术信息、经营信息、客户信息的具体定义。但在法院审理政府信息公开案中，行政机关仅提交以上定义条款作为认定商业秘密的依据，不足以证明行政机关已经对商业秘密作出了审查判断，但以上条款可作为行政机关认定商业秘密的部分法律依据。

（二）行政机关对商业秘密的审查判断

行政机关审查判断商业秘密时，要着重审查涉案信息是否符合《反不正当竞争法》和《关于审理侵犯商业秘密民事案件适用法律若干问题的规定》对商业秘密的界定，以及涉案信息是否符合商业秘密的特征。商业秘密具有以下三点特征：（1）不为公众所知悉（秘密性）；（2）具有商业价值（价值性）；（3）经权利人采取相应保密措施（保密性）。

认定涉案信息是否符合商业秘密的三点特征，具体可参见最高人民法院《关于审理不正当竞争民事案件应用法律若干问题的解释》（本文以下简称《不正当竞争解释》，已失效，下同）。

第一，认定秘密性。《不正当竞争解释》第 9 条规定："有关信息不为其所属领域的相关人员普遍知悉和容易获得，应当认定为反不正当竞争法第十条第三款规定的'不为公众所知悉'。具有下列情形之一的，可以认定有关信息不构成不为公众所知悉：（一）该信息为其所属技术或者经济领域的人的一般常识或者行业惯例；（二）该信息仅涉及产品的尺寸、结构、材料、部件的简单组合等内容，进入市场后相关公众通过观察产品即可直接获得；（三）该信息已经在公开出版物或者其他媒体上公开披露；（四）该信息已通过公开的报告会、展览等方式公开；（五）该信息从其他公开渠道可以获得；（六）该信息无需付出一定的代价而容易获得。"

该条以正面定性和反面列举两种方式，厘清了"不为公众所知悉"的内涵。具体而言，认定时主要考虑了以下因素：该信息所属领域的相关人员通过正当方式获取该信息的难易程度、该信息的披露程度、该信息所属领域的专业程度等。

第二，认定价值性。《不正当竞争解释》第 10 条规定："有关信息具有现实的或者潜在的商业价值，能为权利人带来竞争优势的，应当认定为反不正当竞争法第十条第三款规定的'能为权利人带来经济利益、具有实用性'。"

该条主要从商业价值和竞争优势两点出发来认定商业秘密的价值性。进一步的问题是，如何认定商业价值和竞争优势？作为履行政府职能的行政机关，一方面具有应申请人的政府信息公开申请作出政府信息公开告知书的法定职权；另一方面，不能强求行政机关对特定行业的商业运行如数家珍。因此，认定商业秘密的商业价值和竞争优势，需要行政机关和企业形成合力。行政机关依法履行书面征求第三方意见的法定义务，第三方积极告知行政机关其认定特定信息属于商业秘密的考量因素和具体办法。

就此，可参考《北京知识产权法院侵犯商业秘密民事案件诉讼举证参考》第 7 条的规定："原告主张商业秘密具有商业价值的，可以根据商业秘密的研究开发成本、实施该项商业秘密的收益、可得利益、可保持竞争优势的时间等因素……生产经营活动中形成的阶段性成果符合上述规定的，原告可以主张该阶段性成果具有商业价值。"

第三，认定保密性。《不正当竞争解释》第 11 条规定："权利人为防止信息泄漏所采取的与其商业价值等具体情况相适应的合理保护措施，应当认定为反不正当竞争法第十条第三款规定的'保密措施'。人民法院应当根据所涉信息载体的特性、权利人保密的意愿、保密措施的可识别程度、他人通过正当方式获得的难易程度等因素，认定权利人是否采取了保密措施。具有下列情形之一，在正常情况下足以防止涉密信息泄漏的，应当认定权利人采取了保密措施：（一）限定涉密信息的知悉范围，只对必须知悉的相关人员告知其内容；（二）对于涉密信息载体采取加锁等防范措施；（三）在涉密信息的载体上标有保密标志；（四）对于涉密信息采用密码或者代码等；（五）签订保密协议；（六）对于涉密的机器、厂房、车间等场所限制来访者或者提出保密要求；（七）确保信息秘密的其他合理措施。"

该条厘清了认定商业秘密保密性时，需要考量的因素，并对可以认定权利人采取了保密措施的情形进行了不完全列举。

（三）行政机关审查判定商业秘密的举证参考

值得强调的是，应当强化行政机关就审查判断涉案信息是否构成商业秘密的证据意识。以下类案充分说明，加强行政机关就审查判断涉案信息是否构成商业秘密留存和提交证据的重要性。

法院判决行政机关胜诉的类似案例有：赵某某与北京市东城区人民政府信息公开一审行政判决书[1]（案例1）。该案中，被告在法定举证期限内向法院提供了五项证据。经庭审质证，被告东城区人民政府提供的全部证据在形式上符合最高人民法院《关于行政诉讼证据若干问题的规定》的规定，具备证据的真实性和合法性，且与该案具有关联性，可以作为认定相关事实的依据，法院均予以采信。其中，证据三《会议备忘录》"证明被告经开会研究，该申请内容涉及中通公司商业秘密，且不公开相关文件不会对不特定多数主体的合法权益产生重大影响，故不公开相关文件不会对公共利益造成重大影响"。该证据证明了行政机关对商业秘密的审查判断过程，对行政机关的胜诉起着至关重要的作用。

法院认为：其一，关于原告申请公开的政府信息是否属于商业秘密的问题。在没有相反证据的前提下，基于本案政府信息公开审查的范围和强度，可以认定涉案信息属于商业秘密。其二，关于被告以涉及商业秘密为由决定

---

[1] 审理法院：北京市第四中级人民法院；案号：[2018]京04行初1399号；裁判日期：2019年3月28日。

不予公开是否合法的问题。该案中，被告已将《会议备忘录》作为证据提交法院，故可以认定被告已经履行了《政府信息公开条例》规定的法定审查和告知义务。

法院判决行政机关败诉的类似案例主要有：唐某某与北京市房山区琉璃河镇人民政府信息公开二审行政判决书[1]（案例2）；计某某与北京市东城区人民政府信息公开一审行政判决书[2]（案例3）；张某某诉原国土资源部信息公开案[3]（案例4）。

案例2中，一审诉讼期间，琉璃河镇政府在法定举证期限内提交并在庭审中出示了三项证据。经庭审质证，琉璃河镇政府提交的全部证据能够反映案件真实情况、与待证事实相关联、来源和形式符合法律规定，故予以采纳。一审法院经审理认为，针对唐某某申请公开的信息，琉璃河镇政府未提交证据证明其对唐某某申请的信息是否属于商业秘密进行了判断，亦未提交证据证明其对唐某某申请的政府信息是否能够作区分处理进行审查，琉璃河镇政府仅依据汇明气站的回复便认定唐某某申请的政府信息属于商业秘密，据此作出被诉答复告知，属证据不足，依法应予撤销。唐某某不服一审判决，上诉至北京市第二中级人民法院，请求将该案发回重审。二审维持了原判。

案例3中，被告东城区政府在法定期限内向法院提供了12项证据。经庭审质证，被告东城区政府提交的证据9-12与该案不具有关联性，不予采信。法院认为，被告东城区政府未对涉案信息进行区分处理，认定涉案信息均属于城建集团主张的商业秘密范畴缺乏证据支持。一审判决被诉告知书违法。

案例4中，一审法院审理期间，原国土资源部向法院提供了七项证据。经庭审质证，原国土资源部提交的全部证据与该案被诉告知书的合法性审查具有关联性，形式合法，内容真实，予以采纳。但这些证据未能证明申请公开信息属于商业秘密，所以，一审判决原国土资源部作出的被诉告知书认定

---

[1] 审理法院：北京市第二中级人民法院；案号：[2021]京02行终1532号；裁判日期：2021年9月27日。

[2] 审理法院：北京市第四中级人民法院；案号：[2019]京04行初1386号；裁判日期：2020年1月6日。

[3] 审理法院：北京市高级人民法院；案号：[2014]高行终字第1204号；审结日期：2014年5月21日。

事实不清、证据不足，应予撤销。第三方斯达莱特公司不服，向北京市高级人民法院上诉。二审庭审期间，斯达莱特公司、原国土资源部虽主张上述材料涉及商业秘密，但并没有提供证据证明上述材料属于商业秘密，且现有证据亦不足以证明上述材料属于商业秘密。二审驳回上诉，维持一审判决。

综上，行政机关在审查判断涉案信息是否构成商业秘密时，应当从以下两点提高证据意识：其一，行政机关应当注意留存审查判断商业秘密时的内部讨论记录、磋商函、请示报告等，特别是与法制处就商业秘密审查判断事宜的往来函件；其二，行政机关还应当注意留存其书面征求第三方意见的文件，以及第三方就商业秘密认定给行政机关的回函等往来函件。以上行政机关内部函件以及行政机关与第三方的往来函件，可以作为审查判断涉案信息是否构成商业秘密的证据向法院提交。

二、行政机关对第三方合法权益的审查判断和举证参考

（一）第三方合法权益的内涵

《政府信息公开条例》《关于行政诉讼证据若干问题的规定》《关于审理政府信息公开行政复议案件若干问题指导意见》等法规、司法解释、规范性文件中都没有明确第三方合法权益的内涵。对第三方合法权益内涵的把握，需要结合个案进行利益衡量。

（二）行政机关对第三方合法权益的审查判断

法院审理依申请公开的政府信息公开案中，审查行政机关是否对第三方合法权益进行了审查判断，主要是从衡量公益和私益的角度出发。具体而言，主要审查行政机关是否对涉案信息进行了区分处理，是否有相应的证据。

就行政机关而言，审查判断涉案信息公开是否涉及第三方的合法权益，主要考虑比例原则和行政效率原则。比例原则是合理行政的要求，具体而言包括合目的性、适当性、损害最小，即手段必须符合法律目的；必须能够达到目的或者至少有助于目的的达成；有多种手段可选择时，选择侵害相对人权益最小的。行政效率原则是高效便民的要求，即行政机关应当遵守法定时限，积极履行法定职责；方便公民、法人和其他组织。

肖某某诉房山区审计局、北京市审计局信息公开案，集中体现了原告对于涉案信息的知情权与第三方权益的利益衡量。该案焦点在于肖某某对于附

件七、附件八涉第三方利益信息的知情权与第三方权益冲突的平衡问题，并集中体现在征求意见上。

第一，关于权益冲突的平衡问题。该案中肖某某申请公开的审计报告附件七和附件八内容涉及拆迁范围内各被拆迁人的补偿数额明细内容。法院认为，这部分内容一般被视为相关被拆迁人不愿被公开的个人信息，且不予公开不会对公共利益造成重大影响。据此，房山区审计局作区分处理，将审计报告正文和其他附件向肖某某公开，对附件七和附件八在征求相关权利人意见后再决定是否公开，于法有据。房山区审计局的区分处理，符合行政比例原则的要求和《政府信息公开条例》第 37 条[1]的规定。

第二，关于征求意见的方式。房山区审计局没有直接向信息涉及的所有权利主体逐一直接征求是否同意公开的意见，而是采用在特定区域张贴公示，要求同意公开的人以书面意见明确告知行政机关，否则视为不同意公开。法院认为，鉴于信息所涉及的第三方人数众多，要求行政机关分别向每一户被拆迁人逐一直接征求意见，不符合实际，亦不符合行政效率原则。就该案而言，要求每一户被拆迁人都直接明确地向行政机关表明是否公开涉及个人隐私的信息，属于明显加重案外第三方不必要义务。

综上，行政机关审查判断第三方合法权益时，主要从行政比例原则和效率原则出发，对公益和私益进行衡量。具体到决定是否公开涉案信息，行政机关应当综合个案情形，决定是否对涉案信息进行区分处理。如此，既能保障申请人的知情权，也能保障第三方的合法权益。

（三）行政机关审查判断第三方合法权益的举证参考

同行政机关审查判断涉案信息是否构成商业秘密一样，行政机关审查判断第三方合法权益时，也应当注意留存行政机关内部往来函件、行政机关与第三方的往来函件等，以备作为证据使用。

值得注意的是，除了强调证据的真实性和合法性之外，还特别强调证据与案件待证事实的关联性。

---

[1] 《政府信息公开条例》第 37 条规定："申请公开的信息中含有不应当公开或者不属于政府信息的内容，但是能够作区分处理的，行政机关应当向申请人提供可以公开的政府信息内容，并对不予公开的内容说明理由。"

三、意见和建议

在依申请公开的政府信息公开案中，行政机关可以在诉前、诉中、诉后三个阶段更好地履行政府职能，防范诉讼风险，进一步提高行政管理和服务的水平和能力。

（一）诉前阶段

所谓"礼者禁于将然之前，而法者禁于已然之后"，此处的诉前阶段不是指已经形成的政府信息公开案的行政诉讼开庭前，而是更广泛意义上的行政诉讼形成前。为减轻行政机关和申请人的诉累，在可能因为政府信息公开而提起行政诉讼前，行政机关也大有可为。

第一，加强政府信息公开的办事流程普法宣传。值得肯定的是，北京市人民政府的信息公开和网站建设日臻完善，政务公开、政民互动等板块基本能满足申请人的信息需求，但也不应该忽视活跃在互联网之外的申请人的信息需求。据第48次《中国互联网络发展状况统计报告》，中国网民规模超10亿；截至2021年6月，互联网普及率达71.6%。在数字社会蓬勃发展的今天，还有30%左右的群体未能触及互联网。实践中，也存在行政机关已经将申请人所需信息的链接明确列出，而申请人仍然以行政机关不作为为由提起行政诉讼的案例。

这类案例提醒我们，除了在互联网上公布可资获取的政府信息外，行政机关要注意以其他申请人能接受、能获取的方式提供政府信息。当然，考虑到简政的要求和行政机关的人员配置，行政机关与志愿者、律协等社会团体通力合作，深入社区开展政府信息公开普法宣传很有必要。

第二，提高保存证据的意识。具体而言，包括但不限于：信息公开登记回执和签收证明、信息公开答复告知书和签收证明、关于征求第三方意见的函、被诉告知书及签收证明、关于××政府信息公开答复相关问题的会议备忘录等。

其中，关于征求第三方意见的函和关于××政府信息公开答复相关问题的会议备忘录两项证据尤为重要。法院判决行政机关胜诉的依申请公开的政府信息公开案中，此两项证据能够证明行政机关履行了征求第三方意见的法定职责，且能够反映出行政机关对第三方的回复意见进行了审查判断，而不是仅以第三方回复不同意公开为由而拒绝向申请人公开。此即前文一再强调的证据的关联性问题。必要时，行政机关也可邀请专业人士对第三方回复意见进行审阅，并出具涉案信息是否构成商业秘密的专业认定意见。此专业意见既能印证行政机关的审查判断过程，因为其来源于涉案第三方之外的其他主体，也更具客观中立性。

（二）诉中阶段

第一，适用法律的准确性和全面性问题。行政机关应当注意，找准找全作出具体行政行为的法律、行政法规、司法解释等各效力层级的法律依据。对于法律依据前后有修订、废止等变化的，注意法律依据适用时的时间效力问题，避免出现引用失效法条的情形。

第二，履行法定职责的程序合法性问题。行政机关应当注意留存答复申请人所需信息的全部过程文件，做到依法定的方式、形式和时限，公正、公开、合法、合理行政。尤其是在征询第三方意见过程中的法定程序和时限问题。实践中，涉案信息可能涉及多个第三方；行政机关应当注意不能仅征求其中少数第三方的意见。对于第三方人数众多，不能在法定时限内一一征求第三方意见的，可用公示公告等合理方式履行征求第三方意见的法定职责。

第三，应诉时注意说理。对作出具体行政行为的依据、对申请人知情权和第三方合法权益的衡量、对行政机关审查判断商业秘密的过程和办法，都要进行说理，使法官对案件事实形成内心确信。

（三）诉后阶段

第一，总结应诉经验。无论行政机关胜诉或败诉，都要注意及时总结经验，特别是证据准备方面的经验。复盘总结哪些证据被法院采纳或不予采纳，证明目的如何。总结应诉经验的目的不在于积累更多的应诉经验，而在于息讼，及进一步提高行政管理和服务的能力和效率，为依法行政贡献力量。

随着《政府信息公开条例》的完善和服务型政府建设的开展，行政机关承担的信息公开职责会更重要。如何在确保申请人知情权、合理合法履行政府职能、维护第三方合法权益之间达成利益平衡，是人民给出的考题，答好这道信息公开题，是对阳光政府的最好注解，也是政府公信力的助推器。

第二，逐步建立行政机关审查判断商业秘密和第三人合法权益的操作指南、举证参考等内部规范。形成相关的会议记录只是其中一环，结合目前审判实践看，法院予以采纳的证据是能够证明行政机关对此进行了审查判断的，而不仅仅局限于会议记录这一形式。可以预见，在积累一定应诉经验后，行政机关若能形成此类规范，再结合其他证据，可进一步证明行政机关是否进行了审查判断、审查判断的规则、过程和结果。如此，能够更全面地呈现行政机关的履职行为，在更大程度上说服法官。

诚然，此类操作指南和举证参考等内部规范的形成不能搞一刀切，各地区要因地制宜。有条件的行政机关，可利用大数据优势，分析申请人最常申请的政府信息类型、此类信息常涉的第三方合法权益类型和商业秘密类型、行政机关应诉提交的证据详情、判决结果等，以期形成依申请公开的政府信息公开案的数据库和类案库，为后续的行政机关答复和应诉提供经验。

四、结语

依申请公开的政府信息公开案中，行政机关对商业秘密和第三方合法权益的审查判断之举证责任在行政机关。强化行政机关的证据意识和举证责任，是依法行政的题中之义，也是践行法治为了人民、依靠人民、造福人民的必然要求。

明确行政机关对审查判断商业秘密和第三人合法权益的举证参考，是对申请人、行政机关、第三方权益的法治保障，也有助于更好地实现政通人和、海晏河清的法治理想。

强化行政处罚的合理性提升案件查办综合质量

杨昌明*

一、引言

合理性原则与合法性原则并称为行政法领域两个最基本的原则，已经成为国际国内法学界的理论共识。在我们国家不断推进依法治国的大背景下，行政行为合法性原则已经深入人心，且在行政立法、执法、司法各个环节得到了有效的贯彻。相对而言，行政行为合理性原则的贯彻和落实相对较为滞后。表现在立法环节，只在《行政处罚法》《行政复议法》等基本行政法律中有有限的规定，在《行政诉讼法》中还没有关于行政合理性审查的具体体现。基于此立法现实，笔者着重探讨行政处罚案件中贯彻行政合理性原则的现状和存在的问题，提出自己粗浅的建议。

二、行政合理性原则及其在行政处罚实务中的问题

所谓行政合理性，是指体现行政行为的决定、处罚等内容要客观、适度、符合理性。其具体要求在理论界比较一致的认识是：（1）行政行为的动因应符合行政目的；（2）行政行为应建立在正当考虑的基础上；（3）行政行为的内容应合乎情理。具体到行政处罚案件中，笔者认为合理性的具体要求应该是：执法机关在实施行政处罚时应基于纠正违法行为、维护良好社会秩序的根本目的，充分考量处罚相对方的实际情况，理性分析研判违法行为发生的主客观原因，作出公正、合理、适度的处罚决定，以达到行政执法的根本目的，使执法产生良好的社会效应。

---

* 杨昌明，单位：北京市盈科律师事务所，电话：18811600330。

　　行政合理性原则主要是基于行政自由裁量权的存在以及对其进行控制而确立的。行政合理性原则自确立以来，实践中也主要在行政自由裁量权限范围内发挥其作用。现阶段在各级政府机关实施行政处罚的过程中，贯彻合理性原则还没有达成共识，不公正不合理的现象还十分普遍。具体表现有：当出现法律竞合的情况时，往往更多运用惩罚性明显的法律法规作为适用依据；在法条竞合时，也往往选择设置处罚较重的条款作出处罚结论；以罚代教，怠于实施行政指导；注重行为表象，忽略对个案中当事人的具体情况以及主客观因素进行综合考量等。

　　如果行政合理性原则在行政执法实务中被忽略，往往会得出巨大差别的处罚结论，对当事人的影响也截然不同。在笔者代理的一起行政处罚案件中，某区应急管理部门对一起安全责任事故案件进行查办，被处罚方是做日杂小商品的个体工商户，经营地点在北京五环外十分偏僻的城乡接合部。该应急管理部门依据事故调查责任认定对该案当事人启动了行政处罚程序。笔者作为该案当事人的代理人，在充分查阅资料、分析案件相关资料后，认为该案执法部门在案件查办过程中存在处罚不合理的问题。根据责任认定，该起事故为一般性责任事故，依据《安全生产法》有关条款和罚则，应当对该案当事人"处上一年年收入百分之二十以上百分之五十以下的罚款"。在案件调查过程中，执法办案人员通过电话了解当事人上一年度的收入情况，当事人在经过核算后，确认自己上一年的收入为5万元到6万元。现行有关法规对个体工商户财务制度的要求并不严格，当事人无法作出精确的收入统计其实是符合客观实际的。但执法机关却以当事人没有提供确定收入为由，转而适用《生产安全事故罚款处罚规定（试行）》中的规定，即由于财务、税务部门无法核定等原因致使有关人员的上一年度年收入难以确定的，有关人员的上一年度收入按照本省、自治区、直辖市上一年度职工平均工资的5倍以上10倍以下计算。该案中，若按照当事人自身核实的5万元到6万元给予30%处罚，罚款应该在1.5万元到1.8万元之间。而按照执法机关采用的上述规定的罚则，依据其基数得出了给予当事人16.9万余元的处罚结论。两者之间相差约十倍。这样确定当事人的收入基数，显然不符合客观现实，据此作出的处罚结论也是不合理的。

　　从行政执法合理性要求来进行分析，该案行政执法机关在确定上述处罚额度时存在以下两个问题：

　　第一，没有充分理解立法本意，片面解读、适用法条。上述规定中"无法确定收入"的规定是有充分的前提条件的。首先应该是执法机关已经穷尽一切手段仍然"无法确认"。其次这里的"无法确认"并非"无法精确"之意，该案中当事人基于个体工商户财务管理制度的现实情况，积极配合执法机关整理自己收入，得出的 5 万元到 6 万元的收入是符合客观现实的，这里的 5 万元到 6 万元其实就是一个明确的收入，执法机关需要做的工作是通过各种合法合理的方式核查这一收入的真实性，而不是简单地因为没有一个精确到"元"的确数而直接认定为"无法确认"，转而简单适用对当事人明显不利的规定。

第二，没有对相关因素进行综合理性的分析。该案事故发生地即当事人主要收入经营地，地处北京五环外的城乡接合部，当事人小超市的主要消费群体为低收入人群，销售的商品也主要是利润较低的日常生活用品。这些情况只要执法人员进行全方位调查、综合考虑，就很容易得出比较客观的判断。该执法机关显然没有考虑这些现实存在的相关因素，从而作出了脱离现实的收入认定，以此作为收入基数对当事人进行处罚，是不公平的。这样的处罚认定与行政合理性"符合行政目的、正当考虑、合乎情理"的基本要求是相悖的。

该案经过听证程序，执法机关在充分听取当事人及其代理人的陈述申辩意见后，重新对当事人的收入情况进行了调查核实，综合考虑了当事人经营所在地、经营业态、疫情特殊影响等相关因素，得出了比较符合客观实际的收入认定，继而改变了适用的具体处罚依据，将该案的处罚额变更为 1.5 万元，使行政合理性原则在该案中得到了应有的体现。

三、关于贯彻行政合理性原则缺失原因的探究

笔者分析当前行政执法机关在办理行政处罚案件中存在遵守和贯彻合理性原则缺失的原因，认为概括起来有以下几个方面：

第一，在立法制度设计上缺失。在现行几部主要的行政法中关于行政合理性的制度设置既少又粗。《行政处罚法》仅在第 5 条规定"行政处罚遵循公正、公开的原则。设定和实施行政处罚必须以事实为依据，与违法行为的事实、性质、情节以及社会危害程度相当"。这是该法中唯一体现行政合理性精神的法条。《行政复议法》中规定，具体行政行为明显不当的，决定撤销、变更或者确认该具体行政行为违法。这也是该部法律中明确规定对具体行政行为进行合理性审查的条款。从上述有限的法律规定可以看出，相对于对行政

主体合法性的要求，合理性要求的具体规定既少也粗，这会给执法者传递出"合理性不太重要"的信号。在法律实施环节自然就会更加重视合法性而忽略合理性。现行《行政诉讼法》中还没有赋予司法机关对行政行为进行合理性审查的权利和义务，客观上把行政行为是否合理的最终裁判权停留在了行政机关自身这一环节，这样就容易在具体个案中出现不遵守行政合理性原则的情形。

第二，行政执法队伍参差不齐。总的来说，随着公务人员整体能力素质的普遍提高，各级政府各类执法机关中承担行政执法工作的人员的法律素养和综合能力都呈逐步提升的趋势。但由于目前我国还没有通过立法强制规定对一线执法办案人员实行严格统一的资格制度，大量的一线执法人员并不具备系统的法律知识储备和法律思维。特别是对法律理论的积累不够，缺乏在实务中用综合的法律思想研判案情和评判当事人行为性质的专业能力。在处理案件时往往局限于用具体的法条去对照套用。而行政合理性的理解和判断是一个需要较高法律素养的主观判断过程，是人对自由内心约束下的理性裁量。显然从整体上来说，目前的执法队伍距此要求还有不小的差距。

第三，社会共识不够。我国的社会治理体系是伴随着改革开放的步伐和经济社会快速发展的现实要求逐步建立和完善的。从法律制度设计上，解决从无到有的问题，需要先解决把问题"管住"的问题。而合理性其实是一个更高的标准要求，即把事情"管好"的问题。在这一点上，无论是从管理层面还是被管理层面的认识都存在较大距离，也就是说在全社会还没有形成"把问题处理得合情合理"的高度共识。

执行法律的过程是执法者对法律深意的二次领会的过程，认知和理念的差距，在运用法律时会出现明显的结果差别。在执法机关内部，这种共识的缺失直接导致了行政执法的指导思想和理解运用法律思维的不一致。我们高兴地看到部分执法机关已经制定了旨在对执法人员自由裁量权进行限制和指引的配套制度，这是在同一个执法系统内追求执法尺度理念一致、落实合理行政原则的具体举措和有效办法。但同时我们也看到绝大多数执法机关还没有类似的配套规范，在具体个案中是否能够实现既合法又合理，依然取决于个案中执法办案人员的综合能力和素质。在整个行政领域形成这种共识还有待社会各个层面的共同努力。

四、关于提升行政处罚案件合理性的措施探讨

改变当前行政执法案件中贯彻合理性行政原则不够的现状、提升行政处罚案件整体水平，需要从立法、执法、法律监督各个环节进行改进，需要所有行政行为参与人的共同努力。

第一，强化顶层设计，完善法律法规。通过完善现行行政法律法规中关于合理行政问题的制度规定，加强对行政执法合理性的"刚性"规定。在总结长期以来行政执法经验和问题的基础上，在行政法律法规中增加行政合理性的具体标准设置；强化行政执法机关以及政府法制部门的监督审查责任；完善现行法律中缺失的司法审查制度，将合理性审查纳入人民法院司法审查的范围。通过完善的法律法规制度设计，约束行政执法自由裁量权，对滥用行政自由裁量权的行为设置明确的法律责任。

第二，强化行政监督，严格个案审查。在现行法律制度下，行政机关作为法律明确对行政合理性进行监督审查的"权力人"，要在继续推进合法行政的同时，重视合理行政的问题。各级法制部门，应该通过案审会、听证会、行政复议等各个环节，加强行政处罚案件合理性审查，及时纠正合法但不合理的案件。确立"不合理就是不合法"的执法新标准。

第三，强化专业队伍，提升办案水平。行政执法机关要加强执法队伍人员配备，让具有系统法律知识的人员充实执法办案一线。通过内部业务培训、以岗代训等方式加强执法办案队伍业务建设。在执法队伍中建立起既要合法办案，又要合理执法的理念。依据现行法律法规，制定本部门限制行政自由裁量权的细则标准。加强案件评查，全面提升办理行政执法案件的综合水平。

总之，全面贯彻行政法的合法性、合理性等各项基本原则，是落实依法行政要求的具体体现，也是推进法治政府建设、全面提升政府部门行政管理水平的重要指标。在执法一线以及个案中全面贯彻落实行政合理性原则，实现合法合理同等重视、同样落实，是一个长期的过程，需要从立法、执法、法律监督等各个环节不断加强和改进，也需要广大法律职业共同体的积极参与、共同努力。

疫情防控期间的行政征用问题浅析

刘汝忠[*]

近日，一份某市卫健局发出的《应急处置征用通知书》（本文以下简称《通知书》）引发了网友关注。《通知书》显示，为切实加强疫情防控工作，从某省发往某直辖市的口罩被"依法实施紧急征用"。该事件引发社会广泛关注，网传此批口罩，实系某直辖市新型冠状病毒疫情防控工作领导小组指定企业采购，用于疫情防控的紧急物资。此后，经过上级机关的介入，某市卫健局及有关单位对"征用"口罩予以全部放行退还。

根据行政法的基本原理，某市卫健局形式上是在行使行政机关的征用权。我国以《宪法》为基础，在多部法律法规中规定了征用制度，只是由于极少发生重大的社会应急事项，在实务中较少适用，甚至，有观点认为与征用制度有关的条款亦属于"沉睡条款"，应当对整个制度予以"激活"和建构。笔者借助相关的规定、案例、文献等，对于行政征用制度作一简要介绍与梳理，期望能对行政机关依法防控疫情有所助益。

一、征用的内涵

在我国，人们习惯于将征收、征用置于同一语境下来理解，但实际上，结合《宪法》《民法典》"物权编"等法律规定可以看出，征收与征用系不同的法律概念，虽然二者均导致了行政补偿的法律后果，但是存在显著的区别，体现在以下方面：

第一，制度起源不同。征收起源于和平时期因"特定公共事业"之需而对财产权进行的强制剥夺；而征用则起源于非常时期的军事、国防需要。

---

* 刘汝忠，单位：泰和泰（北京）律师事务所，电话：13522284813。

第二，法律性质不同。征收体现为政府常态下的社会经济管制权；而征用则体现为政府在紧急状态下的决断权。

第三，法律后果不同。征收往往是对财产权利的永久性剥夺；而征用则通常只是对财产占有权或使用权的暂时性取得，因而还存在返还的问题。

联系我国现阶段实际来看，行政征收通常表现为两类：其一，为应对社会发展需要，政府基于公共服务的法定职责与权限，以公共基础设施、公共卫生、教育等社会公共福利为目标，对不动产进行征收，主要体现为对国有土地上房屋的征收及对集体土地、地上建筑物的征收。其二，政府出于公共安全、环境保护、文物保护等公共利益的考虑，基于公共管理的法定职责与权限，对动产或其他财产的征收。例如，《中外合资经营企业法》（已失效）第2条规定："中国政府依法保护外国合营者按照经中国政府批准的协议、合同、章程在合营企业的投资、应分得的利润和其他合法权益。合营企业的一切活动应遵守中华人民共和国法律、法规的规定。国家对合营企业不实行国有化和征收；在特殊情况下，根据社会公共利益的需要，对合营企业可以依照法律程序实行征收，并给予相应的补偿。"

与征收不同的是，征用通常出现在国家发生了自然灾害、突发性公共事件时，政府出于抵御灾害、应对突发状况、维护社会秩序和公共安全的迫切需要，而依法对公民财产的占有权、使用权予以暂时性剥夺。典型诸如，近年来在发生大规模洪涝灾害、南方雪灾、汶川地震、新冠疫情时，中央政府与有关地方政府依据相关法律法规的规定采用救灾征用、防疫征用、公共安全征用等手段抗灾。

二、征用的条件

法律本身不是目的，而是达到目的所用的手段。在法律与社会公益不能两全时，则宁可放弃法律，而重视社会公益，此为非常状态下的紧急行为。在我国，政府基于公共利益的需要，在紧急状态下行使政府征用权，具有明确的法律依据。

（一）征用权权力依据

《宪法》第13条第3款规定，国家为了公共利益的需要，可以依照法律规定对公民的私有财产实行征用并给予补偿。《民法典》第245条规定，因抢险、救灾等紧急需要，依照法律规定的权限和程序可以征用单位、个人的不动产或者动产。《突发事件应对法》第 12 条规定，有关人民政府及其部门为应对突发事件，可以征用单位和个人的财产。《传染病防治法》第 45 条规定，传染病暴发、流行时，根据传染病疫情控制的需要，国务院有权在全国范围或者跨省、自治区、直辖市范围内，县级以上地方人民政府有权在本行政区域内紧急调集人员或者调用储备物资，临时征用房屋、交通工具以及相关设施、设备。《国家突发公共卫生事件应急预案》第 4.2.1 条规定，当地人民政府可以在本行政区域内临时征用房屋、交通工具以及相关设施和设备。

由此可见，在重大突发公共卫生事件一级响应状态下，各地各级政府可以依法行使行政征用权。

（二）征用权行使要件

在紧急状态下，政府行使征用权，在维护公共利益的同时势必在客观上"侵犯"公民的合法权益。因而，该权力的行使必须符合法律法规限定的要件。

（1）征用权的主体。主体是法律关系中的参加者，是行使权力的人。依据《突发事件应对法》，人民政府及其部门在应对突发事件时可以行使征用权。在《杭州市应对突发事件应急征用实施办法》中，各相关行政主管部门被赋予在本级人民政府领导下的对各自职责范围内相关物资、场所的征用权。如，体育场馆的征用由体育行政主管部门负责实施；医疗机构的征用由卫生行政主管部门负责实施；宾馆的征用由旅游主管部门负责实施；广场的征用由其所在地区人民政府负责实施。由此可见，人民政府及其部门是行使征用权的主体。

（2）征用权的客体。客体是征用权法律关系中权利和义务所指向的对象。依据《突发事件应对法》以及地方应急征用办法，征用的对象是单位和个人的财产，包括单位或者个人所有的为应对突发事件所急需的食品、饮用水、能源、医疗用品、交通工具、工程机械、通信设施、宾馆、体育场馆、医疗机构、广场等物资、场所。

（3）征用权的权限范围。宪法、法律授予政府的征用权均有明确的权限范围。从横向来看，县级以上地方人民政府仅负责在本行政区域范围内的征用，国务院负责全国范围或者跨省、自治区、直辖市范围内的征用。各地各级人民政府均无权跨行政区域行使征用权，政府所属各部门的征用权也仅限于本部门职责范围内。

（4）征用权的适用原则。行使征用权实质上是政府的行政行为。因此应受到必要性、适当性原则的约束。例如，《突发事件应对法》规定，履行统一领导职责或者组织处置突发事件的人民政府向单位和个人征用应急救援所需设备、设施、场地、交通工具和其他物资应以必要性为前提，同时应当与突发事件可能造成的社会危害的性质、程度和范围相适应；有多种措施可供选择的，应当选择有利于最大限度地保护公民、法人和其他组织权益的措施。

三、征用的程序

（一）法律规定

《突发事件应对法》作为应急管理和突发事件应对的专门法，第 12 条和第 52 条规定了应对突发事件的政府征用权，但并无实施征用的程序性规定。《传染病防治法》第 45 条第 2 款"临时征用房屋、交通工具以及相关设施、设备的，应当依法给予补偿；能返还的，应当及时返还"之规定也过于简单、笼统。《国家突发公共事件总体应急预案》第 4.6 条虽明确要求"依法建立紧急情况社会交通运输工具的征用程序"，但也未有可操作性内容。

虽然国家层面未有统一的规定，但是部分地方政府根据本地区的实践情况，以地方规章的形式规定了应急征用的程序，比如《杭州市应对突发事件应急征用实施办法》《太原市应对突发事件应急征用物资、场所办法》以及《常州市应对突发事件应急征用管理办法》，对征用物品的调查登记、征用决定的制作及送达、征用的解除以及权利救济作出了一系列明确规定。另外，在非典防疫期间，北京市政府专门颁布了《关于临时征用房屋用于控制和预防非典型肺炎的通知》，详细规定了临时征用房屋的程序，并首次提出行政机关需履行告知解释义务。但是，这些规章在程序内容上仍然存在一定的瑕疵，设计不够科学合理，而且由于各地区情况不同，对于应急征用的程序规定也不尽相同。

总之，目前应急征用的法律规范中仅规定了政府应急征用权，在征用程序方面的规定有待完善，以利于对被征用主体合法权益的保护。

（二）具体程序要求

完整的行政征用程序应包括征用的申请、决定、延期、解除、返还交接以及权利救济等一系列流程，具体实施程序如下：

（1）制定应急处置征用方案。根据本省、市应急征用实施办法规定等所确定的职能分工，征用单位应及时对相关应急所需物资、场所进行清点和排查。如果发现现有的公共医院住院条件、交通工具以及相关设施、设备不能满足要求，应当制订相应的应急征用方案，并报本级政府审定。

（2）制作并送达应急征用决定书。审核通过后，以本级政府或相应职能部门的名义作出应急征用决定后，应当向被征用人送达应急征用决定书。应急征用决定书应当载明征用单位名称、征用用途、征用地点、征用期限以及被征用人情况、征用物资或者场所的名称、型号、数量、相关技术保障要求等内容。由于情况紧急，无法事先送达应急征用决定书的，征用单位可以实施紧急征用，被征用人应当予以配合，但征用单位应当在紧急征用后补办相关手续。

（3）征用单位的告知义务。告知义务包括两方面：一方面通知被征用人其财产存在被应急处置征用的可能，并听取其建议和意见；另一方面告知被征用人有获得救济的权利、寻求救济的渠道。当然为了确保对突发事件的有效应对，申请救济期间并不停止征用决定的执行。

（4）制作应急征用财产清单。财产清单应当注明征用财产的名称、数量、质量和对技术保障的要求，征用场所的位置、面积、功能、用途等。清单一式两份，分别由征用单位和被征用人保存。

（5）应急征用的解除。被征用物品、场所使用完毕或者突发事件得到及时、有效控制后，本级政府应当立即作出解除应急征用的决定并迅速通知被征用人。到期后仍需要继续使用的，于期满前5日作出应急处置延期征用令，并向被征用人送达。

（6）返还交接手续。征用单位应当在解除通知后的5日内汇总被征用物资、场所的使用情况，并通知被征用人凭应急征用决定书、应急征用清单到指定地点办理返还交接手续。通常情况下，能够返还原物的应当归还原物，如果原物发生毁损、灭失或者丧失部分功能的，征用单位需出具毁损、灭失证明，同时应当给予合理补偿。

四、征用的补偿

（一）法律规定

除了《宪法》《民法典》总则、物权编等法律外，其他法律法规对征用补偿也作出了明确规定，例如，《突发事件应对法》第12条规定："有关人民政府及其部门为应对突发事件，可以征用单位和个人的财产。被征用的财产在使用完毕或者突发事件应急处置工作结束后，应当及时返还。财产被征用或者征用后毁损、灭失的，应当给予补偿。"《国家突发公共卫生事件应急预案》第5.5条规定："突发公共卫生事件应急工作结束后，地方各级人民政府应组织有关部门对应急处理期间紧急调集、征用有关单位、企业、个人的物资和劳务进行合理评估，给予补偿。"但是，上述规定均为原则性的要求，缺少详细的操作指引，就补偿方式、补偿标准、对补偿不服如何救济等问题，并没有统一的法律法规予以明确。实务中，为了依法开展征用工作，有些地方制定了征用补偿的暂行办法，例如，上海市人民政府制定了《上海市应对突发事件应急征用补偿实施办法》，云南省人民政府制定了《云南省突发事件应急征用与补偿办法》，杭州市人民政府制定了《杭州市应对突发事件应急征用实施办法》，太原市制定了《太原市应对突发事件应急征用物资、场所办法》，等等。

（二）补偿实体问题

（1）补偿主体。按照"谁征用、谁补偿"的原则，征用单位即为补偿单位。实务中，征用单位一般为按照县级以上政府要求，负责处置突发事件的有关行政主管部门，既包括县级以上人民政府，也包括政府的组成部门、派出机构等。

（2）补偿标准。其一，合理补偿原则。无论《宪法》《民法典》"物权编"还是地方政府规章，均规定了合理补偿原则，但是，"合理补偿"属于原则性的规定或者"一般条款"，需要借助具体的规则才能适用到个案，保障被征用人的合法权益。其二，通过评估方式确定补偿金额。征用单位委托具有资产评估资质的中介机构进行财产损失评估，并据此给予补偿。但是，采取评估的方式确定补偿标准，也存在一定的弊端，例如，不同于征收发生的场合，双方可以进行商谈和对话，征用一般发生于情况紧迫之时，更注重效率和便捷，而评估程序相对复杂，评估机构的确定方式、被征用人对于评估结果的知情权、复核权难以得到充分保障，等等。其三，通过市场价格确定补偿金额。征用单位参照本行政区域应急征用情况发生时租用同类物资和同类场所的市场价格，给予补偿。事实上，该方式与评估方式有一定的重合之处，市场比较法本来亦是被广泛采用的评估方法之一。但是，实务中，行政征用补偿中的市场价格，一般不通过中介机构的评估程序，而是由征用单位或者物价管理部门直接予以认定。显然，该方式可能导致被征用人对补偿的金额提出异议，引发行政争议。

（3）补偿方式。补偿方式原则上采用货币补偿。征用单位与被征用人另有约定的，可采用实物补偿等其他形式，补偿价值应当与货币补偿相当。

（三）补偿程序问题

（1）启动补偿程序。征用单位在使用完毕后，应当将征用财产及时归还被征用人，制作应急征用使用情况法律文书，通知有关被征用人提交补偿所需的资料，必要时进行公示。

（2）提交补偿申请。被征用人在收到征用单位通知后的一段时间内，向征用单位书面提交补偿申请及相应的证明材料，具体包括：应急征用通知书、征用财产清单、财产归还情况、财产毁损或灭失情况、补偿金额及计算依据、投保及理赔情况、征用单位要求提供的其他材料。

（3）处理补偿申请。征用单位分情况对补偿申请进行处理：①资料齐全且表述清楚的，予以受理，并出具书面受理回执。②资料不齐或者表述不清楚的，书面告知受偿人在合理期限内更正或补充。③决定不予受理的，书面告知被征用人并说明理由。

（4）支付补偿费用。征用单位为政府组成部门的，完成初步审核后，需报请同级政府审批。同级政府审批之后，安排财政部门将补偿资金拨付给征用单位，征用单位作出补偿决定，并将补偿资金拨付被征用人提供的银行账户。

论高校开除学籍处分合规性
审查存在的问题与建议

焦景收*

高校[1]属于事业单位，以政府职能、公益服务为主要宗旨，履行部分管理和服务职能，从事教科文卫等活动。除去高校与大学生之间因教育教学活动形成的民事法律关系外，高校还以法律法规授权组织名义成了行政主体，与大学生之间缔结行政法律关系。[2]

作为特殊的行政主体，高校对大学生作出的开除学籍处分，是限制和影响大学生受教育权这一基本权利的重大事项，因关系到大学生的身份变化而具有重大侵益性，故被纳入行政诉讼的受案范围。[3]近年来，因高校作出开除学籍处分，导致大学生对高校提起行政诉讼的案件时有发生。

对高校开除学籍处分的性质有不同学术观点，部分学者认为其符合行政行为的单方性、强制性特征，也符合行政处罚的外部性、最终性的实质标准，进而属于行政处罚中的资格罚。[4]笔者认可此种观点，亦认为高校开除学籍处分是一种行政行为，严格来说应当是行政处罚行为。

在坚持全面依法治国，加快推进法治中国、法治政府建设的大背景下，开展开除学籍处分合规性审查的研究，对兼有行政主体职能的高校履行"依

---

* 焦景收，单位：北京汇祥律师事务所，电话：13681416565。

[1] 本文所指高校，特指公立大学。

[2] 朱孟强、佘斌："我国高校与大学生法律关系探讨"，载《高等教育研究》2006年第8期，第74页。

[3] 申素平、黄硕、郝盼盼："高校开除学籍处分的法律性质"，载《中国高教研究》2018年第3期，第36页。

[4] 罗亚、钱欣欣、杨挺："高校开除学籍处分的性质与合法性分析"，载《教育探索》2016年第12期，第107页。

法治校"义务、保障大学生受教育权,均具有现实的意义和价值。笔者在对我国相关法律法规、司法典型案例以及笔者代理此类案件的全面梳理的基础上,对高校开除学籍处分合规性审查这一问题进行探讨和分析。

一、高校开除学籍处分行政诉讼案件时常出现

2020 年 7 月,浙江大学和哈尔滨工业大学这两所著名高校同时登上了热搜。一边是,浙江大学给予触犯强奸罪的大学生留校察看处分,令人们惊讶的是,对于一个触犯强奸罪的同学为什么仅给予留校察看如此轻的处分呢?另一边是,哈尔滨工业大学两名毕业生因作弊而被开除学籍,大家质疑的是,对于临近毕业的两名大学生,开除学籍处分是不是又过重了呢?

2021 年 9 月,复旦大学对三名学生因存在嫖娼行为给予开除学籍处分,并以实名的形式进行公示,成为新闻热点。嫖娼行为违反《治安管理处罚法》,这是法律常识。嫖娼的法律后果包括行政拘留和罚款,这是嫖娼者应当承担的违法代价。大学生嫖娼,能否和开除学籍直接挂钩?仅从比例原则看,这确实是一个值得探讨的法律问题。

笔者整理了近几年代理的十起开除学籍行政诉讼案件,还通过中国裁判文书网检索了 30 余起开除学籍类行政诉讼案件,得出结论:考试作弊是高校作出开除学籍处分最高频的理由,或者是学生最易发生的违纪行为。考试作弊包括使用器材作弊、带小抄、使用替考、替别人考试、组织作弊、介绍作弊购买考试答案等行为。而后是人身侵害,包括打架斗殴、猥亵女生、恐吓拦截他人、侮辱辱骂他人等行为。其中也存在一些极端案例,比如因私接电线、私调宿舍、违反实习管理规定被开除学籍。根据检索的判决结果,面对诸多开除学籍类行政诉讼案件,人民法院对高校开除学籍处分决定进行否定性法律评价的不占少数。

可见,高校因开除学籍而涉及的行政诉讼案件不断涌现,这无疑对高校这一特殊行政主体的依法行政能力提出了考验,凸显了高校开除学籍处分合规性审查的重要意义。

二、高校开除学籍处分合规性审查的必要性

(一) 开除学籍处分合规性审查系高校依法治校的应有之义

随着依法治国的不断深化,法治理念在学校得到普及,高校开始积极推

进法治宣传教育，而在推进法治宣传教育的过程中，需要做到依法治校和法治教育相结合。如果高校本身的管理或处分行为不合规，那么必然导致法治教育低效甚至无效。通过依法治校，让大学生切身感受到高校在法律框架内行使权力并履行义务，这对大学生的法治教育才更具有说服力。

依法治校不仅能为法治教育打下坚实的基础，对大学生来讲也是最好的法治教育，能最大限度地提高大学生的法治意识和法律素养。目前，依法治校已经成为校园管理的基本原则，但依法治校在发展中依然面临着诸多困境，法治氛围仍然有待提升。在关系大学生重大利益的开除学籍处分问题上进行合规性审查，不仅可以使高校切实做到依法治校，同时也能引导大学生遵守校纪校规，提高大学生的法律素养和风险意识。

（二）开除学籍处分合规性审查是保障大学生受教育权的有效方式

开除学籍，是高校对大学生作出的最为严厉的处分，因为这将直接导致大学生丧失学籍，失去接受高等教育的权利。毋庸置疑，对于大学生及其家庭来说，高校开除学籍或勒令退学的处分行为产生的影响是巨大的。高校作为特殊的行政主体，应严格在法律法规授权的范围内行使学籍管理的权力。

2017年9月1日起施行的《普通高等学校学生管理规定》，[1]坚持以学生为中心，注重保护大学生的受教育权。"有权利必有救济"，大学生权利救济制度在不断完善。为了约束高校的自主管理行为，保障大学生受教育权的真正实现，《普通高等学校学生管理规定》形成了校内、行政以及司法相结合的纠纷解决机制。

（三）高校作出开除学籍处分的涉诉风险在增加

大多数时候，大学生和家长对于高校开除学籍的处分不理解也无法接受，他们认为学生固然有错但不至于被开除学籍，开除学籍严重剥夺了大学生的受教育权。如果大学生真的存在违法违纪之事实，高校作出的处理决定在程序与实体上又合理合规合法的话，高校作出开除学籍的决定或许可以被理解。

然而，一些高校在作出开除学籍处分时并未完全做到合理合规合法，随着学生和家长法律意识的提高，便会对高校作出开除学籍处分的程序合法性

---

〔1〕 教育部令第41号，2017年2月4日发布，2017年9月1日实施。

和内容合法性提出怀疑。因此，很多大学生在被开除学籍后，纷纷通过提起行政诉讼的方式寻求权利救济。人民法院作为最后一道防线，对诸如开除学籍等严重影响大学生受教育权的行为均会进行严格的司法监督。另外，人民法院早已将因开除学籍、勒令退学引发的纠纷纳入行政诉讼受案范围，最高人民法院也发布了相当数量的司法判例。

三、高校开除学籍处分合规性审查存在的问题

（一）开除学籍处分依据的边界不明、标准不一

大家对个案的讨论，聚焦到了"比较"二字上，为什么强奸犯不开除，而替考的学生反倒被开除了呢？从根本上分析，民众关注的还是教育公平问题。所以，在大学生受教育权与大学自主管理权发生冲突时，在区分"罪大恶极"和"可以挽救"的边界时，唯一的判断标准只能是法律。

开除学籍处分作为一种行政处分或行政处罚，高校应当在做到罚当其责的同时，也关注程序正当。但事实上，部分高校作出处分的依据，仅是自行制定的规章制度，而教育部出台的管理规定也仅是部门规章，效力低于法律法规和司法解释。在一些因开除学籍引发的行政诉讼案件中，高校败诉的原因恰恰就是，法律适用错误、处分程序违法以及违反比例原则等。

从高校开除学籍这一处分权的渊源上来说，大多数高校都是自立"家规"，而国家层面确实也有待完善相关立法。在"国法"有待完善的情况下，高校的"家规"就一定不违反上位法，或者一定与教育法的立法本意一致吗？从笔者代理的众多开除学籍案件看，也不尽然。

人民法院在审查高校的处分决定时，不但审查处分本身的适当性，也会审查高校"家规"的合法性。我们看到，有些高校的"家规"确系因违反《普通高等学校学生管理规定》这一上位法而不被法院认可。所以，有关开除学籍、退学这种影响大学生重大权益的处分，亟需国家层面的立法。

（二）部分高校对犯错的大学生抱有一种"杀一儆百"的态度

在代理众多大学生开除学籍、退学案件的过程中，笔者发现部分高校的学生手册或学生违纪处分办法的部分条款，与上位法存在着不同程度的冲突。针对相同或相似的违纪行为，各个高校的处理程序、处理结果存在诸多差异。

部分高校还在坚持朴素的家长式教育管理方式，对大学生的违纪违法行

为抱有一种"杀一儆百"的态度。相当数量的高校认为，开除学籍是高校自主管理权的体现，司法不应当严格审查。遗憾的是，笔者在代理的开除学籍行政诉讼案件中发现，一些高校并未坚持教育与惩戒相结合，与学生违法、违纪行为的性质和过错的严重程度相适应，也未完全做到证据充分、依据明确、定性准确、程序正当、处分适当。

（三）部分高校开除学籍处分案件败诉后会"为难"学生

2017 年 9 月 1 日施行的《普通高等学校学生管理规定》，坚持以大学生为中心，落实大学生主体地位，在维护高校正常的教育教学秩序和生活秩序的同时，更加注重尊重和保护大学生的合法权利。

"有权利必有救济"，大学生被高校开除学籍的救济途径包括"拟开除学籍处分决定"的听证会、开除学籍决定的校内申诉、就开除学籍决定向高校所在地省级教育行政部门申诉、就省级教育行政部门作出的决定向教育部行政复议、行政诉讼。这些权利是法律赋予大学生的救济途径，提起行政诉讼之前的四项救济途径并非必经程序，是否提起行政诉讼程序的选择权也在大学生自身。

部分高校并未严格按照《普通高等学校学生管理规定》的规定保障大学生的救济权利，甚至在送达、告知申辩等环节都存在诸多问题。一旦进入行政诉讼程序，部分高校表现得比较消极。如果人民法院判决高校败诉并要求高校撤销开除学籍决定，部分高校甚至会在撤销原有开除学籍决定之后，又重新作出开除学籍的处分，而大学生又要开启新一轮维权之路，这无疑是对大学生的二次伤害。

四、对高校开除学籍处分合规性审查的建议

高校对大学生的违法、违纪行为不应毫无原则地容忍，因为这关乎学校的自主管理以及教育的公平性。但是，高校又不能抱着"杀一儆百"的心态，在未能充分论证的情况下对大学生进行处分。笔者长期关注大学生受教育权保障的问题，结合代理的众多大学生开除学籍案件，就高校开除学籍处分合规性审查提出以下建议：

（一）高校应强化"家规"的合规审查

国家对高等教育治理现代化提出了更高的要求，高校应当做好校规校纪

的合规化建设，清理并修改与上位法相冲突的规章制度，按照要求及时进行备案、向学生公示。

目前，省级教育行政主管部门对高校自行制定的"家规"仅仅实行备案制度。这种备案是形式的备案，而非进行实质性审查，至于高校的"家规"是否和上位法统一，教育行政主管部门在备案时在所不问。如前文所言，一旦大学生对于开除学籍处分不服而提起行政诉讼，人民法院首先审查的，就是高校"家规"的合法性问题。

备案和备案审查，显然具有完全不同的法律意义。因此，笔者建议教育行政主管部门强化对高校"家规"的备案审查，通过备案审查制度的规制，让高校的"家规"更加合规。只有这样，才能把高校开除大学生的权力关进笼子里，避免部分高校行使所谓的自主管理权而导致教育不公现象的出现。

（二）高校应注重开除学籍处分的程序及实体的合规性审查

笔者始终认为，开除学籍处分作为限制和影响学生受教育权这一基本权利的重大事项，应当予以严格规制。

对学生进行处分时，既要重实体，也要重程序，注重处分本身的程序合法性与实体合法性。高校在作出开除学籍处分时一定要坚持教育与惩戒相结合，综合考虑学生的过往表现、悔过态度、学生违法违纪行为的性质和过错的严重程度，做到罚当其责。

（三）高校应关注人民法院对开除学籍行为的司法审查重点

人民法院在审理开除学籍处分案件时，会将处分的程序合法性作为审查的重点，高校的送达及告知权利救济途径等义务是否履行、大学生的陈述申辩权是否得到保障、处分决定作出的主体和申诉委员会的组成是否合法，这些问题均是人民法院审理开除学籍行政诉讼案件时关注的焦点。

人民法院之所以对程序合法性进行严格审查，其意义就是让高校遵守法律法规所规定的程序规则，促使高校制定和完善符合正当程序原则的规范制度。

（四）高校应当注重大学生的入学教育工作

笔者认为，部分高校在入学教育上的缺失，恰恰是导致一些大学生思想和纪律松懈的重要原因。很多大学生入学后将学生手册束之高阁，并不知晓其究竟写了什么，有些学生甚至直到毕业才发现居然有学生手册。

从源头上杜绝类似事件的发生，除了完善家庭教育、增强学生自身守法守规意识外，高校在入学教育工作和日常管理工作中也有许多需要改进的地方。入学教育是对大学生进入大学后进行的第一次系统而全面的集体教育，是学生树立遵纪守法意识的开端。在这方面，高校可以采取案例教学的方法，将该校近几年发生的一些因违反学校纪律而被开除学籍的典型事件通过多种形式展现给学生，进行集体教育和学习，让学生明白学校管理规范的红线，端正学术和学习态度。这种案例教学的形式将对学生的心灵产生震撼的效果，其所能达到的影响力要远远比对着学生手册照本宣科深远而持久。

五、结语

立德树人是大学立身之本，大学生违纪违法现象是社会、高校以及家庭共同面临的课题甚至难题。高校处分学生的最终目的，应是预防再犯而绝不是为了处分本身，更不是把一个犯错的大学生径行推给社会或家庭。

《普通高等学校学生管理规定》第54条明确规定："学校对学生的处分，应当做到证据充分、依据明确、定性准确、程序正当、处分适当。"因此，开除学籍行为作为一种侵益性行政行为，应当做到认定事实清楚、符合法定程序、适用法律法规正确。

对于大学生违法违纪的行为，高校应在维护教育秩序和保障大学生合法权益之间审慎地寻求平衡，应当坚持教育与惩戒相结合，与学生违法、违纪行为的性质和过错的严重程度相适应。高等院校对于大学生违法、违纪行为进行惩处和警示，如果开除学籍并非唯一选择，高校完全可以通过其他损害较小的处理方法，督促犯错的大学生认识和改正错误并以观后效。对于大学生的严重违纪行为，如必须作出开除学籍处分，则需要在合规性审查方面进行专业的研究和审慎的论证。

关于政府拆除违法建筑类案件面临的诉讼问题及法律建议

毛亚斌* 卓 强**

本文围绕王某某与北京市密云区穆家峪镇人民政府（以下简称穆家峪镇政府）行政诉讼一审、二审及再审的真实案例，归纳总结讨论政府拆除违法建筑类案件可能面临的各种问题，并对该项行政行为提出相关法律建议。

一、相关案件调查及审判结果

（一）案件调查

原告王某某在北京市密云区穆家峪镇××村××北侧建设了房屋等建筑物用于居住，其自述建设年份为1999年。2020年9月22日，被告穆家峪镇政府向原告王某某作出《强制拆除通知书》（本文以下简称《被诉通知》）。2020年9月28日，被告穆家峪镇政府强制拆除了其认定的违法建设。

《被诉通知》载明：经查，你于××村××北侧所进行的建设（建筑面积为200平方米），未依法取得乡村建设规划许可证/未按照乡村建设规划许可证的规定进行建设，属于违法建设。根据《城乡规划法》第65条之规定，限你在2020年9月24日前自行拆除，如未按期拆除的，我镇将于次日起予以强制拆除。同时，我镇将通知新刘棚改指挥部对于你此处属棚改范围内的地上物部分取消农用地交地奖等奖励项目。

根据《北京市城乡规划条例》第67条之规定，限你在2020年9月24日前自行清理违法建设内的物品，逾期不清理的，我镇将在拆除时将相关物品

---

* 毛亚斌，单位：北京普盈律师事务所，电话：13366881359。

** 卓强，单位：北京普盈律师事务所，电话：18510281585。

运送至××路×号存放，拆除后三日内及时领取，逾期未领取的，视为放弃上述财物权利。其间如有损失，由你自行承担。若你主张拆除后的违法建设残值，应当在强制拆除前提出书面声明，并在强制拆除后一日内自行处置。如未事先提出书面声明，或事先提出声明但未在限定期限内处置完毕的，本机关将予以清理。

根据《北京市城乡规划条例》第 80 条之规定，强制拆除违法建设的费用、建筑垃圾清运处置费用，以及相关物品保管费用由你自行承担。逾期不缴纳的，我镇将依法加处滞纳金。

（二）双方提供证据及质证结果

原告王某某向法院提供并当庭出示了如下证据：

（1）王某某的身份证及户口本复印件，用以证明原告系农业家庭户。

（2）市规划自然资源委密云分局［2019］第 112 号《政府信息答复告知书》，用以证明原告所占地块为集体建设用地，并未占用农用地，不存在违法的情形。

（3）《被诉通知》，用以证明被诉行政行为存在，原告在法定期限内起诉。

（4）证明人分别为王某、张某、王某 1、李某的证明四份（附证明人身份证复印件），用以证明原告于 1996 年向村委会依法申请宅基地安置，经村委会同意，村干部实地测量后修建房屋，原告主观不存在违法可能性，房屋于 1999 年建成，不属于违法建设。

（5）政府信息公开答复告知书，用以证明当地政府部门一直未履行农村宅基地及房屋确权职责。

在该案审理期间，原告王某某申请证人出庭作证，法院予以准许。证人李某、王某、王某 1 到庭陈述了证言。

被告穆家峪镇政府在法定期限内向法院提供并当庭出示了如下证据：

（1）图斑图片，用以证明原告的房屋系违法建设。

（2）《被诉通知》，用以证明被告向原告发出被诉通知。

经庭审质证，法院对以下证据作如下确认：

（1）原告王某某及被告穆家峪镇政府提供并当庭出示的《被诉通知》系被诉行政行为，不能作为证据使用。原告王某某提供并当庭出示的证据 1、证据 2、证据 5 与本案不具有关联性，法院不予采纳；证据 4 及证人证言能够反映原告王某某建设房屋的背景，但不能直接证明其房屋不属于违法建设，对该项证明目的法院不予采纳。

（2）被告穆家峪镇政府提供并当庭出示的证据1不符合法律规定的证据形式，法院不予采纳。

（三）法院受理及判决

原告王某某诉被告穆家峪镇政府责令限期拆除一案，于2020年9月25日向北京市密云区人民法院提起行政诉讼。一审法院于2020年10月9日受理后，在法定期限内向被告穆家峪镇政府送达了起诉状副本及应诉通知书。法院依法组成合议庭，于2020年11月19日公开开庭审理了本案。

法院认为：《城乡规划法》第65条规定，在乡、村庄规划区内未依法取得乡村建设规划许可证或者未按照乡村建设规划许可证的规定进行建设的，由乡、镇人民政府责令停止建设、限期改正；逾期不改正的，可以拆除。据此，被告穆家峪镇政府具有对其辖区内的乡村违法建设进行查处的法定职权。

行政机关作出行政行为，应当认定事实清楚、证据确实充分。《行政诉讼法》第34条第1款规定，被告对作出的行政行为负有举证责任，应当提供作出该行政行为的证据和所依据的规范性文件。该案中，被告穆家峪镇政府对被诉通知中认定的涉案房屋面积以及是否取得规划许可的情况，均未举证加以证明。虽然原告王某某对认定面积予以认可，但被告穆家峪镇政府仍缺乏其履行了调查询问、现场勘查、告知权利义务等法定程序的相应证据。综上，被告穆家峪镇政府作出的被诉通知主要证据不足，依法应予撤销。鉴于涉案房屋已被拆除，被诉通知不具有可撤销内容，故法院依法确认被诉通知违法。据此，依据《行政诉讼法》第74条第2款第1项之规定，判决如下：

确认被告北京市密云区穆家峪镇人民政府于2020年9月22日对原告王某某作出的《被诉通知》违法。

案件受理费50元，由被告北京市密云区穆家峪镇人民政府负担（限判决生效后7日内交纳）。

一审判决后，原告提起上诉，北京市第三中级人民法院于2021年4月27日公开开庭审理了本案，并作出驳回上诉、维持一审判决的判决；

二审判决后，原告提起再审申请，北京市高级人民法院作出驳回再审申请的裁定。

二、关于政府拆除违法建筑类案件的诉讼问题

2019 年 2 月，国家发改委《关于培育发展现代化都市圈的指导意见》指出，都市圈是城市群内部以超大特大城市或辐射带动功能强的大城市为中心、以一小时通勤圈为基本范围的城镇化空间形态。2020 年 10 月，"十四五"规划提出："优化行政区划设置，发挥中心城市和城市群带动作用，建设现代化都市圈。"

在推进新城镇化的进程中，必然会出现大量的拆迁纠纷和诉讼事件。新时代，推进依法治国的伟大征程中，应该以解决群众反映强烈的司法问题为重点，进一步深化司法改革，努力建设公正高效权威的社会主义司法制度，不断提升执法司法公信力。要以能力建设为重点，着力提升做好新形势下群众工作的能力，努力让人民群众在每一个司法案件中都能感受到公平正义，保证中国特色社会主义事业在和谐稳定的社会环境中顺利推进。

（一）乡镇政府是否具有强拆资格

《城乡规划法》第 64 条规定："未取得建设工程规划许可证或者未按照建设工程规划许可证的规定进行建设的，由县级以上地方人民政府城乡规划主管部门责令停止建设；尚可采取改正措施消除对规划实施的影响的，限期改正，处建设工程造价百分之五以上百分之十以下的罚款；无法采取改正措施消除影响的，限期拆除，不能拆除的，没收实物或者违法收入，可以并处建设工程造价百分之十以下的罚款。"

《城乡规划法》第 65 条规定："在乡、村庄规划区内未依法取得乡村建设规划许可证或者未按照乡村建设规划许可证的规定进行建设的，由乡、镇人民政府责令停止建设、限期改正；逾期不改正的，可以拆除。"

《城乡规划法》第 66 条规定："建设单位或者个人有下列行为之一的，由所在地城市、县人民政府城乡规划主管部门责令限期拆除，可以并处临时建设工程造价一倍以下的罚款：（一）未经批准进行临时建设的；（二）未按照批准内容进行临时建设的；（三）临时建筑物、构筑物超过批准期限不拆除的。"

2013 年最高人民法院《关于违法的建筑物、构筑物、设施等强制拆除问题的批复》指出，根据行政强制法和城乡规划法有关规定精神，对涉及

违反城乡规划法的违法建筑物、构筑物、设施等的强制拆除，法律已经授予行政机关强制执行权，人民法院不受理行政机关提出的非诉行政执行申请。

《行政强制法》第 17 条规定："行政强制措施由法律、法规规定的行政机关在法定职权范围内实施。行政强制措施权不得委托。依据《中华人民共和国行政处罚法》的规定行使相对集中行政处罚权的行政机关，可以实施法律、法规规定的与行政处罚权有关的行政强制措施。行政强制措施应当由行政机关具备资格的行政执法人员实施，其他人员不得实施。"

因此，对于违法建筑，乡镇政府不需要向人民法院申请，即可自行强制执行。针对被拆迁人的房屋有合法的产权证件，或是基于历史原因没有证件的合法房屋，则乡镇政府、拆迁部门需要通过司法强拆途径，申请法院强制执行。

因此在强制拆除的实际操作中，政府机构应首先界定拟拆除建筑是否为违法建筑，并以此确定自身是否具有法定授权，最终确定开展行政强制措施的具体流程和步骤。该案中，原告为北京市密云区穆家峪镇××村村民，系该村集体经济组织成员。1999 年经批准，在该村建有房屋一处。该房屋系原告在该村的唯一住宅，属于合法建设。被告政府根据图斑照片，作出违法建筑决定，并不符合相关法律规定，应通过司法强拆途径，申请法院强制执行，而不能直接拆除房屋。

（二）行政案件中，如何确认举证责任

《行政诉讼法》第 34 条第 1 款规定："被告对作出的行政行为负有举证责任，应当提供作出该行政行为的证据和所依据的规范性文件。"

《行政诉讼法》第 38 条第 2 款规定："在行政赔偿、补偿的案件中，原告应当对行政行为造成的损害提供证据。因被告的原因导致原告无法举证的，由被告承担举证责任。"

最高人民法院《关于适用〈中华人民共和国行政诉讼法〉的解释》第 47 条规定："根据行政诉讼法第三十八条第二款的规定，在行政赔偿、补偿案件中，因被告的原因导致原告无法就损害情况举证的，应当由被告就该损害情况承担举证责任。对于各方主张损失的价值无法认定的，应当由负有举证责任的一方当事人申请鉴定，但法律、法规、规章规定行政机关在作出行政行为时依法应当评估或者鉴定的除外；负有举证责任的当事人拒绝申请鉴定的，由其承担不利的法律后果。当事人的损失因客观原因无法鉴定的，人民法院应当结合当事人的主张和在案证据，遵循法官职业道德，运用逻辑推理和生活经验、生活常识等，酌情确定赔偿数额。"

因此强制拆除的实际操作中，政府机构作为作出行政行为的一方，应负有举证的责任。该案中，被告提交的证据并不足以证明其作出行政行为的合法性，最终也并未被法院支持。

（三）如何程序合法地拆除建筑

《行政强制法》第18条、第19条规定了行政机关做出行政强制措施时的报批程序、执法人数、证件出示、通知当事人相应权利义务、听取辩解、制作现场笔录等程序，并就紧急情况的处理作出了明确规定。

《行政强制法》第43条规定，行政机关不得在夜间或者法定节假日实施行政强制执行。但是，情况紧急的除外。

行政机关不得对居民生活采取停止供水、供电、供热、供燃气等方式迫使当事人履行相关行政决定。

《行政强制法》第44条规定，对违法的建筑物、构筑物、设施等需要强制拆除的，应当由行政机关予以公告，限期当事人自行拆除。当事人在法定期限内不申请行政复议或者提起行政诉讼，又不拆除的，行政机关可以依法强制拆除。

因此在强制拆除的实际操作中，行政机关应严格遵循行政诉讼法相关规定，履行相关法律设定的最低限度的程序义务，从而控制滥用行政权力，保障人民群众合法的权利和自由。该案中，被告穆家峪镇政府在行政执法中，未履行调查询问、现场勘查、告知权利义务等法定程序，庭审过程中也无法提供相应证据，因此法院认为被告穆家峪镇政府作出的《被诉通知》主要证据不足，依法应予撤销。

（四）强拆案件如何提起行政赔偿

《国家赔偿法》第7条第1款规定，行政机关及其工作人员行使行政职权侵犯公民、法人和其他组织的合法权益造成损害的，该行政机关为赔偿义务机关。

《国家赔偿法》第9条第2款规定，赔偿请求人要求赔偿，应当先向赔偿义务机关提出，也可以在申请行政复议或者提起行政诉讼时一并提出。

《国家赔偿法》第 13 条第 1 款规定，赔偿义务机关应当自收到申请之日起两个月内，作出是否赔偿的决定。赔偿义务机关作出赔偿决定，应当充分听取赔偿请求人的意见，并可以与赔偿请求人就赔偿方式、赔偿项目和赔偿数额依照本法第四章的规定进行协商。

最高人民法院《关于审理行政赔偿案件若干问题的规定》第 14 条规定：原告提起行政诉讼时未一并提起行政赔偿诉讼，人民法院审查认为可能存在行政赔偿的，应当告知原告可以一并提起行政赔偿诉讼。

原告在第一审庭审终结前提起行政赔偿诉讼，符合起诉条件的，人民法院应当依法受理；原告在第一审庭审终结后、宣判前提起行政赔偿诉讼的，是否准许由人民法院决定。

原告在第二审程序或者再审程序中提出行政赔偿请求的，人民法院可以组织各方调解；调解不成的，告知其另行起诉。

因此强制拆除的实际操作中，行政机关在强制行为侵犯公民合法权益时，应负有赔偿义务。该案中，原告应先于乡镇政府协商赔偿金额，若协商无果，再提起行政复议或行政诉讼；在该案的审理过程中，人民法院应全面审查案件，判断是否存在行政赔偿的行为。如果存在可能性，应履行告知义务，并根据原告的具体诉讼行为采取不同的判决措施。

三、关于政府拆除违法建筑行为的法律建议

（一）强化行政资格审查，加强执法队伍建设

执法人员素质直接决定着行政执法效能，因此加强行政执法队伍建设，规范行政执法行为，提高行政执法人员素质，对全面推进依法治国、依法行政具有重要意义。

在具体工作中，行政机关应加强综合执法队伍制度建设和能力建设，强化工作人员装备建设和形象建设，做到执法人员知法懂法守法用法；同时，行政机关要严格审查行政执法人员的资格条件，禁止使用"合同工、临时工、临时借调人员"等理由推卸责任，对不符合要求的执法人员应收回并注销其执法证。行政机关应健全纪律约束机制，加强工作队伍的思想建设、作风建设、廉政建设，确保严格执法、公正执法、文明执法。

（二）严格规范办案程序，提高行政执法水平

行政强制案件中，应严格遵守相关程序，确保做到程序正义，严格审核案前、案中、案后必须履行的程序和手续。在作出行政强制措施前，应依法严格确认案件性质，在查清事实、证据充足、程序完备的基础上，科学严谨地把握执法尺度，做到从严从宽相结合，保证让人民群众在每一项司法决定中都感受到公平正义，切实提高人民群众的安全感。

同时，全面开展案卷归整合复查工作，保证每个卷宗事实清楚、证据确凿完整；针对案卷不清、归档时间不合理等问题，应积极开展复查复审工作，保证每个案件定性准确、施法合规得当。同时加强执法人员业务培训，规范案卷管理工作。

（三）全面落实行政赔偿，维护社会公平正义

坚持以人民为中心、全面深化依法治国是社会主义现代化建设的重要组成部分。习近平总书记指出，江山就是人民，人民就是江山。法治建设应该遵循为了人民、依靠人民、造福人民、保护人民的基本原则，要将提升人民利益、反映人民愿望、维护人民权益、提高人民福祉贯彻落实到全面依法治国的全过程和各方面，切实提高人民群众的幸福感。

社会主义现代化法治建设应该积极回应人民的新要求和新期待，解决人民群众反映的突出问题，用法治保证人民安居乐业。城乡拆迁问题，作为行政执法过程面临的难点和痛点，行政机关应当牢牢把握社会公平正义这一价值追求，要把公平正义落实在执法司法守法的全过程和各方面，要让人民群众在每一个司法决定、每一个案件审理中，感受到公平正义。针对行政强制拆迁过程中出现的行政赔偿问题，从行政执行机关到司法审判机关应当积极主动落实"坚持以人民为中心"这一核心理念，全心全意为人民服务，坚决惩治违法犯罪行为，全面维护社会公平正义。

坚持以人民为中心　助力法治政府建设

——法治政府建设之法律顾问工作经验谈

王　跃*

　　坚持以人民为中心，一切行政机关必须为人民服务、对人民负责、受人民监督，推进全面依法治国，要积极回应人民群众新要求新期待，系统研究谋划和解决法治领域人民群众反映强烈的突出问题，不断增强人民群众的获得感、幸福感、安全感，用法治保障人民安居乐业，助力法治政府建设，要用法治给行政权力定规矩、划界限，规范行政决策程序，加快转变政府职能，笔者结合自己作为朝阳区市场监督管理局行政执法领域重大疑难复杂案件指导法律顾问和曾于 2019 年远赴新疆生产建设兵团第二师开展"1+1"中国法律援助志愿者行动的工作经历，谈一下对"坚持以人民为中心，助力法治政府建设"提供政府法律顾问服务的实践经验和心得体会。

　　朝阳区是北京市城六区之一，因位于朝阳门外而得名，朝阳区历史悠久、文化资源丰富，是北京对外开放的窗口、重要的外事活动区，外籍人士集中，拥有望京、麦子店、建外等国际化社区，更是北京市的经济强区，具备以金融业、租赁业和商务服务业为主导，高新技术产业支撑、文化创意产业集群发展的多元化产业格局，不仅有 CBD、奥运、中关村朝阳园三大功能区，还有三里屯太古里、蓝色港湾、SKP 等一批时尚网红打卡圣地。朝阳区市场监督管理局作为政府行政主管部门，其主要职责是负责全区市场综合监督管理，规范和维护市场秩序，营造诚实守信、公平竞争的市场环境，组织和指导市场监管综合执法工作，查处相关违法案件，规范市场监管行政执法行为，依法监督管理市场交易、网络商品交易及有关服务的行为等。

---

　　* 王跃，单位：北京市康达律师事务所，电话：13311282921。

新疆生产建设兵团第二师位于巴音郭楞蒙古自治州境内，前身为山东渤海军区教导旅，1947年在山东成立，1949年挺进新疆，1953年2月，集体就地转业，执行农垦任务。第二师及新疆生产建设兵团实行"党政军企"合一、高度统一的特殊管理体制，兵团各级都建有中国共产党的组织，领导兵团各项事业，设有行政机关和政法机关，自行管理内部行政、司法事务，是一个"准军事实体"，设有军事机关和武装机构，沿用兵团、师、团、连等军队建制和司令员、师长、团长、连长等军队职务称谓，兵团也称"中国新建集团公司"。第二师和铁门关市实行"师市合一"管理模式，"师和市"党政机构实行"一个机构、两块牌子"，是我国特殊的、独一无二的管理体制，发挥了兵团体制与城市管理体制两者的优势，既体现了兵团体制特色，又发挥了法治政府的优势。"1+1"中国法律援助志愿者行动由司法部、共青团中央发起，每年组织一批律师志愿者、大学生志愿者或基层法律服务工作者，到中西部律师资源不足的地区服务一年，履行办理法律援助案件、化解矛盾纠纷、开展普法宣传和法治讲座、培养当地法律服务人才、应邀担任服务地政府法律顾问等工作职责。

从最繁华的一线城市到最边远的西北边陲，笔者在首都及新疆生产建设兵团政府法律顾问工作中，就如何坚持以人民为中心、助力法治政府建设，根据自己的工作实践及真实案例，提出以下三个方面的意见和建议。

一、建立科学高效的常规工作流程，健全突发事件应对体系，坚持运用法治思维和法治方式，依法快速处置突发事件，切实解决群众实际问题

政府法律顾问，要协助政府及职能部门建立科学高效的常规工作流程，同时，为应对突发事件，要健全突发事件应对体系，依法快速处置突发事件，在朝阳区市场监督管理局的工作实践中，尤其重视群众反映强烈的食品安全、消费者权益保护、虚假广告等重点执法领域，建立科学高效的常规工作流程，畅通人民群众违法行为投诉举报渠道，及时开展集中专项整治，从源头上预防和化解违法风险，常规工作流程和"接诉即办"紧密结合，"接诉即办"是社情民意的晴雨表，是获取群众心声的有效渠道，通过科学高效的常规工作流程及时了解群众诉求，把解决群众诉求作为工作的核心，不断提升为人民服务的水平，用心用情实实在在为百姓解决急难愁盼问题。朝阳区市场监督管理局在应对重大疑难复杂案件的办理过程中，一条重要的经验就是畅通专业指导通道，开通了上报重大疑难复杂案件的工作指导平台和即时微信工作群，由专人负责平台案件信息的收集、登记，一线执法人员、政府法律顾问、外部行业专家通过平台，第一时间对案件开展研判、指导和反馈，通过建立科学高效的常规工作流程，形成内外合力，分工协作，确保了重大疑难复杂案件的顺利解决，有力维护了人民群众的合法权益。

政府法律顾问要协助建立健全突发事件应对体系，加强突发事件监测预警、信息报告、应急响应等机制建设，增强风险防范意识，提高突发事件快速处置能力，尤其是关系到人民群众切身利益的突发事件，要快速响应，各部门协调联动。笔者在兵团工作期间，2019 年 9 月底，家在甘肃的王某的妻子尹某来兵团团场田里务工时被大风吹倒的树木所伤致死，爱人突遇不幸，家里尚有两个年幼的孩子，却无人承担责任，王某及相关亲属 20 余人从甘肃赶来"讨个说法"。面对突发事件，第二师司法局及时指派笔者作为法律援助律师参与，局领导和笔者第一时间赶赴现场，尽力做好亲属安抚工作，及时召集属地团场党政机关、公安机关、人民法院等单位对案件情况进行分析，厘清案件法律关系和争议焦点，引导当事人运用法律手段合法维权，依法化解纠纷，在最短的时间内，最大限度维护了受害人家属的合法权益。在上述突发事件处置中，政府及政府法律顾问始终坚持以人民为中心，切实解决群众实际问题，坚持运用法治思维和法治方式应对，依法快速处置，着力实现越是工作重要、事情紧急越要坚持依法办事，取得了良好的效果。

二、制定出台联席会商等规范性制度，充分发挥政府法律顾问、行业专家作用，不断提升行政决策公信力和执行力

政府法律顾问参与政府决策，要坚持科学决策、民主决策、依法决策，落实行政决策程序规定，避免因决策失误产生矛盾纠纷、引发社会风险、造成人民群众和国有资产的损失。朝阳区市场监督管理局建立科学的管理制度，出台了《朝阳区市场监督管理局重大疑难案件联席会商制度（试行）》，明确了可纳入重大疑难复杂案件会商的案件标准，确立了整体会商组织架构，规定了会商流程及会商意见的形成、记录、保存、归档等相应制度，对上报的重大疑难复杂案件，利用自身专业力量和办案经验，并依托政府法律顾问和行业专家，及时组织召开会商会，共同研究案件的处置意见，不仅提升了办案质量，也赢得了人民群众的认可和好评。

笔者在新疆兵团工作期间，受邀担任党委、政府法律顾问，积极发挥法律参谋的作用，多次参加党委、政府及司法局组织的重大疑难复杂案件分析会，对重要文件、重大合同、重大投资等事项进行合法性审查，对行政执法和涉法涉诉疑难案件进行专题研讨，形成专业意见，供党委、政府参考，坚持依法行政，不断提升行政决策公信力和执行力。

三、政府法律顾问协助政府开展普法宣传，专业培训力求务实高效，不断提升行政人员法治意识和法治素养

在法治政府建设中，"谁执法谁普法"，政府法律顾问要协助政府开展普法宣传，专业培训要力求务实高效，不断提升行政人员的法治意识和法治素养，促进依法行政，培训工作要在针对性和实效性上下功夫，加强以案释法，坚持以人民为中心，切实把法律作为行政决策、行政管理、行政监督的重要标尺，坚决杜绝违背法律法规随意作出减损公民、法人和其他组织合法权益或增加其义务的决定。

朝阳区作为经济发展非常活跃的地区，经常会出现较为新型的投诉举报案件，尤其近年来，食品安全投诉举报案件占比较大。"民以食为天，食以安为先"，食品安全关系人民群众的身体健康和生命安全，习近平总书记多次作出重要指示，强调要把食品安全作为一项重大的政治任务来抓，用最严谨的标准、最严格的监管、最严厉的处罚、最严肃的问责，确保人民群众"舌尖上的安全"。朝阳区市场监督管理局坚决贯彻落实"四个最严"指示精神，把食品安全执法领域中的重大疑难复杂问题及时汇总，会同政府法律顾问、行业专家研讨并形成指导意见，并通过培训的形式将专业指导意见及时反馈给一线执法人员，将朝阳区划分为八个片区，政府法律顾问、行业专家下至各个片区进行培训指导，面对面以案释法，一对一专题解读，并指导一线执法人员广泛运用说服教育、劝导示范、警示告诫、指导约谈等方式，努力做到宽严相济、法理相融，让执法既有力度又有温度。

笔者在新疆兵团工作期间，十分重视普法宣传工作，多次受邀给师、团、连队干部、司法干警进行专题培训，紧紧抓住领导干部这个"关键少数"，引导行政机关负责人带头尊崇法治，做尊法学法守法用法的模范，坚持为了人民、依靠人民，依法保障人民权益，牢固树立依法决策意识，严格遵循法定

权限和程序作出决策，用制度防止个人专断、"一言堂"。"1+1"服务期满离疆返京后，继续助力边疆法治政府建设，康达律师事务所和新疆兵团第二师司法局达成长期战略合作，发挥康达律师事务所政府法律顾问的专业优势，利用"康达公益讲堂"这一北京市律协行业党建创新项目平台，启动对行政机关的公益普法宣讲活动。2022 年 1 月和 3 月，邀请康达党委副书记、全国优秀律师孟丽娜以网络直播的方式为新疆兵团第二师"2022 年依法行政培训班"开展"行政复议诉讼应诉实务"和"行政履责案件解析与实务"专题培训，提高其行政机关依法行政的水平，以公益方式和实际行动，支援边疆地区法治政府建设。

朝阳区市场监督管理局重大疑难复杂案件处置工作的探索。在机构改革后成立的特殊案件科，是北京市唯一被地区编办审核同意，并经区委办、区政府办认可的以统筹、指导市场监督管理领域重大疑难复杂案件的办理工作，组织开展重大疑难复杂案件的调研、会商、沟通工作，负责起草重大疑难复杂案件指导意见为其主要职能的科室，其开展的创新性工作受到市场监督管理总局的认可并在总局《市场监督管理》中被报道，自己有幸作为法律顾问参与其中，自己在新疆生产建设兵团的工作，也得到了兵团司法局的肯定和表彰。政府法律顾问工作，责任重大，任重道远，笔者时时提醒自己，要始终坚持以人民为中心，着眼提高人民群众满意度，努力让人民群众在每一个执法行为中都能看到风清气正、从每一项执法决定中都能感受到公平正义。不忘初心、牢记使命，助力法治政府建设，以打造"法治先锋、行业典范、中国形象"为己任，为党委、政府法治建设献计献策，贡献朝阳律师的一份智慧和力量，彰显朝阳律师的使命和担当，积极履行首都律师的社会责任。

行政自由裁量权的适用困境及优化方式

王闻君*

2021 年 8 月 11 日，中共中央、国务院印发《法治政府建设实施纲要（2021-2025 年）》，为新发展阶段全面建设法治政府提供了奋斗宣言和行动纲领。习近平总书记强调，法治政府建设是重点任务和主体工程，对法治国家、法治社会建设具有示范带动作用。建设法治政府涉及行政立法、行政执法、执法监督、还涉及政府职能转变、行政体制改革、科学民主决策等内容，不仅要建设一切行政活动依法、合法、守法的政府，也要建设一切行政活动合理、科学、有度的政府。笔者认为，规范行政自由裁量权的使用，是建设法治政府的重要抓手。

一、关于行政自由裁量权

以行政机关作为行政主体的自由裁量权，可以界定为在法律法规规定的范围内，行政执法机关在办理行政案件过程中对权力的处置具有一定选择余地，是行政权的重要组成部分，也是提高行政效率的必要权力，主要包括情节认定的自由裁量权、处罚种类的自由裁量权、处罚幅度的自由裁量权以及适用程序的自由裁量权。

二、行政自由裁量权存在的必要性

（一）解决法律局限性的必然选择

依法行政是全面依法治国基本方略的重要内容，是对行政机关从事行政执法活动的基本要求，但法律既不会朝令夕改，也无法事无巨细。当今社会

---

* 王闻君，单位：北京高文律师事务所，电话：15800865701。

飞速发展，为更好地适应出现的新问题新挑战，通过赋予行政机关合理的自由裁量权以解决法律的局限性并保障行政执法的合法性成为一种必然的选择。

（二）完善立法工作的有效补充

与时俱进完善立法本身就是一项程序复杂、周期性长的工作，赋予行政机关合理的自由裁量权，能在一定程度上填补当前立法的空白，消除立法滞后性所带来的不利影响，同时也能为立法工作提供重要而及时的实践参考，促进我国有关法律体系的不断完善。

（三）提升治安管理水平的现实需要

赋予行政机关适当的自由裁量权，能使其充分发挥能动性，审时度势及时应对社会问题，并使个案正义得到最大程度的实现。在自由裁量权得到合理行使的前提下，民众对行政执法存在一种快速处理的心理期待，不愿为太繁琐的程序耗费时间。合理行使自由裁量权，能够减少部分执法流程的空转虚耗，快速解决问题，将部分社会风险消除于萌芽状态。

三、行政自由裁量权的滥用形式

（一）处罚不公平、畸轻畸重

执法机关在行使处罚权力时，若未遵守比例原则，未做到全面衡量社会利益和行政相对人的利益，对违法行为的处罚力度缺失了应有的比例，则会导致案件的不公平、不合理，侵犯了社会公共利益和行政相对人的合法权益。在南阳百事通旅行社有限公司（本文以下简称"百事通公司"）诉南阳市原工商行政管理局宛城分局（本文以下简称"宛城分局"）工商行政管理一案（〔2017〕豫13行终391号）中，百事通公司及其下属服务网点在店中放置的宣传彩页被宛城分局认定为虚假宣传，违反了《反不正当竞争法》的相关规定，遂分别给百事通公司及其下属两个服务网点作出了罚款2万元的行政处罚决定。河南省南阳市中级人民法院认为，鉴于宛城分局对百事通公司宣传彩页行为的违法性、主观恶性、客观损害等均未查实，亦未考量百事通公司的行为是否有处罚的必要性，是否符合《行政处罚法》《河南省工商行政管理机关行政处罚自由裁量权适用规则和执行标准》（2012年修订）规定的从轻、减轻、不予处罚的情形，便径直作出罚款2万元的处罚决定，显属滥用行政处罚自由裁量权，因此判决撤销宛城分局的行政处罚决定。

（二）拖延履行职责

由于我国法律尚未对处理案件的具体时限作出具体规定，这样一来，自由裁量权设置得过大就会导致执法人员随意拖延案件的进展，以至于不积极主动地履行法定职责，这也与行政执法机关追求的高效率原则相违背。在最高人民法院第三巡回法庭发布十个典型案例之三林某交通肇事案（［2017］最高法刑申54号）中，2003年7月5日，林某驾驶小货车于禁行时间在浙江省温岭市区东门路行驶，被温岭市交警大队依法滞留了驾驶证，责令其三日至五日内到交警大队违章处理中心接受处理。2003年7月6日，林某去接受处理时，交警大队因电脑故障未能处理。同月11日，交警大队作出吊扣林某驾驶证10日的处罚决定书。交警大队的行为在该案行政判决中被定性为拖延履行法定职责，导致林某认为其7月19日的交通肇事行为不属于无证驾驶，并以此为由申诉至最高人民法院。虽然最终最高人民法院认定交警大队拖延履行法定职责的行为与肇事案件没有直接的因果关系，但拖延履行法定职责的行为仍然造成了不必要的司法资源浪费。

四、行政自由裁量权滥用的原因

（一）行政自由裁量权基准不具体不透明

就罚款来说，《反不正当竞争法》第19条的内容是："经营者违反本法第七条规定贿赂他人的，由监督检查部门没收违法所得，处十万元以上三百万元以下的罚款。情节严重的，吊销营业执照。"虽然此条对于不同程度的违法行为有着不同的处理方式，但是没有明确规定"情节轻重"如何界定，因此行政机关对情节轻重的判断将会导致高达290万元的罚款差额，当事人接受处罚的同时便会质疑行政机关自由裁量的合理性。

目前，为有效规范行政处罚自由裁量行为，部分行政机关先后出台了行政处罚自由裁量权基准。但相关规定普遍存在原则性强，内容过于宽泛，对处罚标准的阶梯化、明细化不够，自由裁量幅度较大等问题，且仍均以情节是否严重为衡量标准，使执法人员难以合理运用，导致目前执法人员的自由裁量空间仍然很大。

（二）执法人员的主观因素

一般来说，"以事实为依据，以法律为准绳"是每位行政执法人员在执法过程中应遵循的基本原则，不能考虑不相关的其他因素。但在实际的执法过程中，是执法者单独对行政相对人的行政违法行为进行的认定及裁判，执法者的主观意识会导致存在滥用自由裁量权的情况。

（三）监督机制尚未完善，使得自由裁量权的行使不公开不透明不规范

在法律未明确规定、执法人员存在难以避免的主观性因素的情况下，监督则起到举足轻重的作用。实践中，自由裁量权的行使缺乏应有的约束。笔者在办案过程中发现，部分地方机构合并后，网上办案工作机制并未受到应有的重视，仅在"信用中国"等平台上公示行政处罚结果，不再与国家企业信用信息公示系统相关联，造成上级部门和群众不能及时获取执法信息，无法有效监督执法活动。另外，从外部监督看，司法机关对行政机关的监督主要针对行政机关行政行为的合法性，而对于行政机关行使行政处罚自由裁量权的正当性及合理性并不进行个案审查。

（四）过度追求经济效益

少数政府部门将罚款的多少作为绩效考核的重要内容，鼓励执法人员"多办案、办大案"，这会导致执法人员片面追求罚没款指标和部门利益，背离执法宗旨，甚至出现以罚代管、以罚代刑等现象，损坏了公平竞争有序发展的市场环境。

五、行政自由裁量权滥用的危害

美国行政法学家戴维斯曾说："裁量权在一定条件下可以等同于一把斧子，其可以在不同条件下使用，既有可能是正确的工具，也有可能是错误的武器。"行政自由裁量权未被合理使用时，人民利益、政府形象都会遭到破坏。

（一）损害行政相对人的合法权益

行政机关若对于同一违法行为，前后作出同案不同判的处理结果，在导致行政相对人的权利受损的同时，也同样助长了另一波行政相对人从事违法行为的侥幸心理。

（二）破坏政府形象

任何一位行政工作人员都是行政机关的一部分，其行为都代表着国家，一旦滥用职权，在人民群众看来便是整个行政机关的失职行为，加之现在快速传播的舆论工具和人民群众强烈的自我保护意识，当人民群众权益被损害，求助行政机关而感到不公时，一旦广而告之，则会让更多的人对政府产生不好的印象。

六、合理控制行政自由裁量权的建议

对于控制行政自由裁量权，在防止其被滥用的同时，还要促进其在法律的框架内高效合理地运行，因此在实际控制中，不能对行政自由裁量权管理过于严格，但也不能过于松散。

（一）立法控制

对于行政机关管辖内的事务要尽可能多地予以立法，对于法律法规无法作出具体明确规定、需要权力行使机关依据具体情况作出判断的，需要在法律中尽可能成文化、明确化，尽可能将范围缩小，避免因用词模糊而产生歧义。

建立全国范围内的处罚裁量基准。可向全社会广泛征求意见，在不突破现有法律相关规制的基础上，制定一种对法律有效解释的行政标准，及时向社会公布，并根据社会发展情况及时更新。

（二）执法控制

执法控制是对行政自由裁量权进行控制的中心环节。在此过程中，使用权力的工作人员需要合理使用权力，改变"实体法高于程序法"这一观点。一部完备的法律若是没有一套配合的程序去执行，其效果也将大打折扣，行政程序是为行政权力运行设置的安全装置。行政机关手中的公共权力较大，要保证其使用的公平性，便要保证行政机关所运用的相关程序。

（三）司法控制

首先，在司法审查过程中遵循合理性原则，使司法审查发挥实质性作用；其次，依法办案，在保证公民合法权益不受侵犯的基础上，维护行政机关的合法权益；最后，完善司法建议权，司法机关对于超出其本身权力行使范围或无法通过诉讼予以纠正的违法乱纪现象，可以通过其他形式向相应管辖的部门提出。

（四）加强合法性审查工作

加强法治队伍建设，健全法律专家库以及政府法律顾问单位及个人的选拔，配全配齐行政执法部门的法治审核机构和人员。

在进行重大行政决策时，不仅要开展风险评估和集体讨论决策，确保行政决策更加规范科学，还要认真开展各类行政决策的合法性审查，保证行政决策的合法有效。

强化重大案件集体核审制度，加大法治审核意见的执行力度，加强对法律政策的研究，为基层执法提供法律支持。

（五）优化行政复议制度

依法设立专门的行政复议机构，整合各级各部门行政复议资源，可吸收行政机关工作人员、司法机关工作人员及公民代表等共同组建专门的行政复议委员会，推动行政复议的行政性和司法性的结合。

确立以听证审理和书面审理相结合的复议审理方式，实践中可以根据当事人的选择、复议案件的复杂程度以及对行政相对人的影响大小选择采用正式听证、非正式听证或者书面审理，尽量做到在维护当事人合法权利的同时节约资源、提高效率。

推动行政复议与行政诉讼的有效衔接。其一，将行政复议证据的收集与行政复议证据的收集标准统一，使行政复议所依据的证据同样适用于行政诉讼。其二，推动复议制度的修改完善，使行政诉讼案件的受理范围与行政复议案件的受理范围大致保持一致，可尝试把部分抽象的行政行为也纳入行政复议案件的受理范围。

（六）加强对行政机关工作人员的监督

以全面执法、全过程记录制度为抓手，加强执法内部监督，防止执法扰民、执法不公，还要深入推进网上执法办案及查询系统建设，对行政执法过程进行及时有效的监督，营造更加公开透明、规范有序、公平高效的法治环境。

建立行政责任制度。就滥用行政裁量权的后果建立严格的追责制度，从而督促执法人员能够按照法律要求认真工作、严格执法。

（七）加强对行政机关工作人员的培训

完善工作人员的选拔方法，一方面做到多角度考量参选人员，综合评估工作人员能力，尤其突出测试对突发或特殊性质的行政案件处理能力；另一方面加强对工作人员的专业知识培训，定期考核并公开成绩，让每一位执法人员认识到滥用权力的后果，进而强化执法人员的法律意识，树立正确的价值观、权力观，有助于工作人员在行使行政自由裁量权时最大限度地做到科学、公平、公正。

（八）加强案例指导工作

案例指导工作正逐渐发挥着规范行政自由裁量权的作用。一方面，上级公布的指导案例对下级机关在行政执法过程中行使自由裁量权是一个有效约束；另一方面，下级机关向上级报送典型行政执法案例的过程也是对行政自由裁量案件的进一步甄别和梳理，在某种程度上可以起到备案的效果。

建设法治政府需要各个部门的协同合作、密切配合，只有立法机关、行政机关、司法机关、监察机关共同行动、协同发力，才能最终促进行政自由裁量权的正确、规范行使，才能确实维护社会公平正义，更好地满足人民群众的法治需求，才能树立执法机关的公信力，带动全社会遵法守法，保证法律法规有效实施，并实现社会主义法治社会的目标。

闲置土地的构成要件及法律风险分析

——从一例县政府决定无偿收回国有建设用地使用权案件谈起

刘汝忠[*]

根据《闲置土地处置办法》第 2 条的规定，闲置土地主要指国有建设用地使用权人超过国有建设用地使用权有偿使用合同或者划拨决定书约定、规定的动工开发日期满一年未动工开发的国有建设用地，或者已动工开发但开发建设用地面积占应动工开发建设用地总面积不足三分之一或者已投资额占总投资额不足百分之二十五，中止开发建设满一年的国有建设用地。

闲置土地的原因诸多，例如国家宏观政策的调整、开发商对地价上涨的期待、项目设计方案的调整、建设单位面临的法律纠纷、新冠肺炎疫情导致停工、台风天气等因素的影响，等等。然而，土地是不可再生资源，十分珍惜、合理利用土地和切实保护耕地是我国的基本国策，自然资源部也历来重视处理闲置土地的工作，2012 年施行的《闲置土地处置办法》更是为闲置土地的调查认定和处置提供了明确的法律依据。实际中，县级人民政府及相应土地主管部门行使对闲置土地的调查、处理职责，据此作出的无偿收回土地的决定对企业的权益将造成重大影响，因此，有必要对该法律风险保持足够的关注。

一、闲置土地的法律内涵

在中央立法方面，《土地管理法》《城市房地产管理法》《闲置土地处置办法》均对闲置土地作出了规定，概括而言，存在下列情形之一的，就可能构成闲置土地：（1）取得建设用地使用权之后超过一年未动工开发的；（2）虽

---

* 刘汝忠，单位：泰和泰（北京）律师事务所，电话：13522284813。

动工开发但建设面积或投资额低于国家规定标准且中止建设满一年的。在地方立法方面，各地结合自身情况，采取概括式和列举式相结合的立法技术，就闲置土地问题制定了地方政府规章，例如，《海南省闲置土地认定和处置规定》第 2 条规定："本规定所称闲置土地，是指具有下列情形之一的国有建设用地：（一）超过动工开发日期满 1 年未动工开发的；（二）超过动工开发日期满 2 年未完成项目投资总额 25% 的；（三）已动工开发但开发建设用地面积占应动工开发建设用地总面积不足 1/3 或者已投资额占总投资额不足 25%，中止开发建设满 1 年的；（四）法律、法规规定的其他情形。"但是，仅凭用地面积、时间、投资额等要素还不能准确界定是否构成闲置土地，"动工开发"也是必须考虑的因素，中央立法做了法律留白，可结合地方立法予以理解，例如，《海南省闲置土地认定和处置规定》第 5 条规定："本规定第二条所称动工开发按照下列标准认定：（一）需挖深基坑的项目，基坑开挖完毕；（二）使用桩基的项目，打入所有基础桩；（三）其他项目，地基施工完成 1/3 以上。"综上，以海南省为例，闲置土地包括以下几种情况：

时间要素	面积要素	投资额要素	动工开发要素	是否构成闲置土地
超过动工开发日期满 1 年	–	–	未动工	构成
超过动工开发日期满 2 年	–	不满投资总额 25% 的	已动工	构成
中止开发满 1 年	开发建设用地面积不足总面积 1/3	–	已动工	构成
中止开发满 1 年	–	不满投资总额 25% 的	已动工	构成

（说明：是否动工，要依据基坑、桩基或地基的施工情况认定；"–"表示该因素对于是否构成闲置土地无影响，不作为考量因素）

二、闲置土地的处置方式

县级人民政府作出闲置土地认定书之后，并非一定要无偿收回土地，根据造成闲置土地的不同原因，可能的处置方式包括延长开发期限、征缴土地闲置费、无偿收回国有建设用地使用权等。以海南省为例，对闲置土地的处置方式如下表：

闲置原因	动工开发要素	处置方式
政府原因或不可抗力造成闲置	－	延长动工开发期限或协议有偿收回土地
土地利用总体规划、成像规划依法修改造成闲置	－	附条件置换其他价值相当、用途和年限相同的土地
非政府原因、非不可抗力造成闲置	超过动工开发日期满1年未满2年不动工开发	征缴土地闲置费
非政府原因、非不可抗力造成闲置	超过动工开发日期满2年未动工开发的或投资额不足25%的或法律、法规规定的其他情形。	可以无偿收回土地

（说明："－"表示该因素对于处置方式无影响，不作为考量因素）

三、案例评析

海南某房地产开发企业通过转让方式取得某地块的国有建设用地使用权及在建工程，由于政策调整和规划改变，未能顺利开发，经过协商，2016年1月，该企业与当地土地行政主管部门签订《限期开发土地协议书》，约定延期开发一年，即2016年1月29日起至2017年1月28日止。2016年11月9日，该企业取得涉案项目的建设工程规划许可证。2016年12月初，住建部门告知，暂不向该企业发放施工许可证，理由为整合该企业的地块与邻近地块合并开发。后整合失败，2017年11月22日，该企业取得建筑工程施工许可证。由于涉案项目无出入口，工程车辆、人员无法通行，该企业向行政机关申请开通临时出入口，2018年1月6日，行政机关同意该企业开设临时出入口。2018年2月，涉案项目正式开始施工。2019年7月，行政机关将涉案项目的土地规划用途由"旅馆用地"变更为"娱乐康体用地"。2019年11月，该企业向行政机关提交书面申请，请求将涉案项目用地恢复为产权式酒店用地。2020年1月，行政机关作出复函，原则上同意涉案项目用地用途在编控规中由"娱乐康体用地"调整为"旅馆用地"。此外，多年来，涉案地块存在低压地埋电缆、高压电线杆、变电站、配电房等供电设施，用于给附近 12 家单位供电，其影响了施工进度。2020 年 8 月，县土地行政主管部门向该企业作出《闲置土地认定书》，认为该土地为闲置土地，属于企业原因造成土地闲置，决定向该企业征收土地闲置费，并告知了该企业申请听证的权利。经过听证程序，2020 年 11 月，县政府以该企业超过动工开发之日满两年未完成总投资额 25% 为由，决定无偿收回该企业的国有土地使用权。该企业不服，申请行政复议，要求撤销无偿收回国有土地使用权的决定。该案较为复杂，涉及闲置土地认定及处置的若干环节，以下问题值得探讨：

（一）通过转让而非出让的方式取得的土地，能否构成闲置土地

根据《闲置土地处置办法》的规定，闲置土地以权利人与土地行政管理部门存在合同约定或划拨决定的约束为前提，适用于土地交易一级市场，那么，在土地交易二级市场——权利人通过转让取得土地的，由于权利人并未与土地行政主管部门约定开发动工期限，也可能构成闲置土地吗？

答案是肯定的，《海南省闲置土地认定和处置规定》第 6 条规定："本规定第二条所称动工开发日期，按照国有建设用地使用权有偿使用合同约定或者划拨决定书规定认定；没有约定、规定或者约定、规定不明确的，以实际交付土地之日起 1 年为动工开发日期；实际交付土地日期不明确的，以核发土地使用权证之日起 1 年为动工开发日期。"由此可见，闲置土地的认定主要考量"动工开发"要素，有约定的从约定，没有约定的，依据实际交付土地之日或核发土地使用权证之日计算动工开发日期，至于土地的取得方式是出让、划拨还是转让，并非法定抗辩事由。相关的司法案例也能佐证该观点，在海南招银地产有限公司（本文以下简称"招银公司"）与海南省文昌市人民政府（本文以下简称"文昌市政府"）无偿收回国有用地使用权申请再审一案中，最高人民法院指出，从原审查明的事实来看，因为文昌市政府或文昌市国土局未与招银公司签订国有建设用地使用权出让合同，也没有约定动工开发日期，所以涉案土地的动工开发日期应参照《海南省闲置土地认定和处置规定》第 6 条"以核发土地使用权证之日起 1 年"进行起算，即招银公司应当在 2012 年 5 月 18 日前动工开发。但是，直至 2017 年 6 月 23 日，涉案

土地仍未动工开发，已经构成土地闲置的客观事实。[1]

（二）认定构成闲置土地，行政机关应尽到哪些调查义务

海南省人民政府《关于进一步做好闲置土地处置工作的通知》明确要求："……（四）明确应动工开发和已动工开发建设用地面积的认定标准。应动工开发建设用地总面积，按照依法报建的建（构）筑物所占的基底土地面积进行认定，或者按照以下公式计算认定：应动工面积＝建筑密度×出让土地总面积……已动工开发建设用地面积可由市县土地行政主管部门委托具有相应资质的单位测量确定。（五）明确项目投资额的认定标准。项目总投资额按照土地使用权有偿使用合同或划拨用地决定书确定……已投资额是指土地使用权人已经投入用于土地开发建设的资金总额，市县土地行政主管部门可以依据规划许可的项目报建方案，委托具有相关资质的单位进行评估确定。总投资额和已投资额不包括国有土地使用权出让价款、划拨价款和向国家缴纳的相关税费。"该案中，县政府未委托具有相关资质的单位就投资额进行评估，未提交项目投资额不足25%的证据，在行政复议听证程序中，听证主持人询问县政府认定投资额不足25%的依据为何，县政府代理人亦不能作出明确答复。显然，县政府认定涉案地块属于闲置土地存在事实不清之处。相关的司法案例也能佐证该观点，在长江商学院与三亚市人民政府、海南省人民政府及第三人海南中度旅游产业开发有限公司（本文以下简称"中度公司"）土地行政处罚及行政复议一案中，三亚市人民政府在作出21号收地决定之前，委托三亚达众科技有限公司进行外业调查，证实涉案甲地块现状为空地未开发；涉案乙地块仅建成一栋三层建筑，且已停工，建筑占地面积2849平方米，仅占该宗地总面积68 708.41平方米的约4.15%，据此认定长江商学院土地闲置，符合无偿收回国有建设用地使用权的条件。法院认为，该中介机构的调查报告可以作为三亚市人民政府认定构成闲置土地的依据。[2]

（三）若客观上构成闲置土地，闲置的原因如何认定，是否应无偿收回

如前所述，客观上构成闲置土地之后，需分析具体原因，并作出不同的处置方式，该案主要涉及政府原因及不可抗力原因，梳理时间轴如下：

---

〔1〕 见最高人民法院作出的［2020］最高法行申2774号行政裁定书。
〔2〕 见海南省高级人民法院作出的［2019］琼行终429号行政判决书。

因政府原因应扣除多段起讫期间,包括审批该企业建设临时出入口、备注工程规划、研究更改规划用途、作出该案决定,又因新冠肺炎疫情扣除三个月的期间,扣除之后,该企业实际可以施工的时间为:2018年4月至2019年7月、2020年1月至2020年2月、2020年6月至2020年7月、2020年7月至2020年8月,其中,在前三个阶段,该企业亦不可能全面施工(基坑不能开挖完毕),原因在于土地上有公用配电房、变电站、高压线、电缆等。因此,涉案土地闲置系企业原因、政府原因、第三人侵权、相关部门不作为、不可抗力等多种因素导致,并非仅企业原因导致,无偿收回土地缺少事实依据。根据原国家质量监督检验检疫总局、国家标准化管理委员会联合发布的国家标准——《土地利用现状分类》(GB/T 21010-2017),土地共分为耕地、园地、林地、草地、商服用地、工矿仓储用地等12个一级类别,每个一级类别包含若干个二级类别。每个类别对应的含义不同,土地的用途不同,"旅馆用地"指宾馆、旅馆、招待所、服务型公寓、度假村等用地,"娱乐康体用地"指剧院、音乐厅、电影院、歌舞厅、网吧、影视城、仿古城以及绿地率小于65%的大型游乐等设施用地,二者有较大区别,有关部门将土地规划用途由"旅馆用地"变更为"娱乐康体用地"对于项目建设、收益将产生显著影响,该企业申请更正规划的时间应计入因政府原因导致闲置的期间。

（四）县政府作出无偿收回土地决定与事先告知听证时的理由不一致，是否属于程序严重违法

《行政处罚法》明确规定了事先告知程序，其立法目的在于确保行政处罚决定作出之前，当事人能够针对行政机关所拟认定的事实和适用的法律进行陈述申辩。基于此，最终处罚决定认定的事实和法律适用不应当超出事先告知的范畴，否则将导致当事人针对最终处罚决定认定的事实及法律适用未能进行有效的陈述申辩，违反事先告知程序的目的，构成对相对人重大程序权利的损害。该案中，县政府仅针对拟作出征收土地闲置费履行了事先告知义务，该企业也仅对与征收土地闲置费有关的事实作了陈述与申辩，就无偿收回土地决定，县政府既未告知该企业申请听证的权利，也未听取该企业的陈述与申辩，实质剥夺了该企业申请听证权、陈述与申辩权，其作出涉案行政决定的程序严重违法。笔者代理该企业申请行政复议，以上意见基本被复议机关采纳，复议机关认为：首先，无偿收回土地决定与闲置土地调查结果相矛盾，缺乏事实依据，属认定事实不清。其次，县政府直接作出无偿收回土地决定，剥夺了该企业依法享有的知情权、陈述权和申辩权，违反了法定程序。最后，县政府及县土地行政主管部门未与该企业签订国有建设用地使用权有偿使用合同，该案不符合适用《海南经济特区土地管理条例》第 41 条规定的情形，且遗漏适用《闲置土地处置办法》和《海南省闲置土地认定和处置规定》的相关规定，属适用依据错误。综上，撤销县政府作出的无偿收回土地决定并责令县政府重新作出处理决定。应当指出的是，责令重作绝非复议机关认为县政府应重新作出无偿收回土地的行政处罚，根据《行政复议法》第 28 条第 2 款的规定，复议机关已认定该企业与县政府及县自规局未签订国有建设用地使用权有偿使用合同，亦认定以"超过动工开发之日满 2 年投资额不超过 25%"为由无偿收回土地缺少事实依据，因此，在没有新的证据的情况下，县政府不能将上述两项内容作为重新作出处理决定的理由。

四、法律风险提示及防范

（1）在特定历史时期，确实存在企业取得土地之后放缓开发甚至将土地闲置、待价而沽的现象，借此谋取土地价格上涨的收益，针对这一情况，2008 年，国务院发布《关于促进节约集约用地的通知》，首次明确规定了相对严格的土地闲置费征收标准，党的十八大以来，在"房住不炒"政策的指

导下，各地土地行政主管部门加大了对企业闲置土地的查处力度，因此，行政机关应当重视闲置土地的监管工作，通过提示函、诫勉谈话等方式，鼓励、引导企业按照约定进行项目开发，避免出现闲置土地的情形。

（2）土地行政主管部门对企业展开调查时，应分析是否构成闲置土地，包括时间要素、投资额要素、开发面积要素等，必要时，委托中介机构进行评估或测绘，积极对相关证据予以保全。

（3）若确实构成闲置土地的，应分析闲置土地的原因，包括企业原因、政府原因、不可抗力等情形，并结合证据予以全面分析。

（4）认定闲置土地与作出处理决定是两个具有连续性的行政程序，前者是后者的前提，在作出征缴土地闲置费或者收回国有建设用地使用权决定前，行政机关应当书面告知企业有申请听证的权利，充分保障企业的陈述申辩权利。

疫情期间市场监管执法面临的新问题及对策建议

周海华[*]

笔者围绕在新冠肺炎疫情期间，北京地区一医药店哄抬酒精销售价格且调查过程中故意销毁违法证据的案例，归纳总结疫情期间市场监管执法办案中面临的新问题，并提出相关依法行政的建议。

一、案情简介

（一）案件调查

2020年[1]1月27日、28日（下文中的时间均指2020年，为简化表述，均只列明日期），某市民通过12345热线反映自己1月26日在某药店购买的酒精价格恶意上涨，电商平台15元3瓶，药店卖12元1瓶。接到举报后，执法人员当天便前往该药店进行现场检查，并当场出具《询问通知书》，通知该药店携带涉案酒精的销售记录等相关材料接受调查。

1月31日，当事人的代理人接受执法人员的询问，说明了涉案酒精的进货时间、价格、数量、销售价格、销售数量。在解释销售数量与进货数量不一致时，当事人称有部分酒精送给朋友，自己也自用了一部分，并提供了进货凭证、销售记录（仅含1月24日和1月27日的数据），因销售记录中没有1月26日的销售数据，执法人员继续要求当事人提供进货凭证、销售记录等。

2月2日，执法人员继续对当事人的委托代理人询问，当事人进一步解释现场检查与第一次接受讯问关于采购单价不一致的原因，当事人自述销售人员说的销售价格中有部分是销售人员的提成，如2500毫升装的酒精店长说的

---

[*] 周海华，单位：北京市岳成律师事务所，电话：13260130623。

[1] 本文所引法条皆以当时有效的法律法规为准，后不赘述。

是 50 元一瓶，代理人说的是 30 元一瓶，有 20 元是给销售人员的提成。关于 2500 毫升装的销售价格，现场笔录里说的是 190 元，第一次询问时说的是 128 元和 290 元，是因为 1 月 25 日以 190 元销售给朋友。对于销售数量和进货数量不一致，当事人解释疫情期间酒精紧俏，剩下的家人自用，1 月 27 日下班将剩余部分均带回家。对于 1 月 26 日小票的销售记录，当事人予以确认，并说因为害怕，在系统中删除了这笔销售记录，小票上的价格是因为 26 日想多赚点钱，临时提高了价格。

2 月 3 日，执法人员继续对当事人的委托代理人询问，当事人自述没有 1 月 25 日和 1 月 26 日的销售记录是因为大年初一、初二店里休假，不对外经营，1 月 26 日的小票是 26 日中午回店里拿东西，正好有一位顾客就销售了这一笔。至于没有 1 月 26 日销售记录的原因，是因为 27 日执法人员检查时，因为害怕被发现而删除了。执法人员当场出具《限期提供材料通知书》，通知当事人三日内提供日期为 2020 年 1 月 26 日单号为×××的小票对应的销售记录、1 月 26 日和 1 月 27 日真实完整的销售记录等材料。

因当事人未在期限内提供证据，执法人员委托某鉴定机构对当事人计算机中 1 月 26 日的销售记录进行恢复，2 月 11 日，鉴定机构出具了鉴定意见书，对当事人计算机内 1 月 26 日的销售记录进行提取，发现当事人共隐瞒了 200 多瓶的销售数据。

2 月 14 日，执法人员继续对当事人进行询问，代理人对 1 月 26 日的销售数据无异议，并承认由于害怕被处罚，前三次陈述的事实有些出入并有所隐瞒。

（二）作出行政处罚决定

经听证告知、局办公会讨论等，2 月 26 日某局作出涉案行政处罚决定，认定当事人大幅提高价格销售某品牌酒精（具体表现：100 毫升的酒精进销差价率 100%—260%，500 毫升的进销差价率 280%—580%，2500 毫升的进销差价率 326%—866%），构成《价格法》第 14 条第 3 项规定的"哄抬价格"的违法行为。因酒精属于市场调节价，其售价难以公允界定，按照《价格违法行为行政处罚规定》第 18 条的规定，当事人的违法行为符合"没有违法所得"的情形。因当事人的违法行为发生在新冠肺炎疫情期间，酒精属于预防疫情相关商品且在调查过程中故意销售违法证据，造成调查取证困难，处以警告、罚款 300 万元。

(三) 行政处罚决定的复议和诉讼

当事人不服涉案行政处罚决定,提起复议,要求撤销该决定。在复议机关维持该行政处罚决定后,当事人提起诉讼,法院认为:某药店大幅提高酒精销售价格,进销差价率分别达到 100%—260%、280%—580%、326%—866%,构成哄抬价格。该药店在新冠肺炎疫情的特殊时期销售酒精,由于其销售的酒精属于市场调节价,违法所得无法准确计算,故应按"无违法所得"的情况进行处罚。同时该药店在某局执法人员进行调查询问时,为了逃避处罚,未向执法人员如实陈述,且擅自删除计算机内的部分销售数据,隐匿、销毁关键性证据,给行政机关调查取证带来了困难,某局认定该药店的违法行为情节较重,对其处以 300 万元的罚款处罚幅度符合法规规定。某局作出的被诉行政处罚决定,认定事实清楚,证据充分,程序合法,适用法律法规正确,并无不当,判决驳回某药店的诉讼请求。

二、疫情期间市场监管执法面临的新问题

国家卫健委于 2020 年 1 月 20 日发布 2020 年第 1 号公告,将新冠肺炎纳入《传染病防治法》规定的乙类传染病,并采取甲类传染病的预防、控制措施。疫情刚刚暴发之时,恰逢春节期间工厂停工,口罩、酒精等防疫物资严重短缺,一些商家趁机发国难财,引发了涉及价格、商标、产品质量等一系列监管问题。投诉举报量随之激增,市场监管部门既要服务于抗疫大局,遵循从快从严从重原则处理案件,同时也要坚持依法行政,充分保障当事人的各项权利,以保证行政处罚本身经得起司法的检验,真正体现行政执法的威慑力,市场监管部门的执法面临着一系列新的挑战。

(一) 检查难

疫情期间媒体上经常出现这样的报道:"疫情防控期间销售假口罩,重判""重罚 300 万!北京一药店高价售卖口罩被罚""顶格处罚 300 万!海南药店借疫情哄抬口罩价格被重罚"。"重罚""顶格处罚"一系列字眼确实起到了威慑作用,将部分违法行为扼杀在摇篮中。一些顶风作案的当事人,在看到类似的报道后,害怕受到高额处罚,不惜想尽各种手段与执法人员"斗智斗勇",如上述某药店哄抬酒精销售价格一案,当事人因害怕处罚竟擅自销

毁销售记录。在价格违法案件中，进销货的记录、财务凭证、原始单据或发票直接影响着基本事实的固定、案件的定性和罚款额度的确定等，当事人在监督检查的关键环节不予配合甚至销毁关键违法证据直接让检查工作陷入困境，市场监管部门又没有予以制裁的强制手段，如审计、税务、公安、法院、检察院可以在一定时间内查封、冻结账户的权限。[1]疫情防控期间，很多医用物资买卖都是通过微信、电话、网络等电子化媒介进行交易的，无论是取证还是查账，都很难通过传统的查账、翻记录来查证，对价格监督检查人员的专业技能、执法监督检查手段、采集技术都提出了更高的要求。[2]

（二）处理难

《价格法》第 14 条第 3 项规定，经营者不得捏造、散布涨价信息，哄抬价格，推动商品价格过高上涨。《价格违法行为行政处罚实施办法》第 6 条规定，经营者违反《价格法》第 14 条规定哄抬价格，生产成本或进货成本没有发生明显变化，以牟取暴利为目的，大幅度提高价格的，政府价格主管部门可以予以行政处罚。因各地经济水平存在较大差异，相关法律法规并未规定大幅度提高价格的标准，再加上疫情初期各种防护物资和民生用品紧俏，生产者供给量小，市场需求大，一定程度上会造成商品价格升高，达到哪种程度即构成大幅度提高价格，在认定上存在较大困难。与此相关联的，对违法所得的区分也存在困难，疫情期间，《价格违法行为行政处罚规定》所规定的"按规定应当执行的价格"该如何确定十分棘手。

如上述某药店哄抬酒精价格一案，当事人在复议或诉讼时，对哄抬价格行为的定性、违法所得的认定均提出了异议，当事人为避免适用无违法所得的情形，以违法所得等于销售收入减去成本为由进行抗辩，以国家市场监督管理总局《关于新型冠状病毒感染肺炎疫情防控期间查处哄抬价格违法行为的指导意见》（国市监竞争〔2020〕21 号）所规定的"疫情发生前未实际销售，或者 1 月 19 日前实际交易情况无法查证的，经营者在购进成本基础上大幅提高价格对外销售，经市场监管部门告诫，仍不立即改正的"，执法机关并无证据证明已对其进行告诫为由进行抗辩。

---

〔1〕 吕志军："经营者价格行为的法律规制"，湖南大学 2007 年硕士学位论文。

〔2〕 徐燕："突发新冠肺炎疫情下宝鸡市市场价格监督检查的问题与对策研究"，西北大学 2021 年硕士学位论文。

为助力疫情防控，国家市场监督管理总局专门发布了《关于依法从重从快严厉打击新型冠状病毒疫情防控期间违法行为的意见》（国市监法〔2020〕27号），专门指出对野生动物及其制品非法交易、对口罩等防护用品制假售假等违法行为，在依法可以选择等处罚种类和处罚幅度内顶格处罚。但疫情期间实施的哪些违法行为必须顶格处罚，执法人员掌握的标准并不一致。

实践中，部分执法机关甚至不区分违法行为性质一刀切地适用顶格处罚。如某局办理的某文具经营部在销售口罩的过程中未按规定明码标价案，该经营部以每包28元的价格购进5包口罩，以每包30元的价格销售2包，获利4元，最终被处罚款5000元。[1]上述处罚决定被公开后，被质疑严重违反过罚相当原则。[2]

（三）按时办结难

正当程序是行政法的基本原则，行政机关作出行政行为应当遵守法定的程序。《行政处罚法》《市场监督管理行政处罚程序规定》等法律法规明确规定了市场监管部门立案核查、听证、办结案件等的具体期限。受疫情防控措施的影响，现场检查、调查取证、询问、听证、送达等办案程序难以正常开展，与从快、及时查处违法行为的办案要求发生冲突，执法人员办案面临着巨大压力。

虽然《市场监督管理行政处罚程序规定》规定特殊情形下案件可中止调查，但具体在个案中适用时，不同执法人员存在较大差异，出现病例就以不可抗力中止调查、中止调查的理由繁多（如违法行为人的主体性质是公司，执法人员以疫情使当事人无法进京为由中止）、无限期地中止调查等问题相继出现。

疫情也催生部分执法机关探索使用线上方式办案，如使用会议软件组织听证程序，采用电子邮箱、微信等方式提交证据、陈述意见，但因相关法律法规并不健全，线上办案的合法性遭质疑，电子环境下相关主体身份认定也存在风险。另外，邮政快递停运也导致不便于当场送达的执法文书无法在规

---

〔1〕《价格违法行为行政处罚规定》第13条第1项规定，经营者违反明码标价规定，不标明价格的，责令改正，没收违法所得，可以并处5000元以下的罚款。

〔2〕高昌勃："案例评析：疫情期间的行政处罚也应符合适当性原则"，载https://lawyers.66law.cn/s29198d3c0e68_i717836.aspx。

定的期限内送达。

三、对策与建议

（一）适应信息技术带来的变化，及时转变办案方式

飞速发展的信息技术在便利和丰富人民群众生活的同时也带来了一些负面影响，以行政执法工作为例，电子数据易被删除和永久销毁、网络环境下违法行为更难识别和界定、证据固定难等给执法人员的调查工作带来了巨大挑战。只有及时调整办案方式、不断学习和探索应对方法，才能精准查处各种违法行为，保护人民群众的生命财产安全。

如上述某药店哄抬酒精销售价格一案，执法人员凭借多年积累的办案经验，推测当事人存在销毁数据的可能，并委托专门机构对当事人的计算机进行恢复，最终成功固定当事人隐瞒和销毁的销售记录，为依法查处案件打下了坚实基础。

加强信息化建设，为执法人员采购和配置录音、录像等电子证据固定相关设备，建立专门的监管平台，通过各种方式动员社会群众提供违法行为的线索。疫情常态化下，借鉴人民法院电子诉讼平台建设的相关经验，开发建立统一的电子签名、线上听证系统也十分必要，为执法人员办案提供有力的硬件支撑。

（二）加强执法队伍建设，提高行政执法水平

关于顶格处罚的适用范围，国家市场监督管理总局在发布国市监法〔2020〕27号文件的同时，还专门进行了解读，明确了适用范围在内的相关问题。[1]国家市场监督管理总局《关于规范市场监督管理行政处罚裁量权的指导意见》（国市监法〔2019〕244号）将"在发生自然灾害、事故灾难、公共卫生或者社会安全事件期间实施违法行为"和"伪造、隐匿、毁灭证据"明确规定为可以依法从重行政处罚的情形。另外，对于价格领域的违法行为，

---

〔1〕 国家市场监督管理总局《关于依法从重从快严厉打击新型冠状病毒疫情防控期间违法行为的意见》解读指出，该意见的适用范围是疫情防控期间发生的涉及疫情防控的违法行为，主要是三类：一是野生动物及其制品违法交易。二是口罩等防护用品制假售假。这里的"制假售假"主要是指制造、销售质量存在严重问题，达不到应当具有的防护性能的劣质产品。三是哄抬防护用品及制作原材料和粮油肉蛋菜奶等基本民生商品价格。

国家发展和改革委员会《规范价格行政处罚权的若干规定》 （发改价监
[2014] 244 号）则明确规定有两个从重情节按最高处罚幅度实施行政处罚。
上述某药店哄抬酒精销售价格一案，就是因为具备两个从重情节，顶格罚款
得到了复议机关和法院的认可。

市场监管部门应从多个方面加强对执法人员的业务技能培训，要求执法
人员熟练掌握市场监管领域各种实体、程序性的规定，提高执法人员对违法
行为的甄别能力、收集与鉴别证据（特别是电子数据的取证）的能力、书写
标准执法文书的能力，及时总结本次疫情防控的执法经验，提升执法人员的
素质和水平。

（三）及时完善和出台相关法规规范，让执法办案有据可依

如上述某药店哄抬酒精销售价格一案所暴露的价格监管领域所存在的问
题，因哄抬价格及违法所得的认定均缺乏明确的法律规范，当事人不认同执
法部门的判断标准，造成了行政处罚决定的诉讼概率增加。虽然各地经济发
展水平存在差异，无法统一具体的幅度，但通过哪种方式来判断构成哄抬价
格，应由专门的法律规范予以明确。具体到各地，再在此种方式之下，结合
各地的实际情况、商品的性质、不同时期等及时制定和调整本区域的指导意
见和解释文件，以规范执法办案的标准。

为配合信息化建设，行政机关也应及时研究起草统一的线上办案程序、
电子送达程序规则，为执法人员通过多种方式开展工作提供指引。

（四）严格规范办案程序

习近平总书记在中央全面依法治国委员会第三次会议上专门强调，疫情
防控越是到最吃劲的时候，越要坚持依法防控。从快处理从来都不是程序违
法的借口。不管什么时期，执法中均应避免触碰底线，如轻信当事人一面之
词，代当事人签署法律文书；心存侥幸，为迅速结案，以当事人"不懂"为
由忽悠当事人不行使申辩、听证的权利；行政执法全过程记录制度下仍不重
视证据的固定和保存，随意执法。

此外，还应依法及时办理案件中止调查、延期、从重（减轻、从轻）、集
体讨论、重大执法决定法制审核等各种审批手续。

四、小结

早春三月，草长莺飞，又遇疫情反复，再看该案感慨万千。

自新冠疫情暴发两年来，线上贸易、办公成为主流，疫情亦对执法实践提出了挑战，适应信息技术带来的变化，及时转变办案方式成为重中之重。此外，价格监管领域存在的立法空白也在疫情的影响下被放大，各地经济发展水平存在差异，无法统一具体的幅度，但通过哪种方式来判断构成哄抬价格，应由专门的法律规范予以明确。针对行政案件办案程序问题，市场监管部门亦应在坚守底线的同时合法合规地灵活处理，兼顾"公平"与"效率"。

疫情终将会过去，而依法行政、完善法律正确实施将永远任重道远！

浅谈变更公房承租人行为中外调笔录的涉诉风险

朱子墨*

　　笔者在北京市朝阳区房屋管理局（本文以下简称"房管局"）派驻两年多，负责该单位的应诉及日常法律顾问工作。对直管公房的管理权是朝阳房管局的重要行政职权之一，其涉及的行政管理事项是依申请变更直管公房承租人。朝阳房管局是北京市朝阳区的房管机关。目前，北京市仅朝阳、海淀、丰台、东城设区房管局。在市内的其他区、县，房管局的行政职权由各区县的住房和城乡建设委员会行使。

　　本文所称的直管公房，是指房屋所有权人为朝阳房管局，朝阳房管局通过福利分房、拆迁安置等形式将房屋出租给承租人，并与承租人签订《北京市公有住宅租赁合同》的公有房屋。

　　直管公房的承租人变更，是指承租人与朝阳房管局已建立公房承租关系并签订《北京市公有住宅租赁合同》，在原承租人外迁或死亡的前提下，原同住者要求继续承租的，需满足承租条件，并与朝阳房管局签订新的《北京市公有住宅租赁合同》。

　　关于承租人变更的职权依据，北京市人民政府《关于城市公有房屋管理的若干规定》第2条第1款规定："市房屋土地管理局是全市房屋的行政管理机关，区、县房屋土地管理局是本区、县房屋的行政管理机关（市和区、县房屋土地管理局及其下属管理机构统称房管机关）。"

　　关于承租人变更的行为依据，北京市人民政府《关于城市公有房屋管理的若干规定》第12条规定："公房租赁，必须遵守房管机关的各项规定……（五）承租者外迁或死亡，原同住者要求继续承租的，须经出租单位同意，并

---

　　* 朱子墨，单位：北京市康达律师事务所，电话：13720041357；13911616196。

新订租赁合同……"此外，北京市在 2000 年统一使用的新版本《北京市公有住宅租赁合同》第 7 条规定："租赁期限内，乙方外迁或死亡，乙方同一户籍共同居住两年以上又无其他住房的家庭成员愿意继续履行原合同，其他家庭成员无异议的，可以办理更名手续。"

在房管机关的工作实践中，承租人变更的条件主要审查如下四点：（1）原承租人外迁或死亡；（2）新承租人与原承租人在同一户籍，且共同居住两年以上；（3）新承租人在他处无住房；（4）其他"家庭成员"无异议。需要注意的是，第四点中笔者用引号将"家庭成员"特别标注，原因是第四点中的"家庭成员"要同时满足上述第二、三点的要求，而非逻辑上的血亲或同住者。反言之，如果异议的提出者与原承租人不在同一户籍或未与原承租人共同居住两年以上，或该异议提出者已在本市内他处有其他住房（以名下拥有房屋产权或产权份额为准），则不属于被征求意见的"家庭成员"，其提出的异议将不被房管机关认可。

在变更承租人行政行为的履职过程中，一个重要的环节是由朝阳房管局或下属房管所的工作人员前往房屋所在的小区、楼栋，向承租人的邻居核实相关房屋的租住情况，并根据实际租住情况决定是否可以同意变更公房承租人。

在实际情况中，承租人存在并非实际居住在其承租的直管公房内，但为了继续占有该房屋，抑或为了等待其承租的直管公房被划入征收、腾退等项目范围内，以牟取更多权益，不主动、不如实向房管机关告知其在房屋内居住情况的情形。因此，房管机关通过外调走访形式调查其管理的直管公房的实际居住情况是一项重要且必要的措施。

以如下案例说明，外调笔录的依法作出关系变更公房承租人行为的合法性，该案在司法实践中具有一定的借鉴作用。

一、案例

申请人滕某仁不服被申请人朝阳房管局承租人不予变更案

涉案房屋使用面积为 57.5 平方米，系被申请人管理的直管公房。被申请人曾委托北京市朝阳区物业管理公司（本文以下简称"物业管理公司"）管理左家庄地区直管公房，物业管理公司负责左家庄地区直管公房的租金收缴和房屋修缮等，并于 2000 年 7 月 6 日与申请人之父滕某峰签订了《北京市公有住房租赁合同》。2001 年物业管理公司不再开展代管公有住宅的管理业务，被申请人依据管辖区域进行划分，涉案房屋由被申请人下属房管三所负责管理，房管三所继续履行物业管理公司与承租人签订的《北京市公有住房租赁合同》的全部权利和义务。

2021 年 7 月 9 日，申请人向房管三所提交《变更承租人申请》及户籍证明、不动产查询结果等材料，称其父亲滕某峰已于 2011 年去世，其母亲于 1987 年去世，其哥哥于 2020 年病逝，现涉案房屋中户口本上仅申请人一人，申请承租涉案房屋。

2021 年 7 月 23 日，房管三所工作人员到朝阳区左家庄北里 24 楼处，对申请人是否与原承租人滕某峰去世前共同居住进行调查，汪某某、刘某某接受调查询问，但《调查工作笔录》中未标注被询问人真实姓名、住址等个人信息，被询问人也未在《调查工作笔录》上签名确认。

2021 年 7 月 26 日，房管三所工作人员到朝阳区左家庄北里社区，对申请人与原承租人滕某峰从什么时间开始共同居住进行调查询问，被询问人回答"不清楚"。

2021 年 8 月 16 日，房管三所向申请人作出《关于不予变更承租人的决定书》，主要内容为：

经查，承租人滕某峰去世时，户口登记在朝阳区左家庄北里××楼×单元 103 号，同户籍家庭人员在册人口有滕某峰、滕某仁、滕某国三人。

经我单位现场核实，该房目前居住人为：滕某仁、孔某辉、滕某、程某杰、滕某阳、赵某芳、滕某羽。据承租人邻居口述，承租人滕某峰去世前与滕某国、赵某芳、滕某羽一家三口共同居住在 103 号房屋内。

北京市住房和城乡建设委员会《关于加强直管承租人变更管理有关问题的通知》第 1 条规定："我市直管公房变更承租人必须符合以下条件：原承租人迁出本市或死亡，与原承租人同一户籍并共同居住两年以上且无其他住房的家庭成员愿意继续履行合同，符合承租条件的其他家庭成员无异议的，可按原承租面积继续承租。"

目前，根据我单位的调查情况，无法确定滕某峰去世前，您与其共同居住满两年。您提交的变更申请尚不满足上述直管公房变更承租人的条件。

综上，您向我单位提出的申请变更坐落于左家庄北里××楼×单元 103 号房屋承租人为您本人的申请，不符合上述规定，我单位决定不予变更。

房管三所已依法向申请人送达《关于不予变更承租人的决定书》。

二、存在的问题

复议机关认为，被申请人认为根据其调查情况无法确定申请人在原承租人滕某峰去世前与其共同居住满两年，不满足直管公房变更承租人的条件，不予变更申请人为涉案房屋的承租人。但被申请人据以作出不予变更决定的调查询问笔录中，被询问人信息不详，且未予签字确认笔录中所记载内容，或被询问人不清楚所调查情况。鉴于上述证据情况，被申请人认为申请人不符合在原承租人滕某峰去世前与其共同居住满两年的条件证据不足。因此，被申请人作出的《关于不予变更承租人的决定书》属于事实认定不清、证据不足。综上，复议机关决定撤销被申请人的答复意见，并责令其重新处理。

三、产生问题的原因

从滕某仁案可以看出，房管机关的履职行为符合相关规定，但其留存的笔录证据因被询问人未签字而存在效力瑕疵，导致复议机关以事实不清、证据不足为由对房管机关的决定不予支持。

该案中的笔录载明（笔者全程参与了该案行政复议阶段，受相关规定限制，在此暂不出示笔录照片），其中一位邻居口述称从未见过申请人滕某仁在涉案房屋中居住过，涉案房屋一直是由原承租人滕某峰及申请人的哥哥滕某国一家居住，后来滕某国去世，申请人仍然未在涉案房屋中居住。但邻居拒绝在房管机关制作的询问笔录上签字，理由也很简单：街坊邻居之间本应是互相"帮助"，但邻居的这一番证词对申请人承租涉案房屋不利，存在引发邻里纠纷的可能性，因此邻居不愿签署询问笔录。房管机关的工作人员也通情达理，并未以"配合国家工作"之类的说辞要求被询问人，因此只好带着未被签署的笔录返回单位，继续完成后面的履职任务。

我们常说办案要有温度，要有人情味。但行政行为的依据是"法"，合法性是第一要素。证据的效力将会直接影响房管机关作出行政行为的合法性。然而，实践中要求行政机关既要通"情"，又要依"法"，要保证行政行为的合法性，还要保证行政行为的合理性。有时碰到鱼和熊掌不可兼得的情况，这会对工作人员产生较大困扰。

四、处理方式

其实，立法曾给出过类似情况的解决办法：

《行政处罚法》第 52 条第 1 款规定："执法人员当场作出行政处罚决定的，应当向当事人出示执法证件，填写预定格式、编有号码的行政处罚决定书，并当场交付当事人。当事人拒绝签收的，应当在行政处罚决定书上注明。"第 64 条规定："……（八）听证应当制作笔录。笔录应当交当事人或者其代理人核对无误后签字或者盖章。当事人或者其代理人拒绝签字或者盖章的，由听证主持人在笔录中注明。"

《行政强制法》第 18 条规定："行政机关实施行政强制措施应当遵守下列规定……（八）现场笔录由当事人和行政执法人员签名或者盖章，当事人拒绝的，在笔录中予以注明；（九）当事人不到场的，邀请见证人到场，由见证人和行政执法人员在现场笔录上签名或者盖章……"

概括来说，行政处罚领域要求执法人员在遇到当事人拒绝签署笔录的情况时，在笔录上注明拒签情形；而行政强制领域则有更进一步的要求——除了执法人员要在笔录中注明拒签情形外，还要在施行行政强制的时候邀请见证人，并明文规定见证人需在笔录上签名或盖章。

房管机关的承租人变更外调行为完全可以借鉴上述措施，甚至可以将要求工作人员执行上述措施列入工作规范。在有外调需求时，提前联系房屋所属的街道办或居委会，请求街道办、居委会委派两名工作人员以见证人的身份随房管机关工作人员一起前往相关房屋进行调查、核实工作。房管机关的工作人员仍然按照相关法律、政策办事，见证人则只需要见证在场情况的真实性，并核对房管机关制作笔录的真实性，并签署"情况属实"的字样。在此基础上，如果见证人所在的街道办、居委会在笔录上加盖公章，笔录的证据效力则进一步被增强。退一步讲，即使街道办、居委会因故无法在笔录上加盖公章或出具见证人的在职证明，在有见证人签字的情况下，笔录的证明效力也依然会被认可。

有了工作人员在笔录中注明和案外人见证这两项保障措施，即便被询问人拒绝签署笔录，房管机关也可以将笔录作为有效证据使用。

同样的思路，不仅可以适用于直管公房变更承租人行为，更可以广泛地用于其他行政履职事项。只要执法人员需要制作询问笔录、现场调查笔录、财产清单等，都可以借鉴这种方法。

但需要特别注意一点，见证人的作用只能在最低维度的客观部分进行见证——换言之，见证人的作用是确定客观性。相反，如果涉及评估、鉴定、勘验类具有一定主观色彩、专业知识的内容，则不适用"见证"，而适用"鉴定"。在此类情况下，相关行政机关应当聘请有资质、无利益冲突的第三方评估机构进行鉴定，并出具专业报告，加盖公章，作为履职的依据。

此外，有条件的单位还可以让工作人员全程佩戴执法记录仪，记录履职全过程。但在行政复议、诉讼阶段，一律将记录仪录制的视频作为普通证据材料提交，仍然有引发邻里纠纷的可能性。这就要求行政机关在答辩期间需要慎重思考提交材料的方式、形式，要充分考虑提交证据的意义及后果，避免造成不必要的邻里纠纷。

最后归纳建议内容：行政履职在程序层面，要尊重法律，有法可依、有法必依；在事实层面，要尊重事实，以事实为基础才能以法律为准绳。要证明行政机关尊重事实，核心在于证据的真实性和合法性，证据的瑕疵将导致行政行为的瑕疵。对行政履职行为的评价并非单纯的结果导向性，程序正义必须得到充分保证。存在瑕疵的行政行为最终会导致行为结果与立法的真正目的、人民的真正诉求相悖。因此，作为法律服务者，在自身有能力做到正确行使权利、履行义务的基础上，更要充分发挥自身优势，积极协助行政机关制定、落实、改进工作规范。协助行政机关依法行政、服务于民，与行政机关手把手、肩并肩，共同推进国家的法治建设。

市场监管部门办理投诉举报案件的思路

张京伟*

2018 年，经过国务院机构改革，国家市场监督管理总局在整合原工商行政管理、质量监督检验检疫、食品药品监督管理、价格监督管理等部门职责后，成为统一的市场监管部门，并整合了原各部门开设的投诉举报热线及制定的相应处理制度，统一制定了《市场监督管理投诉举报处理暂行办法》（本文以下简称《办法》），这一办法的施行，使市场监管的执法效能、消费者维权效率及成功率均有了有效提高，在任何人都可以要求市场监管部门查处违法行为的情况下，对市场监管部门也提出了更高的要求，在执法过程中，执法机关履行法定职责也需要更加规范，才能紧跟市场规范化管理的步伐。

《办法》以两分法的形式分别对投诉及举报进行了规定，在明确投诉及举报定义的基础上，根据投诉及举报性质上的不同，在程序上区分开来。市场监管部门接到投诉举报时，因为两者所适用的法定程序不同，一定要仔细区分二者，确定应该适用何种程序。

一、投诉

《办法》在第 3 条对投诉给出了明确定义，是指消费者为生活消费需要购买、使用商品或者接受服务，与经营者发生消费者权益争议，请求市场监督管理部门解决该争议的行为。其主要特征是消费者要求市场监管部门解决自身的民事诉求、维护自身合法权益的行为，与投诉者存在直接利益关系。

投诉涉及的程序主要包括接诉、受理、调解三个环节，每一个环节看似简单，但在执行层面都有可能出现执行不规范甚至违法的情况。

＊ 张京伟，单位：北京市岳成律师事务所，电话：13683320822。

（一）接诉

接诉环节主要是 12315 平台流转，随着平台系统的不断发展完善，有效的监督监管措施保证了在平台范围内的投诉并不容易出现问题，但也有通过线下方式进行的投诉，例如通过来信或者现场提出投诉的情况。在日常的工作中，现场接到投诉比较不容易被忽略，而来信则有被忽略的可能，因为来信的具体内容通常不会体现在信封或封面上，再加上投诉人对于投诉的概念认识并不清晰，对具有处理职权的部门不能进行有效区分，信件流转到没有处理权限的部门后，就有可能出现被搁置的情况，信件明明已经被签收，但是一直得不到处理，直到过法定期限，市场监管部门就有可能面临投诉人要求履行法定职责的结果。

在这种情况下，只能通过执法机关内部管理机制来解决这一问题，统一做好信件的收发统计工作，对于非私人及非涉密信件，做到每信必拆看、内容简记录、流转有登记、处理要留痕，通过加强管理来杜绝搁置的情况发生。

（二）受理

受理工作是执法机关根据职权范围判断是否由其管理的过程，也是投诉人与执法机关的第一次接触，主要应该注意的问题是管辖权、法定期限以及告知。

1. 投诉案件的管辖

关于投诉案件的管辖权范围，《办法》第 12 条及第 13 条进行了明确规定，基本原则是由被投诉人实际经营地或者住所地县级市场监管部门处理。涉及电子商务平台时，"自营"的由其住所地县级市场监管部门处理，"第三方"经营的由其实际经营地或平台经营者住所地县级市场监管部门处理。

下面来看一个典型案例：

张某向某市场监管局反映其购买的某食品分公司生产的食品不符合标示净含量的克数，要求某市场监管局查处，张某购买的食品出售方为某快餐店，经营地或者住所地在某市场监管局辖区内，生产方为某食品分公司，经营地或者住所地均不在某市场监管局辖区内。该市场监管局向张某作出投诉不予受理的决定，张某不服，提起行政诉讼。法院经审理认为，张某投诉的是某食品分公司违法生产的行为，该食品分公司经营地或者住所地均不在某市场监管局辖区，某市场监管局依法不具有受理处理职权，某市场监管局向张某作出投诉不予受理决定，认定事实清楚、证据充分，适用法律正确。

从上述案例可以看出，管辖权的确认要根据被投诉人的实际经营地或者住所地来确定，而不是根据行为发生地来确定，这里容易发生混淆，并不是在某市场监管局辖区内购买的涉案物品，即由该地市场监管局受理投诉。

除确定管辖权外，《办法》第 15 条所规定的以下六种不予受理情形也要审查：（1）投诉事项不属于市场监督管理部门职责，或者本行政机关不具有处理权限的；（2）法院、仲裁机构、市场监督管理部门或者其他行政机关、消费者协会或者依法成立的其他调解组织已经受理或者处理过同一消费者权益争议的；（3）不是为生活消费需要购买、使用商品或者接受服务，或者不能证明与被投诉人之间存在消费者权益争议的；（4）除法律另有规定外，投诉人知道或者应当知道自己的权益受到被投诉人侵害之日起超过 3 年的；（5）未提供该办法第 9 条第 1 款和第 10 条规定的材料的；（6）法律、法规、规章规定不予受理的其他情形。

2. 关于受理投诉的期限

该办法规定投诉受理或不予受理的决定应当在收到投诉之日起 7 个工作日内作出。法定期限是依法行政的"红线"，也是收集有效证据、节约消费者时间成本的根本保证，不可逾越，需要注意的是，办理投诉举报案件时，法定期限是没有延长规定的。确定管辖权时如果有争议，也要在这 7 个工作日内解决。

3. 关于投诉受理结果的告知

该办法只规定了在 7 个工作日内作出受理或不予受理决定的同时要告知投诉人，但并没有明确告知的方式。目前的告知形式主要是通过电话以及12315 等网络平台的留言回复。因基层执法人员的沟通能力、文字梳理能力以及投诉人理解能力的差异，实际执行中有可能出现没有明确表达以及理解受理或者不予受理的情况，这样就加大了产生纠纷的可能，也有部分执法人员不注意证据的留存，最后导致明明已经履行了告知义务，却因为没有证据而败诉。

国家市场监督管理总局印发的《市场监督管理部门处理投诉举报文书式样》（国市监网监〔2019〕242 号）对于受理和不予受理决定书都制定了相应的格式文书，建议执法机关按照国家市场监督管理总局给出的文书格式进行告知，以避免产生理解偏差，做到明确告知投诉人相应的决定内容。

（三）调解

调解可以说是投诉案件处理的一大特色，设置行政调解程序，是《办法》综合便于掌握实际情况、尊重消费者意愿、及时解决矛盾等因素而制定的投诉案件处理的关键一环。调解程序是市场监管部门必须履行的法定职责，具有可诉性，而调解的结果却并不具有可诉性，下面来看两个案例。

案例一：耿某于 2014 年 1 月向某工商局寄送申诉举报书，举报某超市销售的苹果外包装上有"极品"字样，违反广告法的规定，要求给予查处、赔偿双倍货款、奖励举报人。该工商局执法人员收到申诉举报书后，进行了调查处理，并于同年 1 月 17 日对被举报人进行了行政处罚。由于被举报人不愿调解，耿某要求其赔偿的要求无法实现，该工商局口头告知耿某调解终结并向耿某送达了处罚决定书复印件。耿某不服，认为该工商局未在法定 60 日内终结或者终止调解以及没有奖励原告，遂提起诉讼。诉讼中，该工商局未向法院提交组织调解的任何证据。

法院认为，该工商局在对经营者作出行政处罚决定后，虽将处罚文书送达耿某，但没有针对耿某提出的退赔要求、调解诉求组织双方当事人调解，未将被申诉举报方经营者是否同意调解、退赔以及调解处理情况及时告知耿某，从而确认该工商局未履行对消费者告知申诉举报调解处理的行为违法。

案例二：2017 年 7 月 13 日，某工商分局接到刘某关于某司涉嫌销售不合格产品的投诉。此后，该局下属的工商所组织进行了调解工作，并于同年 9 月 18 日作出被诉调解告知，认定在法定时限内，当事人无法就消费者权益争议达成一致，决定终止调解。刘某不服，遂向法院提起诉讼。

法院认为，刘某因与第三人发生消费纠纷而向该工商分局进行投诉，该局依法组织投诉双方当事人进行调解，因无法达成一致从而作出被诉调解告知。该调解告知属于市场监管部门依其职权履行的调解行为，对调解双方当事人并不具有行政强制力。因此，被诉调解告知不属于人民法院行政诉讼的受案范围，不符合受理条件，裁定驳回刘某的起诉。

虽然上述两个案例都是在《办法》实施之前发生的，但法院的裁判观点值得我们借鉴并引起注意，在处理实务中，要做好调解工作，履行法定职责，制作并送达相应文书，在作出终止调解决定之日起 7 个工作日内告知投诉人及被投诉人调解结果，保证程序合法。

二、举报

《办法》在第 3 条同样对举报给出了明确定义，是指自然人、法人或者其他组织向市场监督管理部门反映经营者涉嫌违反市场监督管理法律、法规、规章线索的行为。其特征是向市场监管部门提供涉嫌违反市场监管法律法规的线索，并不涉及举报人的直接利益。

举报所涉及的程序主要为接诉、立案、调查与结案、结果告知四个环节。其中，调查与结案是市场监管部门根据线索履行行政执法的法定职责，与举报人没有关系，笔者不予讨论。接诉与投诉接诉的方式基本相同，参照即可。以下主要讨论立案和告知环节。

（一）立案

对于举报案件的立案调查，应先经过确定管辖权、立案核查及告知举报人是否立案的步骤。

1. 举报案件的管辖

举报的管辖与投诉的管辖有所区别，《办法》第 25 条至第 30 条对举报案件的管辖进行了规定，基本原则是由被举报行为发生地的县级以上市场监督管理部门处理，这里要与投诉的被投诉人住所地及实际经营地做好区分。涉及电子商务的管辖权及管辖权争议解决方式与投诉的管辖一致，但需要注意的是，《办法》第 28 条对于广告违法行为管辖作了专门的规定："对利用广播、电影、电视、报纸、期刊、互联网等大众传播媒介发布违法广告的举报，由广告发布者所在地市场监督管理部门处理。广告发布者所在地市场监督管理部门处理对异地广告主、广告经营者的举报有困难的，可以将对广告主、广告经营者的举报移送广告主、广告经营者所在地市场监督管理部门处理。对互联网广告的举报，广告主所在地、广告经营者所在地市场监督管理部门先行收到举报的，也可以予以处理。对广告主自行发布违法互联网广告的举报，由广告主所在地市场监督管理部门处理。"

举报的处理并不需要向举报人作出是否受理的决定，如果收到举报的市场监管部门没有处理权限，则应当告知举报人向有权处理的市场监管部门提出。若未告知，则有被认定为未履行法定职责的风险。

2. 举报案件的立案

关于立案环节，《办法》规定市场监督管理部门应当按照市场监督管理行政处罚等有关规定处理举报。这里的程序应该按照《市场监督管理行政处罚程序规定》第 18 条至第 20 条的规定决定是否立案，这里要注意以下立案的期限，一般自接到举报材料之日起 15 个工作日内进行核查并由负责人决定是否立案，特殊情况下，经过负责人批准，可以延长 15 个工作日。检测、检验、检疫、鉴定以及权利人辨认或者鉴别等所需时间，不计入该期限。在实务中，有些举报案件相对复杂，举报人所反映的问题可能涉及多方面，在核查时又可能并不能全面认定涉嫌违法，只能确定部分举报事项涉嫌违法，对于市场监管部门，通常建议先行立案，在全面调查期间再行核实相关事项是否违法。

3. 举报案件立案结果的告知

《办法》在立案环节还规定了告知的职责，举报人实名举报的，市场监管部门应当自作出是否立案决定之日起 5 个工作日内告知举报人。实务中，市场监管部门偶尔会忽略这一告知环节，这也成为市场监管部门被认定为不履行法定职责的高发风险点。关于告知的形式，与投诉受理结果的告知一样，如果没有书面告知，也将面临败诉风险。

（二）举报案件办理结果的告知

关于结果告知环节，《办法》第 32 条规定，法律、法规、规章规定市场监督管理部门应当将举报处理结果告知举报人或者对举报人实行奖励的，市场监督管理部门应当予以告知或者奖励。在食品、药品、特种设备、产品质量等法律法规中，均有对举报奖励的规定，2021 年国家市场监督管理总局、财政部《关于印发〈市场监管领域重大违法行为举报奖励暂行办法〉的通知》（国市监稽规〔2021〕4 号）也对重大违法行为举报奖励进行了规定。在目前的市场管理工作中，举报大多集中在食品及产品质量方面，处罚结果告知这一职责在实务中出现的频率也越来越高，这与立案告知一样，都成了高发风险点。

三、实践中的一些建议

作为法律顾问，在协助市场监管部门处理投诉举报案件时，会遇到一些《办法》虽然未明确，但仍需注意以下事项：

（1）投诉的告知环节，上文也提到，《办法》并未对告知形式作出规定。笔者曾经遇到过这样的情况，执法人员已经通过电话形式履行了告知职责，但仅是口头告知，没有书面告知书，部分裁判机关认为，行政机关依职权作出的行政处理决定，一经作出即具有确定力、执行力、拘束力，故行政机关应当将决定内容制发相应的法律文书；未制发相应法律文书并进行有效送达，会导致行政相对人无从知晓行政机关作出处理决定的事实依据和法律依据以及享有的权利救济途径和期限，同时亦造成行政相对人行使救济权利时不能向诉讼或复议机关提交指向准确的具体行政行为载体。据此，对于未进行书面告知的行政行为，部分裁判机关认定构成程序违法，最终确认行政机关作出的行政行为违法。

由此可见，部分裁判机关在对于行政相对人的救济权利保护方面，向市场监管部门提出了更高要求，这也是笔者在上文中提到建议使用制式文书作出告知的原因之一，在实践中，建议市场监管部门进一步规范法律文书的制作和送达程序，并且探讨是否能够通过电子送达方式进行送达，以在充分保障相对人合法权益的基础上，提高行政效率，并且进一步节约行政成本。

（2）投诉、举报案件，在实践中往往是同时出现的，12315 平台接诉过程中标注的投诉举报事项有可能并不全面，市场监管部门在判断投诉、举报时，有可能出现仅按照其中一项程序进行处理的情况，这就要求相关执法人员在作出适用程序的判断方面，不能思维僵化，要认真分析投诉举报案件的具体情况，需要补充说明的，及时与投诉举报人取得联系，并做好询问及记录工作，以确保事实清楚、程序合法。

（3）举报案件处理结果告知程序中，《办法》并未对告知的期限作出规定，但是，同样要注意告知期限的相关问题，《市场监管领域重大违法行为举报奖励暂行办法》第 15 条规定："负责举报调查办理、作出最终处理决定的市场监督管理部门在举报查处结案或者移送追究刑事责任后，对于符合本办法规定奖励条件的，应当在 15 个工作日内告知举报人。举报奖励由举报人申请启动奖励程序。"《北京市市场监管领域违法行为举报有功人员奖励暂行办法》第 18 条也对举报案件奖励的具体告知期限及程序作了进一步规定。所以在《办法》没有对告知期限进行规定的情况下，市场监管部门也要严格按照其他法律法规规定执行，保证在期限内履行法定职责。

综上所述，投诉举报案件处理工作，已经成了检验市场监管部门履职尽责能力及责任心的试金石，也成了促进市场监管部门依法行政、促进市场秩序健康发展的催化剂。在处理投诉举报过程中，一定要注意处理权限、告知、法定期限这几个关键节点，在处理权限方面，做到准确判断，投诉中不具有处理权限的及时作出文书并送达，举报中告知举报人应向有权机关提出；在告知方面，必须告知的不遗漏、可以告知的尽量告知，虽然《办法》对于告知形式未作规定，但尽量采取书面形式或者邮件、短信等文字形式，做到用语规范化，保证告知内容明确；在法定期限方面，牢记"投诉七个工作日"，即是否受理在 7 个工作日内告知、调解结果在 7 个工作日内告知，"举报五个工作日"，即是否立案要在作出决定后 5 个工作日内告知的规定。谨以此文，希望对作为法律顾问的各位律师在协助市场监管部门处理投诉举报案件过程中能够起到一些借鉴及帮助作用，不胜荣幸。

市场监管举报处理案件行政诉讼原告主体资格探讨
——基于网络消费引发的案例

张瀚文*　　李军军**　　王姗姗***

涉及举报人行政诉讼原告资格的问题，一直是行政诉讼领域的争论点。伴随数字经济的发展，网络消费已成为大众的基本消费方式。为保护消费者合法权益和促进数字经济健康发展，市场监管举报处理案件的行政诉讼原告主体资格问题，不可避免地成为市场监督管理中无法回避、亟待解决的问题。处理举报，应区别举报人是否同时具有"消费者"的身份。处罚裁量是行政机关针对违反行政管理秩序主体行使处罚权的职权体现，举报人非该行政行为的相对人，不具有诉讼主体资格。"自身合法权益受侵害的举报人具备行政诉讼原告主体资格"的裁量观点，是为了维护消费者合法权益，而扩大了行政诉讼原告主体资格的特殊考虑，旨在监督行政机关依法履行对举报的合法处理，但不涉及司法机关对行政机关行政处罚裁量的干预。行政机构规避涉诉风险，关键在于对举报内容的甄别，并依法对被举报的涉嫌违法违规行为进行核查、处理。

一、探讨背景

据报道，2021 年度全国市场监督管理部门共受理消费者投诉举报咨询2381.2 万件。在积极推进消费者权益保护工作力度的同时，2381.2 万件意味着政府市场监督部门投诉举报处理的人力和时间投入，也意味着庞大的涉复议诉讼案件基数。

　* 张瀚文，单位：北京市两高律师事务所，电话：13910818506。
　** 李军军，单位：北京市两高律师事务所，电话：18511073656。
　*** 王姗姗，单位：北京市两高律师事务所，电话：13311163933。

近年来，涉及市场监督管理举报投诉人行政诉讼原告资格的问题，一直是理论和实践中的焦点，尤其涉及"职业打假人""投诉专业户"问题，既干扰了行政机关日常管理，也浪费了司法资源。与此同时，伴随数字经济的发展，网络消费已成为大众的基本消费方式，网络经济领域发展日新月异，新模式、新样态不断衍生。为保护消费者合法权益和促进数字经济健康发展，举报人行政诉讼原告资格的认定，成了市场监督管理无法回避、亟待解决的问题。

二、举报的主体与举报的处理

（一）举报、投诉概念不同、主体不同

目前，学界有观点认为举报归类为投诉；也有观点认为投诉人是举报人的一种。笔者在提供政府法律服务过程中发现，对既包含举报也包含投诉内容的处理，存在工作人员未对举报、投诉予以分别处理的问题。因此，要想厘清举报者的诉讼主体资格，必须弄清楚举报主体的范畴与处理方法。

国家市场监督管理总局《市场监督管理投诉举报处理暂行办法》（本文以下简称《暂行办法》）第3条规定，投诉是指消费者为生活消费需要购买、使用商品或者接受服务，与经营者发生消费者权益争议，请求市场监督管理部门解决该争议的行为；举报是指自然人、法人或者其他组织向市场监督管理部门反映经营者涉嫌违反市场监督管理法律、法规、规章线索的行为。《暂行办法》第7条规定，向市场监督管理部门同时提出投诉和举报，或者提供的材料同时包含投诉和举报内容的，市场监督管理部门应当按照本办法规定的程序对投诉和举报予以分别处理。

不难看出，投诉与举报是不同的两组概念，其主体也必然不同。对于投诉而言，是消费者请求市场监督管理部门作为居间方参与买卖双方争议的调解。对于举报而言，是任何组织或者个人行使社会监督权利，向市场监督管理部门反映涉嫌违法线索的行为。因此，可以得出这样的结论：投诉的主体必然是消费者，而举报的主体并不仅限于消费者。

（二）举报、投诉处理不同

"调解"是处理投诉的主要方式。《暂行办法》第16条规定，市场监督管理部门经投诉人和被投诉人同意，采用调解的方式处理投诉，但法律、法规

另有规定的，依照其规定。鼓励投诉人和被投诉人平等协商，自行和解。

举报作为社会监督反映涉嫌违法线索的行为，会引发市场监督管理部门对于违法线索进行"核查"，而非投诉的"调解"。根据《市场监督管理行政处罚程序规定》第18条、第19条、第20条的规定，市场监督管理部门自发现违法线索或收到材料之日起予以核查，对于初步证明符合行政处罚条件的，予以立案处理；对于违法情节轻微或危害后果轻微、没有主观过错的，可以不予立案。因此，举报并不必然导致行政机关对涉嫌违法行为进行立案调查处理，更不必然导致对涉嫌违法行为的行政处罚的产生。行政机关依法进行了第一步的"核查"，并依法进行了第二步的"立案或不予立案"的处理，即意味着依法履行了对举报的处理。

三、举报案件的主体分类

有观点认为，举报人就其自身合法权益受侵害向行政机关进行举报的，与行政机关的举报处理行为具有法律上的利害关系，具备行政诉讼原告主体资格。也有观点认为，举报人对于行政机关针对被举报违法行为的处罚裁量，与作为举报人的原告之间不具有法律上之利害关系，故举报人不具有提起行政诉讼的原告主体资格。

那么，这两个观点是否矛盾？何种情形才能认定举报人与行政机关的举报处理具有法律上的利害关系，从而确定是否为适格的原告呢？

（一）处理举报应区别举报人是否同时具有"消费者"的身份

首先要回答的是，前文提到的两种观点并不矛盾。举报的主体是任何组织或者个人，不仅限于消费者。因此，消费者因自身合法权益受到侵害而向行政机关进行举报，举报人则具有"消费者"和"举报者"的双重身份。那么此类型举报的处理结果，可能涉及消费者自身合法权益，故处理结果与行政机关的举报处理行为具有一定的关联性。

（二）处罚裁量是行政机关针对违反行政管理秩序主体行使处罚权的职权体现，举报人非该行政行为的相对人

行政诉讼中可诉的行政行为需是具体行政行为，即行政机关对特定的行政相对人设定、变更或者消灭某种权利义务。如果一个行为，没有针对行政相对人，或者没有设定、变更或消灭某种权利义务，或者是尚未形成或完成

对某种权利义务的设定、变更或消灭，则该行为不具有法律意义，该行为不是法律行为，不是可诉的行政行为，不具有诉的利益，无原告资格的产生。

以行政处罚为例，如果涉嫌违法的主体被行政处罚，则该被处罚的主体是行政处罚行为的行政相对人，是提起不服行政处罚之诉的适格原告。

对于举报而言，行政机关经"核查"，作出"立案或不予立案"的处理结果，是行政机关的行政处理行为，并未对举报人抑或涉嫌违法的主体设定、变更或消灭某种权利义务。因此，行政机关对举报的处理行为与举报人不具有利害关系，更不会导致举报人具备行政诉讼的原告主体资格。

（三）自身合法权益受侵害的举报人具备行政诉讼原告主体资格，是为了维护消费者合法权益，扩大了行政诉讼原告主体资格的特殊考虑，旨在监督行政机关依法履行对举报的合法处理，并不涉及司法机关对行政机关行政处罚裁量的干预

以［2021］京 0491 行初 13 号行政判决书为例，原告何某在某网络购物商城双 11 活动期间购买旅游产品，后何某认为该商城页面存在价格欺诈行为并进行投诉举报。行政机关受理后，以现有证据无法认定存在违法行为为由，对举报不予受理。法院经审理后认为，行政机关在未获取关于被举报页面详细说明的情况下，仅依据商城出具的回函材料得出被举报商城不存在违法行为、不予立案的行为，属于认定事实不清。因此，法院认为行政机关对举报人的答复不具有合法性，判决撤销该举报答复，并责令对举报重新作出处理。不难看出，认定该案原告诉讼主体资格的主要因素为：（1）原告具备"举报人"和"消费者"的双重身份；（2）行政机关对举报的处理过程具有不合法性；（3）该举报处理涉及原告的合法权益；（4）该判决并不涉及对行政机关处罚裁量的干涉。

以［2021］京 0491 行初 23 号行政裁定书为例，举报人王某在某网络购物商城购买某品牌漱口水，后以该网络购物商城涉嫌虚假宣传为由，向某行政机关进行举报，后该行政机关依法履行调查职责，并作出不予立案的决定。后举报人向上级行政机关申请复议，复议机关作出了维持原行政行为的决定。后举报人向法院提起诉讼。法院经审理后认为，行政机关基于行政监管职责，对原告的举报所涉及的违法广告事项予以查处，其目的在于规范广告活动，促进广告业的健康发展，维护社会经济秩序，以保护不特定消费者的合法权

益，并不涉及具体民事纠纷的处理和权益保护问题。法院进一步释明，向行政机关举报告知的行为，并未对原告即举报人创设任何权利义务，并不直接影响到举报人的合法权益。因举报人与举报答复之间不具有法律上之利害关系，故不具有提起诉讼的原告主体资格，其起诉不符合法定起诉条件，其针对被诉复议决定亦不具备提起诉讼的原告主体资格。

通过该裁定书，可得出举报人不具有诉讼主体资格的主要因素为：（1）被告行政机关依法对举报事项进行处理，在事实清楚、法律适用正确、程序正当的情况下，已经依法履行了职责；（2）对举报查处目的在于保护不特定消费者的合法权益；（3）处理结果不涉及举报人合法权益受侵害的情况，因此无法律上之利害关系，举报人无原告主体资格。

四、结论与建议

笔者认为，对于举报案件引发的行政诉讼，原告仅在同时具备"举报者"和"消费者"的双重身份情况下，因合法权益受到侵害，且行政机关对于举报处理存在明显不当的情形下，才会产生法律上的利害关系，具有原告主体资格。但该主体资格权益的保护，也仅限于要求行政机关依法对举报进行处理，并不涉及举报结果与行政处罚裁量的内容。究其本质，行政诉讼是行政相对人获得权利救济的途径和方式。若行政机关未对举报合法合规进行处理，则可能会影响对作为"消费者"的举报人合法权益的保护，影响社会对于政府行政行为的合法公平的信赖。因此，出于维护消费者权益的角度，特殊地扩大了举报案件原告主体的范围。而这种特殊考虑，使行政机关受到了更多的监督和约束。但该主体资格的特殊扩大必须严格加以限制，否则会引起"职业打假人""投诉专业户"利用立案登记制度降低门槛之机，基于施加压力等目的而提起行政诉讼的后果；还会导致许多本可通过民事救济方式解决的纠纷涌入行政诉讼管道，进而浪费司法资源，影响行政机关的正常工作秩序，也影响对其他维护自身权益公民的权利的保护，而这也与《行政诉讼法》立法本意相违背。

行政职权的行使是行政机关的法定职责，不应因举报人利用举报制度达到解决个人"民事纠纷"目的或非法目的，而影响到自主裁量权的行使。当然，行政机关规避涉诉风险，关键在于对举报内容的甄别，并依法对被举报的涉嫌违法违规行为进行核查、处理。

交通运输行政机关对网约车监管行为规范分析

刘汝忠*

    随着我国进入"互联网+"时代,"共享经济""分享经济"等新的经济形态为人们提供了诸多便利,网约车就是这一趋势的产物。自从首个打车软件上线以来,网约车就对传统出租车(巡游车)行业形成了强烈的冲击,也对行政机关的监管模式提出了更高要求。为应对新形势,国务院办公厅、交通运输部以及工信部等七部委先后出台了指导意见,但是,囿于监管制度的滞后性、经济形态的首创性、法律衔接的失调性,交通运输主管部门在对网约车进行监管时存在诸多法律适用方面的争议。现笔者结合某地一行政诉讼案件,从规范分析的角度,就行政许可、行政处罚领域,行政机关对网约车进行监管的法律问题作一简要分析。

    问题的引出——袁某诉山东省某区交通运输管理局道路运输管理所交通运输行政处罚决定一案:

    2017年,[1]当事人袁某通过某网约车平台接单,驾驶小客车从该区医院接送两名乘客到家具广场时,某区交通运输管理局道路运输管理所执法人员(本文以下简称"行政机关")对其进行检查,经现场调查询问,袁某认可通过某网约车平台接单进行营运的事实,本次运费6元。行政机关依法对袁某采取了行政强制措施。两日后,行政机关向袁某送达了《违法行为通知书》,当日依据《网络预约出租汽车经营服务管理暂行办法》(本文以下简称《暂行办法》)对袁某作出罚款10 000元的行政处罚决定。

    袁某不服处罚决定,向该区人民法院提起行政诉讼,一审法院认为,袁

---

* 刘汝忠,单位:泰和泰(北京)律师事务所,电话:13522284813。

〔1〕本文所引法条皆以当时有效的法律法规为准,后不赘述。

某的行为构成未经许可、擅自从事客运经营活动。但是，在行政机关作出处罚时，该市尚未根据《暂行办法》制定实施细则，袁某尚不能申请办理相关许可，而行政机关却依照《暂行办法》第34条第1项的规定对袁某作出处罚，明显不当，属于适用法律错误，因此，判决撤销被诉处罚决定，限行政机关对袁某的行为及已缴纳的10 000元罚款重新作出处理。

该判决生效后，行政机关重新对袁某作出处罚决定，认为袁某的行为违反《道路运输条例》第8条、第10条的规定，决定给予其罚款10 000元的行政处罚。

关于本案，涉及两个层面的问题：其一，网约车经营许可制度；其二，网约车监管行政处罚制度。笔者将在前述两个问题的基础上展开。

一、网约车经营行政许可制度

（一）设定行政许可的法律依据

根据《行政许可法》的规定，设定行政许可需要满足以下条件：其一，设定前提方面，应当遵循经济和社会发展规律，发挥公民、法人或者其他组织的积极性、主动性，维护公共利益和社会秩序，促进经济、社会和生态环境协调发展。其二，行政管理领域方面，集中体现在与国家利益、公共利益及公民重大的人身利益有关的领域，但是保留了兜底条款，即法律、行政法规规定可以设定行政许可的其他事项。其三，法律依据方面，法律、行政法规或必要时国务院的决定可以设定行政许可；为满足行政管理需要，省级人民政府规章可以设定临时性行政许可。其四，具体内容方面，行政许可应当规定行政许可的实施机关、条件、程序、期限等。

在交通运输管理领域，2004年6月29日，《国务院对确需保留的行政审批项目设定行政许可的决定》根据《行政许可法》第14条第2款的规定，对500项行政审批项目予以保留并设定行政许可。该决定第112项将"出租汽车经营资格证、车辆运营证和驾驶员客运资格证核发"事项的审批权授予县级以上地方人民政府出租汽车行政主管部门。2016年7月27日，交通运输部、工信部等联合发布了《暂行办法》，《暂行办法》第4条第3款规定："直辖市、设区的市级或者县级交通运输主管部门或人民政府指定的其他出租汽车行政主管部门……在本级人民政府领导下，负责具体实施网约车管理。"第12

条规定："拟从事网约车经营的车辆……车辆的具体标准和营运要求，由相应的出租汽车行政主管部门，按照高品质服务、差异化经营的发展原则，结合本地实际情况确定。"第 13 条规定："服务所在地出租汽车行政主管部门依车辆所有人或者网约车平台公司申请，按第十二条规定的条件审核后，对符合条件并登记为预约出租客运的车辆，发放《网络预约出租汽车运输证》。城市人民政府对网约车发放《网络预约出租汽车运输证》另有规定的，从其规定。"此外，国务院办公厅于 2016 年 7 月 26 日发布了《关于深化改革推进出租汽车行业健康发展的指导意见》，交通运输部于 2016 年 7 月 27 日发布了《关于贯彻落实〈国务院办公厅关于深化改革推进出租汽车行业健康发展的指导意见〉的通知》，上述规范性文件与《暂行办法》共同规制网约车的管理工作。

有判决认为，《暂行办法》第 40 条规定了"各地可根据本办法结合本地实际制定具体实施细则"，因此，该办法关于网约车行政许可的规定属于"弹性条款"，应当在具体适用过程中予以细化。弹性条款是法律没有明确规定行为模式或法律后果的一种法律规则，在适用过程中需要予以细化或结合法律原则进行解释。实际上，根据行政法的基本法理，《暂行办法》第 40 条的规定在性质上属于授权性规定，赋予了各个地方结合实际情况制定实施细则的权力，符合《行政许可法》《国务院对确需保留的行政审批项目设定行政许可的决定》的要求。

当然，各地根据实际情况制定实施细则时，不得违反上位法的规定，所谓"不得违反"包括两项要求：不得违反上位法的规定及不得创设新的义务。例如，《暂行办法》第 14 条第 1 项规定，从事网约车服务的驾驶员，应当取得相应准驾车型机动车驾驶证并具有 3 年以上驾驶经历。地方政府在制定实施细则时，若规定从事网约车服务的驾驶员应具有 5 年以上驾驶经历，则违反了该上位法规定。再如，《暂行办法》第 12 条规定："拟从事网约车经营的车辆，应当符合以下条件：（一）7 座及以下乘用车；（二）安装具有行驶记录功能的车辆卫星定位装置、应急报警装置；（三）车辆技术性能符合运营安全相关标准要求。车辆的具体标准和营运要求，由相应的出租汽车行政主管部门，按照高品质服务、差异化经营的发展原则，结合本地实际情况确定。"此时，若实施细则增设"车龄从初次注册登记取得机动车行驶证之日至申请日未满一年"的规定，则应当进行具体论证，不但要结合高品质服务、差异化经营的发展原则,还应当符合本地实际情况及行业实际。该规定对车龄超过一年的车辆的市场准入资格进行了限制,不符合合理行政原则的要求。

(二)行政许可的实施主体

《暂行办法》第4条规定:"国务院交通运输主管部门负责指导全国网约车管理工作。各省、自治区人民政府交通运输主管部门在本级人民政府领导下,负责指导本行政区域内网约车管理工作。直辖市、设区的市级或者县级交通运输主管部门或人民政府指定的其他出租汽车行政主管部门……在本级人民政府领导下,负责具体实施网约车管理。其他有关部门依据法定职责,对网约车实施相关监督管理。"《山东省道路运输条例》第6条规定:"县级以上人民政府交通运输行政主管部门负责组织领导本行政区域内的道路运输管理工作;其所属的道路运输管理机构、交通运输监察机构按照规定的职责具体实施道路运输管理工作。发展改革、经济和信息化、公安、财政、国土资源、住房城乡建设、环境保护、税务、工商行政管理、质量技术监督、安全生产监督管理、旅游、价格和气象等部门应当按照各自职责,做好道路运输管理的相关工作。"由此可见,在网约车管理事项中实施行政许可的法律主体为县级以上人民政府交通运输主管部门,实务中,各个地方主要通过交通运输局道路运输管理部门对行政许可进行审查,对网约车经营事项进行管理等。

(三)行政许可的条件保障义务

该案中,原行政处罚决定被一审判决撤销的原因在于,行政主体作出行政处罚时,该区所在市尚未根据《暂行办法》制定实施细则,接受申请发放网约车经营许可等相关工作尚未开展。事实上,该区交通运输主管部门接受申请发放经营许可的工作也是在实施细则颁布之后开始的。那么,经营中的网约车驾驶员在实施细则颁布之前并无渠道获取规定的证件,故此也不应由网约车驾驶员承担相应的法律责任。也就是说,一审判决从责任承担的角度,认为在行政主体尚未建立行政许可必要的工作条件、人员、场所、途径等保障性条件,导致行政相对人无法申请行政许可时,即使法律规定了行政许可事项,行政相对人也不应此承担法律责任。

该观点是正确的,其实,对于该案中的情况,既可以从责任分担的角度,又可以从解释论角度,对相关法律规定作出文义解释,寻找法律依据:《行政许可法》第 29 条规定："公民、法人或者其他组织从事特定活动，依法需要取得行政许可的，应当向行政机关提出申请。申请书需要采用格式文本的，行政机关应当向申请人提供行政许可申请书格式文本。申请书格式文本中不得包含与申请行政许可事项没有直接关系的内容。申请人可以委托代理人提出行政许可申请。但是，依法应当由申请人到行政机关办公场所提出行政许可申请的除外。行政许可申请可以通过信函、电报、电传、传真、电子数据交换和电子邮件等方式提出。"从文义解释的角度分析，该规定隐含了行政主体应当为行政相对人申请行政许可提供必要的保障性条件，包括但不限于格式文本、办公场所、工作人员等。该案中，即使该市根据《暂行办法》制定的实施细则可以作为作出行政处罚决定的法律依据，在行政主体未开展相关行政许可工作，未提供渠道供行政相对人申请行政许可的情况下，依法不应当由行政相对人承担未获得行政许可的法律责任。

二、网约车监管行政处罚制度

结合该案，由处罚决定的内容可知，行政机关重新作出的行政处罚决定与原处罚决定的内容相同，均为罚款 10 000 元，因此，在对重新作出的行政处罚决定的实体内容进行分析之前，有必要对其是否违反了《行政诉讼法》第 71 条的规定进行初步判断。

《行政诉讼法》第 71 条规定："人民法院判决被告重新作出行政行为的，被告不得以同一的事实和理由作出与原行政行为基本相同的行政行为。"该案中，显然被告作出的行政行为与原行政行为基本相同，那么，前后两个行政行为是否是基于同一的事实和理由作出的呢？最高人民法院《关于适用〈中华人民共和国行政诉讼法〉的解释》第 90 条第 1 款规定："人民法院判决被告重新作出行政行为，被告重新作出的行政行为与原行政行为的结果相同，但主要事实或者主要理由有改变的，不属于行政诉讼法第七十一条规定的情形。"可见，为避免"和"引起歧义，即避免限缩作出相同行政行为的前提条件，司法解释从立法原意的角度，在"事实""理由"之间使用了连词"或"，因此，只要主要事实有改变或主要理由有改变，行政主体就可以作出与原行政行为相同的行政行为。该案中，暂不讨论实体上适用法律是否正确，从形式上看，原行政处罚决定适用的法律为《暂行办法》，重新作出的行政处罚决定适用的法律为《道路运输条例》，前后行政处罚决定的理由不同，因此，不违反《行政诉讼法》第71条的规定。但是，笔者认为，重新作出的行政处罚决定适用法律错误，依法应予撤销，理由如下：

（一）法律适用问题

《道路运输条例》第8条规定："申请从事客运经营的，应当具备下列条件：（一）有与其经营业务相适应并经检测合格的车辆；（二）有符合本条例第九条规定条件的驾驶人员；（三）有健全的安全生产管理制度。申请从事班线客运经营的，还应当有明确的线路和站点方案。"第10条规定："申请从事客运经营的，应当依法向工商行政管理机关办理有关登记手续后，按照下列规定提出申请并提交符合本条例第八条规定条件的相关材料：（一）从事县级行政区域内客运经营的，向县级道路运输管理机构提出申请；（二）从事省、自治区、直辖市行政区域内跨2个县级以上行政区域客运经营的，向其共同的上一级道路运输管理机构提出申请……对从事跨省、自治区、直辖市行政区域客运经营的申请，有关省、自治区、直辖市道路运输管理机构依照本条第二款规定颁发道路运输经营许可证前，应当与运输线路目的地的省、自治区、直辖市道路运输管理机构协商；协商不成的，应当报国务院交通主管部门决定。"因此，若处罚决定将《道路运输条例》的第8条、第10条作为行政处罚决定的法律依据，就应当满足以下条件：其一，袁某的行为属于从事客运经营的行为；其二，袁某从事客运经营行为违反了《道路运输条例》第8条、第10条的规定。

关于客运经营涵盖的范围，需要结合其他法律规定综合判断。《道路运输条例》第2条第2款规定："前款所称道路运输经营包括道路旅客运输经营……和道路货物运输经营……道路运输相关业务包括站（场）经营、机动车维修经营、机动车驾驶员培训。"从广义上理解，客运包括班车客运、包车客运、旅游客运、出租客运四种类型。《道路运输条例》第81条规定："出租车客运和城市公共汽车客运的管理办法由国务院另行规定。"由此可见，《道路运输条例》主要规范班车客运、包车客运、旅游客运等类型，出租车客运及城市公共汽车客运不适用《道路运输条例》。

问题细化为，如果网约车客运属于出租车客运，则行政处罚决定适用《道路运输条例》就是错误的。那么，网约车客运属于出租车客运吗？答案是肯定的。2016年7月26日，国务院办公厅《关于深化改革推进出租汽车行业健康发展的指导意见》第二部分（三）规定："出租汽车服务主要包括巡游、网络预约等方式。城市人民政府要优先发展公共交通，适度发展出租汽车，优化城市交通结构。要统筹发展巡游出租汽车……和网络预约出租汽车……实行错位发展和差异化经营，为社会公众提供品质化、多样化的运输服务。"由此可见，国务院办公厅的指导意见明确出租车客运包括网约车客运与巡游车客运（见下图）。因此，从概念意义上说，网约车客运属于出租车客运的一种，出租车客运属于客运经营的一种；但是，在立法意义上，根据《道路运输条例》《关于深化改革推进出租汽车行业健康发展的指导意见》的规定，网约车客运作为出租车客运的一种，并不适用《道路运输条例》的规定，对于行政相对人未取得网约车经营许可从事网约车服务的行为，亦不能根据《道路运输条例》作出处罚。

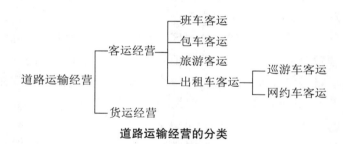

道路运输经营的分类

值得一提的是，虽然《道路运输条例》规定，出租车客运和城市公共汽车客运的管理办法由国务院另行规定，但是在制定地方性法规时，存在将整个客运经营事项做同一规定的情形。例如，《山东省道路运输条例》第2条第2款规定："本条例所称道路运输经营包括道路班车客运、包车客运、旅游客运、城市公共交通客运、出租汽车客运等客运经营……和道路货物运输经营……道路运输相关业务包括道路运输站（场）经营、机动车维修经营和机动车驾驶员培训以及机动车综合性能检测、汽车租赁等经营业务。"第70条规定："违反本条例规定，有下列行为之一的，由县级以上道路运输管理机构或者交通运输监察机构责令改正，处三千元以上一万元以下罚款：（一）城市公共汽（电）车客运经营者使用无车辆营运证的车辆从事城市公共汽（电）车客运经营的；（二）出租汽车客运经营者使用无车辆营运证的车辆从事出租汽车客运经营的；（三）机动车驾驶员培训单位使用无车辆营运证的教练车从事培训活动的。"该地方性法规将出租车客运也作为客运经营的方式之一，并就出租汽车客运经营者使用无车辆营运证的车辆从事出租汽车客运经营的情形规定了法律责任。该案中，作为法律依据的应当为《巡游出租汽车经营服务管理规定》及《山东省道路运输条例》，而不是《道路运输条例》。

（二）裁量适当性问题

即使不考虑适用法律错误的问题，就行政机关依据《道路运输条例》第63条作出的处罚决定，也存在裁量失当的问题。《道路运输条例》第63条规定："违反本条例的规定，未取得道路运输经营许可，擅自从事道路运输经营的，由县级以上道路运输管理机构责令停止经营；有违法所得的，没收违法所得，处违法所得2倍以上10倍以下的罚款；没有违法所得或者违法所得不足2万元的，处3万元以上10万元以下的罚款；构成犯罪的，依法追究刑事责任。"该规定根据不同的假定条件、行为模式，设置了四种法律后果：（1）责令停止经营；（2）有违法所得的，责令停止经营、没收违法所得并处罚款；（3）没有违法所得或违法所得不足2万元的，责令停止经营并处罚款；（4）构成犯罪的，追究刑事责任。但是，第二种、第三种法律后果的适用前提，存在部分"重叠"：所谓"有违法所得的"，包括违法所得从"1（假定为1个单位）至无穷大"的范畴；所谓"没有违法所得或者违法所得不足2万元的"，包括违法所得为"0"或违法所得从"1至20 000"的范畴，两者在"1至20 000"的区间存在重叠，此时，即需要行政机关更准确地行使自由裁量权。

从形式逻辑上分析，行政机关重新作出的行政处罚决定并不符合该规定的要求。行政机关认定袁某的违法所得为六元，假如适用第二种情况，则应当没收违法所得，并处违法所得2倍以上10倍以下的罚款，具体到该案中，罚款的金额最高不超过60元；假如适用第三种情况，则应当处以3万元以上10万元以下的罚款。实际上，行政机关对袁某的罚款金额为1万元，既不符合第二种情况预设的法律后果，亦不符合第三种情况预设的法律后果，显然在形式逻辑上已经无法自洽。

事实上，行政机关在作出处罚决定的金额时面临这样的"窘境"，根本原因在于法律适用错误。从历史解释的角度分析，《道路运输条例》自2004年7月1日起施行，彼时，尚不存在网约车这种新的互联网经济形态，甚至在全国大部分的城市，出租车保有量也显著低于目前的水平。《道路运输条例》制定之初，就是为了规范班车客运、包车客运、旅游客运的经营事项，相对于出租车客运，上述三种客运方式的特征在于运输人数多、运输里程长、辐射范围广、单次获利多，因此，《道路运输条例》才分别以非法获利的倍数及三万元的最低罚款数额作为法律后果，这与从事网约车经营单次获利六元的情形不能等同。

那么，假如行政机关依据《巡游出租汽车经营服务管理规定》及《山东省道路运输条例》对袁某作出处罚，处罚的标准如何确定呢？《巡游出租汽车经营服务管理规定》第 45 条规定："违反本规定，有下列行为之一的，由县级以上地方人民政府出租汽车行政主管部门责令改正，并处以 5000 元以上 20000 元以下罚款。构成犯罪的，依法追究刑事责任：（一）未取得出租汽车经营许可，擅自从事巡游出租汽车经营活动的；（二）起讫点均不在许可的经营区域从事巡游出租汽车经营活动的；（三）使用未取得道路运输证的车辆，擅自从事巡游出租汽车经营活动的；（四）使用失效、伪造、变造、被注销等无效道路运输证的车辆从事巡游出租汽车经营活动的。"《山东省道路运输条例》第 70 条规定："违反本条例规定，有下列行为之一的，由县级以上道路运输管理机构或者交通运输监察机构责令改正，处三千元以上一万元以下罚款：（一）城市公共汽（电）车客运经营者使用无车辆营运证的车辆从事城市公共汽（电）车客运经营的；（二）出租汽车客运经营者使用无车辆营运证的车辆从事出租汽车客运经营的；（三）机动车驾驶员培训单位使用无车辆营运证的教练车从事培训活动的。"为围绕该案事实进行分析，暂不考虑在罚款金额的问题上，部门规章与地方性法规之间有部分冲突的问题（可参照《立法法》第 86 条的规定）。

在行政机关作出行政处罚时，不但要有实体法依据，还应当遵循《行政处罚法》的规定。《行政处罚法》第 4 条第 2 款规定："设定和实施处罚必须以事实为依据，与违法行为的事实、性质、情节以及社会危害程度相当。"此为处罚与违法行为相适应原则，即裁量适当原则。如何判断裁量是否适当呢？根据行政法的基本法理，应当借鉴比例原则。比例原则包括三个方面：（1）适当性原则，指所采用的措施必须能够实现行政目的或至少有助于行政目的的达成并且是正确的手段；（2）必要性原则，指达成法律目的诸方式中，应选择对权利人最小侵害的方式；（3）狭义比例原则，指行政主体执行职务时，面对多数可能选择之处置，应就方法与目的的关系权衡更有利者而为之。该案中，一个不容忽视的事实是，经过行政机关的调查，袁某的违法行为仅获利六元，因此，笔者认为，一方面，其行为情节轻微，基本不具有社会危害性，不宜作出行政处罚，即使根据法律规定在责令停止经营时必须并处罚款，也应当采取最低的罚款基准；另一方面，如果经过调查核实，袁某通过某打车软件多次从事网约车服务，获利较多，则应当视情节轻重，根据实体法的规定及比例原则、裁量适当原则确定罚款的具体金额。

三、结论

综上，网约车经营行政许可的设定要符合《立法法》《行政许可法》等相关法律的要求，且许可范围不得超过上位法的规定，在具体实施过程中，行政主体有义务为行政相对人申请行政许可提供基本的保障性条件。在行政相对人尚未获得有效途径申请行政许可的情况下，未取得行政许可的法律责任不应当由行政相对人承担。对于行政相对人未取得网约车经营资格即从事网约车服务的行为，行政机关可以根据《暂行办法》、根据《暂行办法》制定的实施细则、《巡游出租汽车经营服务管理规定》或地方性法规作出处罚，处罚必须以事实为依据，与违法行为的事实、性质、情节以及社会危害程度相当，认为案情复杂或者违法行为重大的，还应经过行政机关负责人集体讨论决定。

浅析政府法律顾问制度实践难点

王　平*

经过数十年的探索，我国政府法律顾问制度已经得到了长足的发展，其在推进依法行政、建设法治政府中发挥着积极作用。然而，在实践过程中，我国的政府法律顾问制度仍存在着遴选机制不健全、服务范围空间受限、缺乏组织化管理等一系列问题。笔者基于实践特征，通过分析这些问题的特点与原因，提出了改进的建议，以期待能够进一步完善我国政府法律顾问制度。

政府法律顾问，一般是指各级政府及其工作部门设置或聘请，旨在为推进政府依法行政工作、处理相应法律事务提供专门意见及其他相关服务的法律专业机构和人员。[1]通过多年的实践，律师作为政府法律顾问，其工作内容主要包括参与政府重大事件相关法律事项的处理、协调工作；参与政策和法律法规等的调研、起草和评估工作；起草、审阅政府相应法律文书；代理政府涉诉法律事务等。虽然政府法律顾问已经在我国得到了不断发展，但各地、各级人民政府对其重视程度不一，发展水平也参差不齐。因此，律师群体虽然作为法律顾问能够在一定程度上保证政府在推进依法行政发挥积极作用，但无论是在理论研究上还是实践中都暴露着许多问题，并没有达成最初设立政府法律顾问制度的初衷，政府法律顾问的制度仍需进一步完善。[2][3][4][5]

＊　王平，单位：北京普盈律师事务所，电话：15600564646。

〔1〕　惠江平："试论律师在政府法律顾问制度建设中的作用"，载《法制与社会》2020年第16期，第22~23页。

〔2〕　汪滢、梁彦滨："我国现有法律顾问制度存在的问题及对策"，载《法制与社会》2019年第8期，第37~38页。

〔3〕　侯志强、姚明全："我国政府法律顾问制度存在的问题及完善"，载《中共郑州市委党校学报》2019年第3期，第62~66页。

一、我国政府法律顾问在实践中存在的问题

(一) 法律顾问收费模式不统一

2015 年，我国的政府法律顾问收费模式呈现出因地而异的特征。大部分地区实行单纯的"一事一议"收费模式，但收费标准差距悬殊，甚至有的地方采用无偿服务模式。显然，无偿服务的模式很难吸引真正的高端人才长期提供服务，而单纯的"一事一议"收费模式很难行之有效地将政府法律顾问制度贯穿于政府的日常工作中。[1]

虽然政府法律顾问应提倡"荣誉性"与"无偿性"，但从实际情况来看，我国法律顾问的发展仅仅 30 多年的时间，尚不成熟。过于松散的政府法律顾问收费标准抑制了律师、政府双方的积极性。从现在的情况来看，部分地方政府已经较为详细而系统地提出了"固定报酬为主、计件报酬为辅"的法律服务支付报酬标准。然而，还需要注意到，无论是法律顾问经费途径还是具体的法律顾问薪酬都仍保持着巨大的差异。不同的经费来源往往限制了法律服务经费的额度，进而影响法律服务的质量。部分政府的法律服务经费被纳入了财政预算，而部分政府的法律顾问费只能在办公费中列支。必须客观地认识到，较低的法律顾问报酬会切实削弱律师开展顾问工作的主动性，薪酬待遇不足的特点会让律师把日常工作重心放在收费更高的项目上。此外，较低的法律顾问报酬往往会带来法律顾问组织形式简化的问题，这也就使得律师作为法律顾问的主体地位不明确，只能提供较低质量的法律服务，满足政府法律服务的最基本需求。总之，经费问题仍是当前阶段政府获得优质法律服务的障碍。

(二) 尚未形成统一、完善的遴选机制

政府在购买服务时，属于政府采购范围的法律服务项目应按照政府采购的

(接上页)〔4〕 温洪柱、徐璟珂："政府法律顾问工作存在的问题与对策"，载《天津经济》2019 年第 7 期，第 35～37、41 页。

〔5〕 张宇："政府法律顾问制度的改善和健全思考"，载《法制与社会》2019 年第 8 期，第 35～36 页。

〔1〕 杨建顺："破解政府法律顾问'聘而不用'难题"，载《民主与法制》2016 年第 15 期，第 29 页。

程序办理，虽然选聘程序在形式上通过招投标程序选定供应商，看似保证了过程公平，但实质上依然存在不规范、把关不严的现象。这种情况下，就需要事后评价发挥作用，保证政府购买法律服务结果上的有效性，评估结果可作为以后年度预算安排及承接政府购买服务的重要参考依据，对评估合格者，继续支持开展购买服务合作；对评估不合格者，提出整改意见，并报综合性绩效评估机制，取消一定时期内承接政府向社会力量购买法律服务资格；情节严重者，依法依约追究有关责任。

（三）服务范围空间受限

目前，有一个业内的共识，即政府外聘的法律顾问服务的范围往往存在"事后"，而非事前审查、把关。造成这个现象的原因在于，政府部门相关领导在决策时习惯持有内部保密的态度，对于法律顾问的参与存在顾忌。通常而言，法律顾问律师只与政府部门签订一年期合同，双方为合作关系，并非体制内的上下级关系，换句话说，在事前决策时的合法性审查、论证、把关等问题上，法律顾问无法获得实质性参与，工作只停留在表面程序性事务的审查上。这种"传统办事风格"的延续使得法律顾问工作主要集中在审查合同、提供法律咨询的常规性事务上，以及参与政府信访处理、处置重大民事纠纷等传统事后补救性事项上。甚至部分政府工作人员习惯将政府法律顾问边缘化、形式化，他们认为律师为编外人员，不具有权威性，在面对复杂法律问题时，更倾向于咨询同属地方政权体系内的公检法机关。

（四）缺乏组织化管理

现有的法律顾问形式主要是以双方签订聘用合同作为依据，而非具有组织化管理的状态。一方面相关规定中的"政府法律顾问"仅指个人，而不包括组织；另一方面，实践中的"办公室"或"团体"仅指法律顾问工作的组织联络机构，而不是顾问组织。[1]

通常而言，目前律师服务的宗旨也只是满足政府方需求，在工作中基本是与政府部门单向联系，缺少与其他担任法律顾问的律师同行有横向交流。而政府法律顾问不同于从事其他业务领域的法律服务工作，既需要律师有较

---

[1] 朱顺："政府法律顾问的组织形式补强问题研究"，载《安徽行政学院学报》2021年第1期，第93~98页。

强的专业能力来应对繁杂事务的压力与挑战，更需要律师具有推进法治政府建设的远大抱负与情怀。律师作为政府的法律顾问，职责在于运用法律知识使得政府行为更加合法合理，要起到约束政府的作用。[1]

二、关于完善我国政府法律顾问制度的相关建议

（一）完善采购程序

从政府法律顾问采购方式上看，政府机关单位应严格按照政府采购相关规定及当地财政部门的要求办理，但同时，由于法律顾问服务具有特殊性，对律师个人水平的要求较高，且在某种情况下，可能对时效性要求较高，采购效率和律师的专业能力也就是采购时首要考虑的两项因素，因此，在政府内部形成一套更为可行的采购规则，是保障采购合法合规与效率二者兼顾的必然要求。

（二）经费应获得财政预算的保障

我国各地、各级政府在政府法律顾问的费用支出上应获得财政预算的保障，以确保其能稳定、长远地发展，并且在支付报酬的基础上，向提供服务的律所、律师发放官方聘书、官方证书。简而言之，将经费列入每年地方财政预算，向提供服务的律师支付合理对价，让其将政府法律顾问业务作为其收入来源的重要组成部分，同时，对其进行荣誉性鼓励，提升其参与政府法律顾问的积极性。我们知道，英国的律师以自己能够成为皇室法律顾问为荣，认为自己皇室法律顾问的身份是对其业务水平的最高评价，我国倘若能保证所发放荣誉的评判标准和过程公开透明、严格专业，建立起一套具有公信力的评价体系，自然能够吸引一批有担当、有能力、有情怀的优良律师。

（三）增强政府法律顾问的知情权与重视程度

律师担任政府法律顾问，不只是做些案头工作或事后性补救工作，还要能在决策过程中和相关政府机关工作人员当面沟通、列席会议、参与调研等，深入一线工作，从法律角度把好关，提出切实可行的工作方案。政府工作人

---

〔1〕 朱林岐、潘海迪：“论政府法律顾问在法治政府建设中的作用”，载《法制与社会》2019年第18期，第2页。

员应信任律师，经常与之沟通，避免法律顾问形式化，形成顾而不问的表面工作，让双方在良性互动中取得双赢。

（四）增强政府法律顾问的组织化建设

随着法治政府目标的深入推进，政府法律顾问的模式也应进一步组织化，从而在充分的职业化训练下，增强律师提供顾问工作的专业性特点。律师作为第三方，其本身具有独立性和专业性的特质，使得其更易获得民众的信任，能够在政府和群众之间建立起沟通的桥梁。因此，组织化的培训是十分必要的，通过培训，不断提高律师的政治判断能力，牢牢把握政治方向，在为政府把好法律关的前提下，从广大人民群众的切身利益出发，秉承服务精神，让其提出的意见和结论都能够经得起考验。

三、结语

习近平总书记指出，律师队伍是依法治国的一支重要力量。为了 2035 年基本建成法治国家、法治政府、法治社会的目标，各级行政机关必须重视政府法律顾问的重要性，律师群体在实现法治政府建设目标的进程中也要充分利用自身的专业性，使得政府法律顾问向专业化、职业化方向发展，为法治政府建设发挥积极作用。

行政执法中应当对行政相对人的信赖利益予以保护

杨高州*

一、因信赖利益引发纠纷的案件现状

行政机关在执法过程中，要遵守法定程序，要在执法效率与保护行政相对人的合法权益之间寻求平衡。单纯地追求行政执法的效率而忽视对行政相对人合法权益的保护，尤其是对行政相对人信赖利益的保护，容易引发行政违法或者行政赔偿（补偿）纠纷。

近年来，有大量的行政相对人因认为行政机关的行为侵犯了其信赖利益，向法院提起确认违法之诉、行政赔偿之诉。这些纠纷常见于招商引资纠纷、违法建筑查处、违法占（用）地查处、环境资源保护等行政执法领域。

在中国裁判文书网上，以"信赖利益"作为关键词进行检索，截至 2021 年 9 月，其中在行政案由下的裁判文书有 7772 份，在国家赔偿案由下的裁判文书有 426 份。以"信赖保护"作为关键词进行检索，行政案由下的裁判文书有 2837 份，国家赔偿案由下的裁判文书有 76 份。

* 杨高州，单位：北京京润律师事务所，电话：18513366725。

以"信赖利益"为关键词在裁判文书网检索行政案件裁判文书数量情况

以"信赖保护"为关键词在裁判文书网检索行政案件裁判文书数量情况

　　当然，这些裁判文书中并不都是法院认定行政机关违反了信赖利益保护原则、侵犯了当事人的合法权益，进而确认行政机关的行为违法或者判决行政机关对行政相对人的损失进行赔偿（补偿）。其中大部分案例是行政相对人认为自己的信赖利益受到了侵犯，信赖利益作为其主张己方相应的权益应当予以保护的一个理由。但是，通过总的数据以及每年涉及信赖利益的裁判文书数量依然能够看出，行政相对人对于信赖利益的认识在不断地加强，与行政机关之间因信赖利益而引发的纠纷也在不断增加。基于此，行政机关在执法过程中，对于涉及行政相对人信赖利益的，应当加以重视并综合考量，以有效地减少纠纷发生，保护行政相对人的合法权益。

二、信赖利益保护的有关规定

（一）行政法上信赖利益的定义

所谓信赖利益，山东省高级人民法院在［2021］鲁行赔终37号行政判决书中认为："所谓行政法上的信赖利益，是指私人因信赖行政主体的授益性行为、承诺或规则而产生或可产生的利益。行政相对人基于对公权力的信任而作出一定的行为，此种行为所产生的正当利益应当予以保护。"根据司法实践中各地法院关于信赖利益有关的判决，行政相对人的信赖利益，可能是基于行政机关的许可、承诺、支持、确认等作为行为，也可能是基于行政机关的默许等不作为行为。比如，最高人民法院［2018］最高法行赔申343号《行政赔偿裁定书》中，最高人民法院认为："从杰豹公司提供的协议书、确认函、产权证明等证据材料看，涉案被拆除厂房在建设和使用过程中，取得了土地所有人沙岸村委会的许可，也得到了温岭市政府、大溪镇政府、大溪镇国土所等单位或部门的认可和支持。对此，杰豹公司对有关行政机关作出的承诺、确认和默许，形成了行政法上的信赖利益，该信赖利益属于《中华人民共和国国家赔偿法》第二条第二款规定的'合法权益'范畴，应予保护。"

（二）信赖利益保护的依据

对行政相对人的信赖利益予以保护，对侵犯行政相对人信赖利益造成的损失予以补偿（赔偿），是信赖利益的最终落实。对于信赖利益应当予以保护的法律渊源，普遍的认识是该原则源于2003年颁布的《行政许可法》第8条的规定。《行政许可法》第8条规定："公民、法人或者其他组织依法取得的行政许可受法律保护，行政机关不得擅自改变已经生效的行政许可。行政许可所依据的法律、法规、规章修改或者废止，或者准予行政许可所依据的客观情况发生重大变化的，为了公共利益的需要，行政机关可以依法变更或者撤回已经生效的行政许可。由此给公民、法人或者其他组织造成财产损失的，行政机关应当依法给予补偿。"《行政许可法》的这一规定，从法律层面规定了行政机关不得随意变更、撤销已经生效的行政许可，在符合法定条件必须作出变更或者撤销已经生效的行政许可之时，应当对行政相对人造成的损失进行补偿。

除了《行政许可法》第 8 条的规定之外，2004 年 3 月 22 日，国务院以国发〔2004〕10 号通知的形式印发了《全面推进依法行政实施纲要》。在《全面推进依法行政实施纲要》中，规定了行政机关依法行政应当遵守合法行政、合理行政、程序正当、高效便民、诚实守信、权责统一的基本要求。而其中对诚实守信的要求具体规定为："行政机关公布的信息应当全面、准确、真实。非因法定事由并经法定程序，行政机关不得撤销、变更已经生效的行政决定；因国家利益、公共利益或者其他法定事由需要撤回或者变更行政决定的，应当依照法定权限和程序进行，并对行政管理相对人因此而受到的财产损失依法予以补偿。"《全面推进依法行政实施纲要》将信赖利益保护的范围进行了扩大，从行政许可决定范围扩大到了其他的行政决定。

2016 年 11 月 4 日，中共中央、国务院发布了《关于完善产权保护制度依法保护产权的意见》，其中第 4 条 "妥善处理历史形成的产权案件" 要求："严格遵循法不溯及既往、罪刑法定、在新旧法之间从旧兼从轻等原则，以发展眼光客观看待和依法妥善处理改革开放以来各类企业特别是民营企业经营过程中存在的不规范问题。" 第 7 条："完善政府守信践诺机制" 要求："大力推进法治政府和政务诚信建设，地方各级政府及有关部门要严格兑现向社会及行政相对人依法作出的政策承诺，认真履行在招商引资、政府与社会资本合作等活动中与投资主体依法签订的各类合同，不得以政府换届、领导人员更替等理由违约毁约，因违约毁约侵犯合法权益的，要承担法律和经济责任。因国家利益、公共利益或者其他法定事由需要改变政府承诺和合同约定的，要严格依照法定权限和程序进行，并对企业和投资人因此而受到的财产损失依法予以补偿。" 该意见对于信赖利益保护的范围进一步扩大，从行政决定扩大到了行政合同的约定、行政机关的承诺，同时要求妥善处理因历史遗留问题所形成的产权案件，以发展的眼光看待和妥善处理各类企业特别是民营企业经营过程中存在的不规范问题等。

（三）对信赖利益保护的重要性

对于信赖利益保护的重要性，姜明安教授认为："在行政法领域，信赖保护原则和比例原则似乎也越来越有成为本领域 '帝王条款' 和 '君临全法域

之基本原则’的趋势。"〔1〕

　　行政机关作出的行政行为具有公定力及公信力，行政行为的公定力及公信力，是确保社会管理秩序稳定的前提。政府诚信是社会诚信的标杆，党中央、国务院也提出了建立诚信政府的要求。如果行政机关不遵守诚信，对于其所作出的行政行为或者经过其所默许的行为，能够随意地变更、撤销，但对行政相对人基于对行政机关的这种许可或者默认的信赖所投入的成本却不予补偿的话，则损害的是行政机关的公信力，行政机关将会掉入"塔西佗陷阱"。行政相对人无法相信政府，会造成社会管理秩序混乱。

　　（四）信赖利益损失的补偿（赔偿）范围

　　对于行政相对人的信赖利益保护，体现在行政机关的后行为与先行为相冲突而给行政相对人造成损失时，应当对行政相对人的损失进行补偿或者赔偿。根据最高人民法院及各地法院有关信赖利益的判决，对于行政相对人的信赖利益的补偿（赔偿）遵循《国家赔偿法》规定的"填平补齐"的基本原则，即对行政相对人的直接损失进行补偿（赔偿），而对于行政相对人的期待利益等间接损失则不予补偿（赔偿）。具体来说，补偿（赔偿）的直接损失限于行政相对人基于对行政机关行为的信赖而产生的投入成本、行政机关实施后续行为时造成的扩大损失等。

三、避免因侵犯行政相对人信赖利益引发纠纷的建议

　　通过分析裁判文书网上关于信赖利益有关的判决，法院认定行政机关的行为违法或者判决行政机关因侵犯行政相对人的信赖利益而赔偿，主要是由于以下几个方面：其一，行政机关的后行为与先行为相违背；其二，行政机关在执法过程中未依法遵守法定程序，侵犯了行政相对人的程序性权益；其三，行政机关在后续行为中，未区分具体的案件情况，对于可以通过补办手续等完善合法手续的未采取合理措施而直接采取了拆除、吊销许可证等行为。

　　根据引发纠纷的原因，笔者认为，行政机关在执法中，可以通过以下方式，保护行政相对人的信赖利益，也避免自己因侵犯行政相对人的信赖利益而作为被告或者承担赔偿责任：

---

　　〔1〕 姜明安主编：《行政法与行政诉讼法》（第 7 版），北京大学出版社、高等教育出版社 2019 年版。

（1）行政机关在招商引资过程中，应当在招商引资合同中明确双方的权利义务，且对于行政相对人应当办理或者应当取得的批准手续等作出明确的规定。否则对行政相对人虽然未取得最终审批手续，但是基于对行政机关的前置的许可行为的信赖而造成的损失应当承担赔偿责任。在山东省高级人民法院审理的［2019］鲁行赔终98号案件中，法院认为："行政机关在行政执法过程中，对于行政相对人因政府招商引资或行政允诺而为的经营行为，不宜简单认定为违法行为而采取行政强制措施，应结合信赖利益保护原则，充分考虑裁判的公平正义价值及实际效果。""中广公司于2012年5月至2013年3月就涉案光伏发电项目的前期工作先后取得了微山县发展和改革局、环境保护局、水利局、规划局、林业局、国土资源局等部门的审批意见，项目建设通过济宁市环境保护局的'环评批复'。在此情况下，中广公司有理由相信微山县政府已经允诺其在约定地点建设光伏发电项目。中广公司投资建设该光伏发电项目是基于信赖县政府行政行为不会变动，而对自身生产所作出的安排及对相应财产进行的处分，是信赖县政府行政行为的表现。2015年8月5日，微山县环境保护局还对涉案光伏发电项目作出了《关于济宁中广新能源有限公司30MW光伏发电项目验收批复》。行政机关在行政执法过程中，在明知存在政府有关部门承诺的情况下，应当从维护政府公信力的角度，充分考虑行政相对人的合理诉求，维护其正当的信赖利益。""虽然涉案光伏发电项目被认定为违法建设，但其形成并非中广公司单方面的原因，强制执行决定的作出及强制拆除行为直接导致中广公司难以继续生产经营，中广公司基于信赖利益产生的损失以及强拆过程中造成的扩大损失，微山县政府与南四湖管理局应承担相应的赔偿责任。"

（2）在行政执法过程中，行政执法机关应当遵守法定程序，保障行政相对人的陈述、申辩权，听取其陈述、申辩意见。否则就有可能因实施的行为违反法定程序而被确认违法，进而承担赔偿责任。在江西省抚州市中级人民法院审理的［2019］赣10行赔初7号案件中，法院认为："对于因政府招商引资而采取经营措施的行政相对人采取行政强制措施，应当从维护政府公信力的角度，并遵循信赖利益保护原则，充分考虑公平正义及实际效果，正确对待并及时回应行政相对人的合理诉求。黎川县人民政府在未听取泉顺电站陈述、申辩的情况下，即实施了强制拆除行为，有违正当程序原则。涉案强制拆除行为的实施，直接导致泉顺电站难以继续生产经营，基于信赖利益产生的损失，黎川县人民政府依法应承担相应的赔偿责任。"

（3）行政执法机关在执法过程中，应当区分具体情况，对于行政相对人可以通过补办手续而完善其行为的合法性的，通过补办手续的方式处理；对于无法通过补办手续而必须采取拆除等措施之时，应当在拆除之时履行合法的程序，拆除前应当对行政相对人的物品进行提存或者通过制作执行笔录等方式予以清点登记，妥善保存，否则就有可能承担赔偿责任。在河南省高级人民法院审理的〔2017〕豫行赔终382号案件中，法院认为："罗升公司租用他人国有建设土地建设厂房，一方面系鼓楼区工业和信息化局的招商引资行为，另一方面又是可以补办手续的，罗升公司虽未办理建设手续，但对涉案的投入具有充分的信赖利益，故至少其基于信赖的投入成本应当予以保护。"

（4）保障行政相对人的信赖利益，对于因信赖利益所造成的损失给予相应的补偿，否则因违法行为就会从合法的补偿责任转化为违法的赔偿责任。在宿州市中级人民法院审理的〔2019〕皖13行赔初55号案件中，法院认为："本案中，白山羊养殖公司被拆除的原因是其经营场所位于萧县××故道自然保护区的缓冲区内，而缓冲区依法属于不得建设生产区域，为了保护环境依法应予拆除。但白山羊养殖公司作为用地企业依法向萧县人民政府申请用地时，萧县人民政府在自然保护区已经划定的情况下仍然作出同意用地的批复，而后白山羊公司依据用地批复办理了项目备案、环评批复等手续，其后投入资金建设厂房进行生产经营，具有可保护的信赖利益。萧县人民政府应先予补偿后，再进行拆除，但其在未补偿的情况下直接拆除，势必会造成相关的财产损失，且强拆行为已被确认违法，该强拆行为与其损失之间具有直接的因果关系，萧县人民政府应当承担国家赔偿责任。"

根植实践、搭建桥梁，助力法治政府建设

陆婷婷[*]

坚持依法治国、依法执政、依法行政共同推进，法治国家、法治政府、法治社会一体建设，这是习近平法治思想的核心要义"十一个坚持"之一，是我们党结合治国理政的新实践提出的法治新论断。我国律师界需紧紧围绕全面依法治国的伟大实践，在法治政府建设中寻求自身的稳定器和动力源，深入参与法治社会的建设，根植于实践，在政府和企业之间搭建桥梁，在服务党和国家、服务社会的工作大局中助力法治政府和法治社会的建设。

一、服务工作

承蒙党委和政府的信任，北京市金杜律师事务所自 2008 年开始担任国家外汇管理局的常年法律顾问。多年以来，我们通过多种多样的方式，为国家外汇管理局的业务与发展、我国外汇管理工作的改革与实践，贡献着我们绵薄的力量。

多年以来，我们以努力提供令党委和政府满意、全面、高效、优质的法律服务为目标，举全所之力组织了各个专门团队为国家外汇管理局提供法律服务。我们以多名律师为主要窗口、多个部门各个专业的几十名律师分工协作，发挥各自专业特长，从事具体专项工作，全面应对涉及不同领域的法律服务工作。

作为国家外汇管理局的常年法律顾问，我们为国家外汇管理局提供的法律服务内容包括：为国家外汇管理局的立法及政策研究工作提供意见，整合和分析相关信息；为国家外汇管理局及下属分支局在依法行政中的各种具体

---

* 陆婷婷，单位：北京市金杜律师事务所，电话：15210951799。

问题提供各方面的法律服务，包括就各具体行政行为的合法性提供法律意见、代理国家外汇管理局处理行政诉讼案件；为国家外汇管理局及下属分支局提供法治培训，应国家外汇管理局的要求，在国家外汇管理局举办的会议上为国家外汇管理局及下属分支局的工作人员提供有关依法行政等方面的法律培训讲座；根据丰富的实务经验，从维护国家外汇管理局合法权益、规避或降低风险的角度审核国家外汇管理局作为当事方的合同并提出修改意见；为国家外汇管理局的其他人事管理、后勤服务等其他具体问题提供法律意见。

在为国家外汇管理局提供法律顾问服务的同时，在为各类跨国公司和国内外大型企业提供法律服务的过程中，我们也密切关注着企业对外汇规定和政策的理解和执行，不断向企业传达外汇合规的意见和建议。与此同时，结合我们服务企业的经验和思考，我们也将在提供法律服务过程中获知的部分企业的一部分想法和诉求，特别是对其中一定程度上的共性问题做了适当的归纳总结，提供给国家外汇管理局参考。

二、案例分享

如上文所述，我们为国家外汇管理局提供的法律服务之中，最为主要的一项工作即为国家外汇管理局及下属分支局在依法行政中的各种具体问题提供各方面的法律服务。其中，对于重大外汇违规案件的检查和处罚，国家外汇管理局通常会征求与相关案件不存在利害关系的法官、律师、学者等外部专家的意见，我们作为常年法律顾问，也会就行政处罚中的相关法律问题提供意见。以下分享一则由分局上报至国家外汇管理局的案例。

2020 年 3 月，A 公司由境外母公司投资并在中国注册成立，注册资本为 3 亿美元。在注册成立后，A 公司将外汇资本金全额结汇，并以预付款的方式将结汇所得约 19 亿元人民币支付给境内 B 公司，用于购买机器设备，但机器设备一直未予交付。2020 年 4 月至 5 月期间，境内 B 公司以往来款的方式，将约 19 亿元人民币转款给其关联公司境内 C 公司。2020 年 6 月，A 公司与境内 C 公司签署了机器设备的采购协议，境内 C 公司向 A 公司购买相关机器设备，并向 A 公司支付了约 19 亿元人民币，机器设备也未交付。随后，在 2020 年 7 月，A 公司向境内 D 公司出借了约 18 亿元人民币。

分局在向国家外汇管理局报请此案时，认为根据国家外汇管理局《关于改革和规范资本项目结汇管理政策的通知》（汇发〔2016〕16 号）有关境内机构资本项目外汇收入不得用于向非关联企业发放贷款的规定，A 公司向境内 D 公司提供借款涉嫌外汇资本金违规结汇向非关联企业借款。但是，就分局所收集的现有证据，从资金流的角度，无法证明 A 公司结汇支付给境内 B 公司的资金，与 A 公司出借给境内 D 公司的资金为同一笔资金。因此，分局就如何对 A 公司的行为予以定性征求了律师的意见。

在国家外汇管理局咨询我们的意见后，我们也认为，如果要认定 A 公司改变了外汇资本金结汇资金用途，即实质上向非关联企业发放贷款，从凿实证据的角度考虑，最好能从资金流的角度确认为同一笔资金。同时，我们通过分析分局收集的材料，在 A 公司外汇资本金结汇的相关材料中，"支付资金用途"均为"采购款"，且提交的《资本金结汇承诺函》表明，境内 B 公司向 A 公司提供货物，A 公司支付相应的货物采购款。因此，根据真实、自用原则，A 公司应当以外汇资本金结汇所得人民币资金购得的货物进行业务运营。但同时，相关机器设备并未实际交付给 A 公司用于业务运营。在 A 公司提交的陈述中，其表明，当时境内 B 公司有迫切的资金运营需求，向 A 公司提出希望可以通过采购货物的方式缓解境内 B 公司短期资金紧张的局面。A 公司与境内 B 公司及境内 C 公司签署的所谓《货物销售合同》仅为周转资金；A 公司并未实际开展货物销售相关的业务，名为采购，实为融资。

基于以上信息，我们认为，尽管现有证据尚不能证明 A 公司的外汇资本金违规结汇用于向境内 D 公司借款，但现有证据可以证明 A 公司的外汇资本金用于为境内 B 公司周转资金，以解决境内 B 公司的资金运营需求，并未实际用于 A 公司的业务运营。因此，A 公司对外汇资本金的使用不符合国家外汇管理局《关于改革和规范资本项目结汇管理政策的通知》（汇发〔2016〕16号）所规定的资本项目外汇收入在经营范围内遵循真实、自用原则。

在该案中，我们基于对外汇法规和政策的理解，并且结合我们在服务企业客户的过程中对于民商事活动的了解，为国家外汇管理局的行政处罚提供了法律分析和意见，使国家外汇管理局在作出行政处罚时确保调查取证程序合法、适当，事实清楚、证据充分，行政处罚的依据恰当。

三、意见和建议

通过担任国家外汇管理局法律顾问的经验，我们感受到，担任党委和政府法律顾问不仅仅是律师事务所的荣誉，体现了我们优质的法律服务水平，更为重要的是，是律师深入参与法治政府和法治社会建设的重要路径之一。因此，我们在此基于我们的经验和感受，提出以下意见和建议。

我们建议继续完善法治政府的法律顾问制度，引导律师全方位参与法治政府建设事业。近年来，各级党委和政府按照中央文件要求，陆续选聘了一批律师事务所作为法律顾问，很好地发挥了其在法治政府建设的参谋和智囊作用。我们建议，党委和政府继续坚持以习近平新时代中国特色社会主义思想和习近平法治思想为指导，深入贯彻党的十九大及十九届历次全会精神，将法治政府建设与党的建设、业务工作一体谋划、一体推进，在党委和政府出台重大决策、处置重大事件、作出重大决定、签订重大合同、化解重大案件时，更多地引入律师事务所提供专业法律意见。一方面，对党委和政府而言，可以助推各级领导干部法治思维的养成和依法行政能力的提升；另一方面，参与法治政府建设为律师事务所也提供了发展空间。

中共中央、国务院印发的《法治政府建设实施纲要（2021－2025 年）》明确提出，扎实做好法治政府建设示范创建活动，以创建促提升、以示范带发展，不断激发法治政府建设的内生动力。因此，党委和政府应积极开展建设法治政府示范创建活动，大力培育建设法治政府先进典型，可以通过召开现场会、经验交流会等形式及时总结、交流和推广经验，充分发挥先进典型的示范带动作用。在党委和政府的法治政府示范创建活动中，可以更多地引入律师事务所，在政府和律师之间形成互动，携手同行，引领法治政府建设步入快车道。

政府如何在物业费收取问题中帮助化解纠纷

侯　正*

一、案情简介

2011 年 11 月 4 日，××物业公司（乙方）与××（甲方）签订前期物业服务合同。该合同约定，甲乙双方在自愿、平等、公平、诚实信用的基础上，就物业服务有关事宜，协商订立本协议；前期物业服务期限为自本物业房地产开发企业通知乙方办理入住时间之日起，至业主委员会按照合法程序与业主大会按照合法程序新选聘的物业服务企业签订服务合同生效时止；物业服务收费方式为包干制，物业服务费用由甲方按其拥有物业的建筑面积预先交纳，具体标准如下：住宅 3 元/平方米/月，实行包干制，盈余或者亏损均由乙方享有或者承担；物业服务费应当从该物业的房地产开发企业通知的收房期限届满之日起计收；业主办理入住手续时预付一年的物业服务费；此后甲方每半年交纳一次物业费；业主逾期交纳物业服务费的，每逾期一日应当按照应交费千分之三的标准承担滞纳金。

根据××自述，其因房屋管道被冻坏，××物业公司未及时对其房屋进行修理，且在管理上存在诸多问题，××一直未能入住丹麦小镇项目 E1 房屋，同时确未交纳 2012 年 7 月 10 日之后的物业费用。

二、法院裁判结果

法院认为：根据法律规定，前期物业服务合同对业主具有约束力。当事人应当按照合同约定履行自己的义务。当事人一方不履行合同义务或履行合

---

* 侯正，单位：北京市东友律师事务所，电话：13810916347。

同义务不符合约定，应当承担继续履行、采取补救措施或赔偿损失等违约责任。该案中××与××物业公司签订的《前期物业服务协议》不违反法律、行政法规的强制性规定，为有效协议，双方当事人均应按照合同约定履行自己的义务。该合同对该小区业主具有约束力。××物业公司作为物业管理服务企业，依约对小区进行物业管理服务，××在接受××物业公司为其提供的物业服务期间，负有向××物业公司交纳物业服务费的义务。现××物业公司要求××支付拖欠的物业服务费，理由正当，本院应予支持。业主认为物业服务企业不履行或者不完全履行物业服务合同约定的或者法律、法规规定以及相关行业规范确定的维修、养护、管理和维护义务，业主可以请求物业服务企业承担继续履行、采取补救措施或赔偿损失等违约责任，但不能以此作为拒付物业费的抗辩理由。据此，××所持辩称意见不能成为拒交物业服务费的理由，本院不予采纳。××主张其房屋存在诸多损坏要求××物业公司进行维修可另行解决。但应指出，××物业公司在日常的物业服务管理中确存在一些瑕疵，本院综合考虑"丹麦小镇"的实际情况，且为督促××物业公司提升物业服务质量，故对××物业公司要求××支付逾期付款滞纳金的诉讼请求，不再予以支持。综上所述，依据《合同法》第 60 条第 1 款之规定，判决如下：本判决生效后十日内，被告××支付拖欠原告北京××物业服务有限公司 2012 年 7 月 10 日至 2015 年 10 月 9 日的物业费 44 224.83 元。

三、案例评析

该案的核心焦点就在于在物业公司服务不合格的情况下，业主是否有义务继续支付物业费，答案是肯定的。在上述案件中法院已经详细阐述了应当及时支付的理由，核心的理由还是对物业公司的服务质量差，是否有证据证明；再有就是物业公司服务过程中对业主造成的侵害，业主可以另诉解决，不能直接抗辩不支付物业费，两者属于两个法律关系。

但在本文中，笔者主要想阐述的并不在此。日常生活中，业主与物业公司的矛盾越来越多发，其中一种非常重要的矛盾就是，业主感觉物业公司的物业费标准过高，服务质量又不合格，就不想去交物业费，物业公司由于收费率低，人员支出经费不足，导致服务质量更低，甚至动用其他资金，形成了恶性循环，导致矛盾更加激化。作为基层政府的街乡镇经常会接到类似的投诉举报电话，而怎么化解显得尤为重要。接下来在结语和建议部分，笔者会详细阐述对催缴难的原因、物业公司如何提高服务质量、如何从根本上解决问题的一点见解，供大家参考。

四、结语和建议

(一) 物业费缴费率低的原因

1. 业主对物业服务质量不满意，不交物业费

这是最核心的原因，也是最难解决的一环。业主不交物业费的原因有很多，除了经济上确实困难的业主之外，大部分业主不交物业费，对物业服务质量不满意是重要的原因，也是核心的原因。"物业服务质量不合格，我不满意，提出问题了又不改正，凭什么让我交物业费"是大部分此类业主的心声。而且不交物业费和业主的受教育程度及收入水平完全没有关系。

2. 物业公司职责不清晰

再一个原因就是业主对是否应当由物业公司提供服务无法进行区分，将很多不是物业公司职责的部分加到物业公司身上，比如对房屋内窗户等的维修、解决室内墙面脱皮等。这些问题本应由开发商解决，但业主基本上都在找物业公司解决，如果解决得不满意，很容易产生缴纳物业费的抵触情绪。

这些问题产生的深层原因是，业主在购买房屋时，一般是由物业公司代为交房，交房时很重要的一项就是看房屋是否有质量问题，如果有质量问题也是与物业公司的工作人员联系解决。这也与前期物业公司受开发商委托，甚至直接是开发商的下属企业有着直接的关系。久而久之，业主产生一种习惯，就是遇到问题找物业。而物业公司真正提供服务的范围是小区公共部位，室内不属于物业公司提供服务的范围。物业公司提供的服务事项庞杂，与开发商的各种利益关系复杂，矛盾焦点最终就集中在了物业费的缴纳问题上。

3. 联系不上业主

这个也确实是在现实中存在的问题，业主就是联系不上，导致催缴困难。

4. 业主不在房子中居住

很多业主会认为，我不在房屋中居住，为什么还要交物业费，同样地这也是没有真正地理解物业费的概念。

5. 业主买卖房屋、法院拍卖房屋、房屋产权不清晰、房屋面临家庭内部的继承纠纷或分家析产纠纷，导致交费主体不清晰

这也是一个很大的原因，而且实务中对于因上述原因导致的交费主体不清晰，最终应由谁承担物业费，各方也有争议。很多小区在房屋过户之前，业主拖欠了很多物业费，待物业公司去催缴时，新业主提到之前业主不是我，我不应当缴费，而原业主又提到房子已经出售，我不应当再支付物业费，确实争议很大。其他的几个原因，也是同样的道理。

6. 业主没有缴费习惯

很多老旧小区，或者是机关单位、部队大院等的小区，几十年来没有支付过物业费，随着国家政策的调整，有了物业公司，但仍然没有缴费的习惯。

7. 房屋出租，承租人和出租人对于谁支付物业费产生分歧

对于住宅类房屋，承租人和出租人谁来支付物业费，各个地方有一些约定俗成的惯例，大部分是由出租人直接来支付的，但这一般是建立在物业费不高的基础上。如今物业费价格提高是一个趋势，尤其是一些高档小区，物业费标准不低，是否仍由出租人承担已经不再是约定俗成的事情。一旦二者产生分歧，就可能产生物业费拖欠的情况。

8. 商业、办公楼房屋中，用户直接不告而别，导致物业费无处收缴

这类房屋与住宅房屋的重大区别就是，此类房屋的产权人有些还是当年的开发商或者之后整体收购的主体，也就是一整栋楼的产权人是同一个主体，这就导致出租人和物业服务公司可能是一体的。也就是承租人和相同的主体在签订租赁合同和物业服务合同，且物业费往往不低。在经济形势好的时候，还可以不交物业费，不给续签租赁合同这种办法对其进行限制。但近几年经济下行，很多企业经营不善，为了躲避债务，可能就直接不辞而别了，由此导致的物业费无从催缴的情况不在少数。

(二) 损害的主体及危害后果

业主不交物业费看似损害的是物业公司的利益，但真正损害的是正常缴费业主的利益。

物业公司收不上物业费，势必导致财务状况变差，为了保持盈利，甚至是为了能够生存下去，就会缩减成本，而物业公司的很大一项支出是人员工资，于是缩减人员、降低人员工资，就成了惯常做法。缩减的往往就是保安

和保洁的工资。而保安和保洁又是和业主接触最多的两类人群。人员减少和工资降低之后，服务质量肯定会下降，由此导致了小区卫生环境变差、治安环境变差，后果是业主体验越来越差，感觉物业公司服务质量更加不合格，然后更不会交物业费，由此形成恶性循环。而小区是全体业主的，正常缴费的业主和不缴费的业主享受的服务完全一样，正常缴费业主的合法权益就受到了侵害。

最关键的是，在大城市，在相同的地段，决定房屋价格的往往就是物业服务的质量。"这个小区品质高，所以房价高"是常听到的一句话，而品质高，指的就是物业服务的质量。业主不交物业费，最终导致的严重后果就是房屋价值降低，最终还是全体业主的利益受损。这个利害关系，物业公司应当向业主讲清楚。

（三）如何解决

1. 提高服务质量是根本

催缴不只是简单的诉讼和发函问题，开锁要找钥匙，不能盯着锁本身，所以根据上述问题的区分，真正解决催缴难的问题，需要让业主自己主动能交上而不用催缴，所以要提高物业服务的质量。物业服务质量的提高看似是句空话，很复杂，无从下手，实际上完全可以从细节入手。保安、保洁的人员素质，一定要提高。

首先，从年龄上，尽量安排一些年龄不是特别大的保安、保洁。

其次，一定要掌握基本的礼节，进行礼节方面的培训。其实很简单，就是在电梯或者很小的空间擦肩而过时，能够主动打招呼，能够主动帮手里提着东西的业主按个电梯；在楼道打扫卫生时，见到住户了，微笑一下，或者简单沟通几句；平时和业主进行沟通时，不要向业主抱怨工作中的辛苦；业主缴纳各项费用时能够笑脸相迎，表现出良好的服务态度。

再次，注意工作的安全性和及时性。比如在夜间值班时，保证值班人员不喝酒、电话畅通。在面对突发情况时，比如水管漏水、下水管道堵了等情况，第一时间予以处理。在处理涉及业主生活的事项前，及时在公共区域，比如电梯、楼门口贴通知等。

最后，具体的服务保质保量地完成，比如垃圾打扫干净、清运及时，小区绿化及时养护等。

这些细节和人员的受教育程度完全没有关系，主要还是看物业公司在管理人员时是否不断地强调，强调得多了，会形成一种文化，会让业主产生极大的好感。

2. 转变观念，理清定位

物业公司不是小区的主人，业主才是，物业公司仅仅是小区物业的服务方；物业公司是服务的提供者，并不是政府机构；物业公司和业主，包括业委会是平等的主体，是互相配合的关系，并不存在上下级之分。

这种观念大家都懂，但在具体的服务过程中是否能够贯彻落实呢？比如保安粗暴地不让没有缴纳停车费的业主进出小区，这是一种什么心态呢，是把自己放在一个什么位置上呢，执法者的位置？比如，代收水电费的业务员，服务态度不好，对业主爱答不理，或者只是服务态度不积极，这又是什么心态呢？是不是把自己当成了政府某个部门的业务员，是不是让业主感觉像是去政府政务大厅办事的感觉？但现在政府政务大厅的工作人员服务态度都已经很好了。再比如，没有经过业主的同意，也没有合同或者小区管理规约，就将部分公共收益直接进行支配。这显然是将自己放在了小区主人的位置上进行的决策，要不然业主共有的财产，物业公司怎么能直接处理呢？但这种定位是错误的。

大部分的物业服务过程中出现的这种不愉快的事情，其实很多都是物业公司对自己的角色没有准确把握的原因。在小区业主还没有入住时，物业就已经存在了，业主的房屋还是物业公司陆陆续续地交给业主的，于是物业在潜意识中就有了自己才是小区主人的错觉。转变观念，从真正的服务提供者的角度去审视自己所提供的所有服务内容，才能真正地提高服务水平。

上述两项调整和改变都不是什么很难的事情，而且也不会增加物业服务的成本，但却是易被物业公司忽略的。

3. 在角色定位理清晰后，明确服务范围，做好宣传工作

需要厘清的不光是物业公司和开发商以及业主的区别，还包括物业公司和政府职能部门、居委会等的区别，物业公司并不是执法单位，没有任何执法权，仅是一家服务企业，而且服务的事项有边界。

很多物业公司对于自己提供的服务总是讳莫如深，好像害怕让业主明确地知道服务的事项有什么，但往往纠纷就是由业主不知道物业公司该做什么引起的。物业公司应明确自己的服务事项，哪些是包含在正常的物业费中的，

哪些服务是要另收费的，另收费的具体的事项中，又包含哪些更细节的事项，必须明确。物业公司明确之后，就可以通过各种宣传手段让业主知情。权利义务明晰了，大部分的纠纷也就避免了。

（四）政府职责

随着《北京市物业管理条例》的颁布实施，社区治理的理念被越来越多地提及，乡镇政府甚至居委会面临着更大的监督、管理、指导的责任，工作量与日俱增。了解业主不愿意支付物业费的原因、物业公司如何改善服务质量，将有利于政府工作人员化解矛盾，有利于和谐社会的建立。

建设法治政府面临的新挑战与对策

康　健* 　纪　硕**

党的十八大以来，习近平总书记对建设法治政府高度重视，发表了多次重要讲话。在中央全面依法治国工作会议上，习近平总书记强调，推进全面依法治国，法治政府建设是重点任务和主体工程。对法治国家、法治社会建设具有示范带动作用，要率先突破。各级政府响应习近平总书记的号召，深入领会、切实贯彻习近平法治思想，在法治政府建设方面取得了重大的成就。然而，我国社会目前处于加快转型期，经济社会发生了深刻的变化，这在带来新的机遇的同时，也对法治政府建设提出了严峻挑战。笔者将简述建设法治政府面临的新挑战和相应对策。

一、建设法治政府所面临的新挑战

（一）在疫情的大背景下，兼顾疫情防治与法治建设是一大挑战

2020 年初，新冠肺炎疫情暴发，给人民群众的生命财产安全带来了威胁，各级政府团结在以习近平同志为核心的党中央周围，上下同心、众志成城，有效地遏制了疫情的传播，交出了一份让全世界瞩目的抗疫答卷。然而，全球疫情依然在不断蔓延，因此继续做好常态化疫情防控是非常重要的。那么如何在常态化疫情防控背景下，做好法治政府建设，成了一大挑战。

2022 年初，陕西省西安市曝出医院拒绝接诊孕妇的新闻，医院以核酸检测超期为由拒不接诊，后来患者出现大出血，医院才将其送入了手术室。因

---

　* 康健，单位：北京磐海律师事务所，电话：15901316648。
　** 纪硕，单位：北京磐海律师事务所，电话：18910787695。

为耽误了两个小时，错过了最佳救治时间，导致孕妇流产，已经八个月的孩子因为治疗不及时而胎死腹中。消息曝光后，舆情哗然。之所以发生这样的新闻，和当地曲解中央政府政策，不能兼顾疫情与法治建设，在基层防治疫情时"一刀切"有关，该事件虽然主体是医院，但也给政府的形象带来了不好的影响。该事件是近期有代表性的一个案例，类似的例子还有不少。在疫情防控背景下，政府既要兼顾疫情防控，又要坚持依法治国，在各方面都做到让人民满意，这是当前法治政府建设面临的一个不小的挑战。

（二）"互联网+"背景下对法治政府建设提出新的要求

随着"互联网+"时代的到来，以及大数据、人工智能、云计算等技术的快速发展，运用新技术加快法治政府建设成了新的路径。

2021年，中共中央、国务院印发《法治政府建设实施纲要（2021-2025年）》，该纲要提出深入推进"互联网+"监管执法，加强国家"互联网+监管"系统建设，积极推进智慧执法，加强信息化技术、装备的配置和应用。同时提出建立健全运用互联网、大数据、人工智能等技术手段进行行政管理的制度规则。地方各级政府应响应中共中央、国务院的要求，加快数字法治政府建设，通过科技助力法治政府，积极探索人工智能、大数据、云计算等数字技术在法治政府方面的应用，加强互联网各个领域的监管执法。

在"互联网+"背景下，法治政府建设目前还面临着几大挑战：一是由于当前"互联网+"立法有待完善，在实践中有时无法可依；二是地方政府对法治精神理解不足；三是缺乏整合性，各个部门各自为政，缺乏整体规划，无法在整体层面贯彻法治精神。

（三）政府应对重大舆情等突发事件能力不足

当前，由于移动互联网、社交平台、自媒体的兴起，信息传播速度非常快，热点事件在曝光后，经过多次转载，很快就能传遍全网。地方政府应对这类突发舆情的能力有待提高。据观察，地方政府往往会采用如下的策略：在事件曝光前，保持沉默；在事件曝光后，被动处理，但网民会采用截图、改写等方式继续传播，导致事情进一步发酵。在整个过程中，政府一直是被动处理舆情，应对突发事件的主动性不足。

以去年某地发生的特大暴雨事件为例，当地发生多年不遇的强降水后，城市出现严重内涝，防汛形势非常严峻。当地政府却保持沉默，迟迟没有反应，未采取有力措施应对，造成了人民群众的财产损失，同时网络上谣言四起，给政府形象带来了不好的影响。这个例子充分反映了地方政府在应对重大舆情时存在举止失措、缺乏灵活性等问题，这成了法治政府建设必须面对的一大挑战。

二、相应对策

（一）要将依法科学有序推进疫情防控工作与深入推进全面法治政府结合起来

在防控疫情方面，地方政府应积极响应中央的相关要求，坚决防止疫情蔓延，加大对危害疫情防控行为的执法力度，依法实施疫情防控及应急处理措施，同时加强疫情防控法治宣传和法律服务，引导广大人民群众增强法治意识；强化疫情防控法律服务，为困难群众提供有效法律援助。

地方政府应将疫情防治与法治政府建设有机结合起来，严格遵守《传染病防治法》《突发事件应对法》等相关法律法规，提高疫情防控法治化水平。基层政府在执法时要重视方式方法，实现政治效果、社会效果、法律效果的有机统一，地方应制定灵活的、有弹性的抗疫政策，既能防控疫情，又不影响基本民生，做到"疏而不漏"，不能"一刀切"，以至于影响人民群众的基本生产、生活。

（二）地方政府应将新技术运用与法治精神结合起来，以法治来引领技术，以技术来辅助法治

政府应将科技与法治政府有机结合起来，用科技为法治政府赋能。在实践中，积极探索大数据、人工智能、云计算等新技术的运用，结合法治的基本精神，从人民群众的实际利益出发，领会依法治国的精神，建设法治政府。由于我国目前在一些新领域的立法尚属于空白，地方政府可以积极探索科技和法治结合的具体操作，制定内部的操作规范，以实践来推动立法。

"互联网+"背景下法治政府建设要以法治为主体，以新技术为辅助。"君子性非异也，善假于物也"，要善于借助科技的力量，但同时不能失去主体性，主次颠倒。地方政府要深入理解技术发展的客观规律，正确认识新技

术在法治建设中起到的作用，不能盲目追热门，仅仅是用高科技装点门面；要重视质量而不是数量，重视实际效果而不是表面，谨防数字化形式主义，要将科技内化到法治精神中去。

在建设"互联网+"法治政府时，要有大局观、整体观，树立宏观思维，做好各个部门的协调统筹部署，打通不同平台之间的连接，不能在建设数据平台的同时形成一个个的数据孤岛。要从各地的实际情况出发，结合当地优势与特色，顺应当地经济社会发展的客观规律，要加强政企合作、政民合作，实现共赢。

（三）将舆情治理与法治政府建设结合起来

舆情的治理是一门学问，地方政府应加强舆情知识学习，了解舆情变化的规律。在不断演化的舆情中，了解不同参与主体在其中的作用及利益诉求，同时将舆情治理与法治建设结合起来，不能用和网民对立的心态去解决舆情问题，民意只可疏不可堵，在处理重大突发事件时，既要合法，又要合理，同时兼顾整体大局。

政府应对舆情，应避免采用粗暴删帖等方式，以免激起网友更大的愤慨，在发生重大舆情后，有关部门应迅速发声表明态度，同时从事实与法律出发，实事求是，初步调查判断舆情是否属实，如果属实，提出相应解决策略；如果不属实，则进行辟谣。在处理舆情时，一定不能遮遮掩掩，甚至是用虚假消息混淆舆论，这样会使政府失去公信力，陷入"塔西佗陷阱"。

"前事不忘，后事之师"，在出现一个舆情热点事件后，可主动排查是否还存在类似事件，吸取之前的经验教训，地方政府可以建立舆情系列应急预案，并将舆情处理作为法治政府建设的一个模块，将政府建设成有快速反应能力又有公信力的政府。

三、结语

综上所述，应对新形势下法治政府建设的挑战，一是要将科学防治疫情与深入推进法治政府结合起来，防疫、法治两不误；二是要有机结合新技术与法治建设，以法治引领技术，以新技术助推法治政府；三是要制定科学的舆情处理策略，将舆情处理与突发事件应对内化到法治政府建设中去，高效有序、合法合理地应对突发舆情挑战。

习近平总书记指出，全面推进依法治国是一项庞大的系统工程，必须统筹兼顾、把握重点、整体谋划。而法治政府建设是依法治国的重点任务和主体工程，建设法治政府，难免会遇到各种新挑战，地方政府应迎难而上、齐心协力，努力开创法治政府建设新局面。

正当程序原则在集体土地上房屋征收过程中评估程序、补偿安置方式选择的运用

——某区政府集体土地上房屋征收系列案分析

刘汝忠[*]

一、案例

某区政府拟将辖内某片区集体土地及地上房屋征收，后逐级上报得到批复后，区政府作出了《房屋征收决定的公告》及《房屋征收与补偿实施方案》，并单方选定了测绘机构以及评估机构。之后，对未能在签约期限内达成补偿协议的被征收户，区政府对其作出了《房屋征收补偿决定》，决定对被征收人的房屋实施征收，三日内可选择《房屋征收与补偿实施方案》确定的货币补偿方式进行补偿，如被征收人对测绘、评估结果有异议的，可申请复核。52 户被征收人不服补偿决定，向市中级人民法院提起诉讼。一审法院经审理认为：某区政府作出的《房屋征收补偿决定》中评估程序违法、补偿安置方式的选择违法，判决确认区政府作出的《房屋征收补偿决定》违法。判决后，征收人不服，提起上诉，二审法院经审理后判决驳回上诉，维持原判。

二、问题

（1）集体土地上房屋征收过程中的评估程序、补偿方式选择是否应当遵循正当程序原则？

（2）区政府在集体土地上房屋征收过程中评估程序、补偿安置方式的选择是否违背了正当程序原则？

---

* 刘汝忠，单位：泰和泰（北京）律师事务所，电话：13522284813。

三、意见

（一）对于集体土地上房屋征收过程中评估程序、补偿安置方式的选择并无法定程序规定

由于我国没有集体土地及集体土地上房屋征收的统一立法，在现行法律法规中，关于集体土地及地上房屋征收程序的规范主要体现在 2020 年 1 月 1 日施行的《土地管理法》和 2021 年 9 月 1 日施行的《土地管理法实施条例》中，此外，原国土资源部颁布的《征用土地公告办法》等部门规章也对此作出了零星规定，根据前述规定，征收集体土地及地上房屋的法定程序主要包括：

（1）农用地转为建设用地以及集体土地征收的审批程序。根据《土地管理法》第 44 条、第 46 条以及《土地管理法实施条例》第 23 条的规定，涉及农用地转为建设用地的，应当办理农用地转用审批手续。并且，农用地转为建设用地的审批程序与集体土地征收的审批程序须同时进行。

（2）发布征收土地预公告。《土地管理法实施条例》第 26 条规定，需要征收土地，县级以上地方人民政府认为符合《土地管理法》第 45 条规定的，应当发布征收土地预公告，并开展拟征收土地现状调查和社会稳定风险评估。

（3）公告征收土地方案，办理征地补偿登记手续。《土地管理法》第 47 条规定，由被征收土地所在地的市、县人民政府以公告形式告知被征收土地的村集体经济组织和村民：征收土地的用途、范围、面积。在公告规定的期限内集体土地的所有权人及使用权人应当持相关土地权属证书，到当地人民政府土地行政主管部门就征地补偿办理登记。

（4）公告征地补偿、安置方案，听取意见。《土地管理法》第 47 条规定，公告拟定征地补偿标准、农业人员安置办法，听取被征地的农村集体经济组织及其成员、村民委员会和其他利害关系人的意见。

（5）集体土地地上附着物的补偿标准。《土地管理法》第 48 条第 4 款规定，征收农用地以外的其他土地、地上附着物和青苗等的补偿标准，由省、自治区、直辖市制定。

由上可以看出，现有的集体土地及地上房屋征收更多的是框架性规定，而且将集体土地上的房屋作为集体土地地上附着物进行补偿，并没有考虑其特有的居住属性和一定范围的商业使用属性（如农家乐等），缺乏专门规定集

体土地上房屋征收的程序。所以，评估程序、补偿安置的可选择方式等均不能从现行法中找到明确的依据。那么，在没有法定程序的前提下，是否意味着区政府就可以随意征收集体土地上房屋，而没有程序底线约束呢？

（二）集体土地上房屋征收过程中评估程序、补偿方式选择应当遵循正当程序原则

在我国，正当程序原则很长时间内都只是"纸上谈兵"，无法直接约束行政机关。直至 2004 年国务院颁布的《全面推进依法行政实施纲要》谈到依法行政的基本要求时，明确规定要"程序正当"，即"行政机关实施行政管理……应当公开，注意听取公民、法人和其他组织的意见；要严格遵循法定程序，依法保障行政管理相对人、利害关系人的知情权、参与权和救济权……"2012 年 4 月 10 日实施的最高人民法院《关于办理申请人民法院强制执行国有土地上房屋征收补偿决定案件若干问题的规定》第 6 条规定："征收补偿决定存在下列情形之一的，人民法院应当裁定不准予执行……（五）严重违反法定程序或者正当程序……"正当程序原则，终于从行政法学者的书斋走向了司法审判的实践，成了约束行政机关作出行政行为的程序底线。

正当程序原则作为最低限度的程序正义的要求，是行政执法应当遵循的最低程序标准，也是限制公权力侵犯公民合法权利的重要原则。个别政府在利益的驱动下，随意动用征收权，要想守护住 18 亿亩的耕地红线，在有关集体土地及地上房屋征收立法进一步完善之前，只能通过基本法律原则来实现对集体土地及地上房屋被征收人权益的保护。因此，虽然我国对于集体土地上房屋征收过程中的评估、补偿安置方案的选择没有法定程序要求，但是区政府作出集体土地上房屋征收决定时仍然要受正当程序原则的约束。

此外，最高人民法院发布的征收拆迁典型案例五（吉林省永吉县龙达物资经销处诉吉林省永吉县人民政府征收补偿案），裁判要点明确指出：涉案评估报告存在遗漏评估设备、没有评估师的签字盖章、未附带资产设备的明细说明、未告知申请复核的评估权利、未协商选定评估机构等系列问题，因此撤销了被诉房屋征收补偿决定并判令行政机关限期重新作出行政行为。虽然该要点没有明确指出正当程序原则，但实质上就是要求集体土地上房屋征收时应受正当程序原则约束。《〈关于案例指导工作的规定〉实施细则》第 9 条规定："各级人民法院正在审理的案件，在基本案情和法律适用方面，与最高

人民法院发布的指导性案例相类似的，应当参照相关指导性案例的裁判要点作出裁判。"在征收拆迁方面，各级法院以正当程序原则为依据，对评估程序进行审查，那么区政府征收集体土地上房屋时当然应该遵循正当程序原则。

（三）区政府集体土地上房屋征收过程中评估程序、补偿安置方式的选择违背了正当程序原则

中共中央纪委办公厅、原监察部办公厅《关于加强监督检查进一步规范征地拆迁行为的通知》（中纪办发〔2011〕8号）第2条规定："……在《土地管理法》等法律法规作出修订之前，集体土地上房屋拆迁，要参照新颁布的《国有土地房屋征收与补偿条例》的精神执行。"

那么，考察2011年1月21日生效的《国有土地上房屋征收与补偿条例》中评估机构的选择与补偿安置方式选择的规定，第20条第1款规定："房地产价格评估机构由被征收人协商选定；协商不成的，通过多数决定、随机选定等方式确定，具体办法由省、自治区、直辖市制定。"第21条第1款规定："被征收人可以选择货币补偿，也可以选择房屋产权调换。"

通过以上法律法规分析，笔者认为评估过程、补偿安置方式的选择可按如下程序进行：

（1）关于评估机构的选定。首先，备案评估机构的申请。房屋征收范围确定后，向社会公布征收评估信息，有意向参加征收项目评估的房地产评估机构在规定期限内向房屋征收部门提出书面申请，对符合条件、符合资质的都应列入选择名单。其次，公告评估相关事项。房屋征收部门应在征收范围内以公告形式告知被征收人对符合条件的申请，参加房屋征收评估的评估机构的名单、基本情况，并将协商选择房地产评估机构的期限等相关事宜告知被征收人，以保障被征收人的知情权。再次，协商选择评估机构。被征收人先通过协商，对评估机构备案库中报名的评估机构自主选择。可以采取召集被征收人或被征收人代表会议的方式进行，也可以采取房屋征收部门征求意见的方式进行等方式协商选择评估机构。最后，公开抽签评估机构。如果被征收人通过协商未达成一致意见，将通过随机选定评估机构方式。随机的方式可以是摇号也可以是抽签。在摇号或抽签之前，房屋征收部门应先以公告形式告知被征收人事项，包括时间、地点、参选的价格评估机构的基本情况、公证机关等情况。

（2）关于被征收人申请复核及专家鉴定的权利。被征收人对房屋价值、机器设备和其他物资的搬迁费及损失补偿费、室内装饰装修价值、附属设施价值、停产停业损失和产权调换房的市场价值等评估有异议的，赋予其自收到评估报告之日起 10 日内向出具评估结果的评估机构申请复核的权利。评估机构应当自收到书面复核评估申请之日起 10 日内对评估结果进行复核。复核后，改变原评估结果的，应当重新出具评估报告；评估结果没有改变的，应当书面告知复核评估申请人。对复核结果有异议的，赋予其自收到复核结果之日起 10 日内向被征收房屋所在地的评估专家委员会申请鉴定的权利，评估专家委员会应当自收到鉴定申请之日起 10 日内，对申请鉴定的评估报告进行审核，出具书面鉴定意见。经鉴定，评估报告不存在技术问题的，应当维持评估报告；评估报告存在技术问题的，出具评估报告的评估机构应当重新出具评估报告。关于选择补偿安置的方式。征收人必须提供货币补偿与产权调换两种补偿安置的方式供被征收人自由选择，不能强制或代替被征收人选择其中一种方式。对于货币补偿，应明确货币补偿的总金额以及总金额的计算方式；对于产权置换，应提供多种产权调换的房屋地点，并且提供房屋的面积、价值、存在差价如何处理等，保障被征收人对补偿方式的选择权。

四、结论

对于集体土地及地上房屋征收过程中，各级政府应严格遵守《土地管理法》和《土地管理法实施条例》的规定，同时还应参照适用《国有土地房屋征收与补偿条例》，遵循正当程序原则，充分保障被征收人的合法权益。

牵连违法行为的判断及处罚原则

杨　灿*

　　凡是违反行政管理秩序的行为，如果法律规定了应当给予行政处罚，则针对相应的行为即应当按照相应的规定作出行政处罚，这是法律的基本原则。如果是一个简单的独立的违法行为违反了单一的法律规定，或者是彼此之间独立无任何关联性的不同违法行为，对于行政机关来说，往往容易作出准确的判断，例如某生产者生产了不合格产品，应当按照《产品质量法》的规定给予处罚，同时该生产者在其产品广告中又存在使用禁止性广告用语的，对于该行为则应当按照《广告法》的规定另行给予处罚。

　　但在实践操作中，相对人实施的行为往往具有一定的复杂性，通常都不是即时完结的一个独立的违法行为，比如有的违法行为会持续存在一段时间，被称为持续性的违法行为；有的相同违法行为会反复出现，被称为连续性的违法行为；有的违法行为虽然是一个违法行为，但会因违反不同法律的规定而有不同的罚则，被称为竞合性的违法行为；有的违法行为虽然是独立的两个行为，但独立的行为之间又存在着因果等关系，被称为牵连性的违法行为。那么，对于这些行为，是否就一律分别适用不同的法律规定分别作出不同的行政处罚呢？对于持续性违法行为（例如无照经营行为）、相同违法形态的连续性违法行为（如长期生产某一种不合格产品），按照一个违法行为进行处罚，这在实践中已经达成共识。对于前述提到的竞合行为，《行政处罚法》第29条明确规定了同一违法行为不得给予两次以上罚款处罚，违反多个法律规定应当罚款的，按照数额高的规定处罚。而对于牵连性违法行为如何处罚，《行政处罚法》并未作出明确的规定，在实践中一方面会存有不同的观点，另

---

　　*　杨灿，单位：北京市岳成律师事务所，电话：13520288820。

一方面对于是否构成牵连行为也需要行政机关进行分析判断。该类行为的判断及处罚原则是行政机关在行政处罚过程中经常遇到的困境，下面笔者就结合日常在为行政机关提供法律顾问服务过程中遇到的几个案例，对牵连性违法行为的判断及处罚原则进行简要的分析探讨。

一、问题的提出

案例一：A公司没有取得生活垃圾运输经营许可即擅自从事建筑垃圾的运输服务，且相关运输车辆也没有取得行政机关核发的建筑垃圾准运证。案情看似简单清楚，但行政机关在执法中却产生了分歧。

《北京市建筑垃圾处置管理规定》第18条第1款规定："在本市从事建筑垃圾运输服务的单位，应当取得区城市管理部门核发的生活垃圾运输经营许可，使用的运输车辆应当符合国家和本市相关标准，安装具备定位和称重功能的车载监控终端，并取得区城市管理部门核发的建筑垃圾准运许可。"虽然是一个条款，但其实质上规范了两种行为，一是垃圾运输服务单位应当取得经营许可，二是运输车辆要取得准运许可。

《北京市建筑垃圾处置管理规定》第39条同时对两种违法行为规定了不同的罚则："违反本规定第十八条第一款规定，未取得生活垃圾运输经营许可擅自运输建筑垃圾的，由城市管理综合执法部门责令限期改正，给予警告，处5000元以上3万元以下罚款；使用未取得建筑垃圾准运许可或者不符合标准的车辆运输建筑垃圾的，由城市管理综合执法部门责令限期改正，并处1万元以上3万元以下罚款；情节严重的，由城市管理综合执法部门吊销生活垃圾运输经营许可。"

那么，该案中，A公司既没有取得生活垃圾运输经营许可证擅自从事建筑垃圾运输经营，同时又使用未取得建筑垃圾准运许可的车辆运输建筑垃圾。两个行为看似独立，但又有关联，到底该如何处罚呢？是只罚一个行为？还是两个行为都罚？执法人员在理解上产生了分歧，一种观点认为，因为未取得运输经营许可，其车辆就不可能取得准运证，不是A公司不想取得准运证，而是客观上就无法取得，所以应当只处罚未取得运输经营许可擅自运输建筑垃圾的行为；另一种观点认为，客观上存在未取得垃圾运输经营许可擅自运输建筑垃圾，以及使用未取得准运证的车辆运输建筑垃圾两个违法行为，既然是两个行为，就应当分别作出处罚。

案例二：无独有偶，笔者服务的市场监管部门在行政执法中，也遇到了类似的问题。B 公司未取得食品生产经营许可证从事食品经营，且其出售的预包装食品标签上没有标注生产许可证编号。

《食品安全法》第 122 条第 1 款规定："违反本法规定，未取得食品生产经营许可从事食品生产经营活动，或者未取得食品添加剂生产许可从事食品添加剂生产活动的，由县级以上人民政府食品安全监督管理部门没收违法所得和违法生产经营的食品、食品添加剂以及用于违法生产经营的工具、设备、原料等物品；违法生产经营的食品、食品添加剂货值金额不足一万元的，并处五万元以上十万元以下罚款；货值金额一万元以上的，并处货值金额十倍以上二十倍以下罚款。"

第 67 条规定："预包装食品的包装上应当有标签。标签应当标明下列事项……（八）生产许可证编号……"第 125 条规定："违反本法规定，有下列情形之一的，由县级以上人民政府食品安全监督管理部门没收违法所得和违法生产经营的食品、食品添加剂，并可以没收用于违法生产经营的工具、设备、原料等物品；违法生产经营的食品、食品添加剂货值金额不足一万元的，并处五千元以上五万元以下罚款；货值金额一万元以上的，并处货值金额五倍以上十倍以下罚款；情节严重的，责令停产停业，直至吊销许可证……（二）生产经营无标签的预包装食品、食品添加剂或者标签、说明书不符合本法规定的食品、食品添加剂……"

从上述规定看，法律是用了两个单独的法条规范了两个不同的行为，一是未取得食品生产经营许可证擅自从事食品经营的行为，同时还存在标签违法行为。常规理解，对于不同的违法行为应当各自适用不同的规定分别处罚。

但从上述两个案例都能看到，同一主体不同的违法行为之间又不是完全独立无关的，彼此存在一定的关联。因此，在处罚认定上还是会产生分歧：到底是按两个行为分别独立作出处罚？还是应当按一个行为进行处罚？

二、问题分析

（一）牵连行为的特征分析

上述两个案例虽然是不同执法领域的问题，但两个案例存有一定的共性。分析如下：

案例一中，根据北京市城市管理委员会《建筑垃圾运输车辆准运许可告知承诺审批实施方案》，建筑垃圾运输车辆审批可由运输企业申请办理，即取得建筑垃圾运输企业经营许可是运输车辆办理建筑垃圾准运许可的前提。也就是说，如 A 公司未取得生活垃圾运输经营许可，则其所有的车辆亦无法办理建筑垃圾准运许可，即没有取得生活垃圾运输经营许可，必然会导致 A 公司用以运输建筑垃圾的车辆没有准运许可。

案例二中，因为 B 公司没有取得食品生产经营许可证，所以也必然导致其经营的预包装食品上不可能标注其食品生产许可证编号。

因此，上述两个案例中体现出的共性问题是，两个案例从客观表象上看存在两个独立的违法行为，但后一个违法行为是前一个违法行为的结果，两个行为之间有一定的牵连关系，通常被称为牵连违法行为。

行政法领域对于何谓牵连行为虽然并没有较为明确的定义，但在实践中往往都是参考刑法领域对牵连犯的认定标准进行判断，即相对人以实施某一违法行为为目的，但其手段或结果又构成其他违法形式的情形，则各行为即构成牵连违法行为。牵连违法行为的特征是：客观上存在多个符合违法构成要件的违法行为，但多个违法行为之间又具有手段与目的或原因与结果等牵连性关系，而行为人只追求一个违法意图。可以将数个行为分别确定为目的或原因、手段或结果，直接实现违法目的的是主行为，为实现这一目的创造条件或进行辅助的是从行为。

（二）牵连违法行为的处罚原则

在理论层面，对于具有牵连关系的违法行为的处罚主要有两种意见：（1）对不同的行为独立认定、独立处罚；（2）适用吸收原则，选择较重的违法行为进行处罚。在行政法领域，关于违法行为之间具有牵连关系应如何处罚的问题，《行政处罚法》并未作出明确的规定，而国务院 2004 年颁布实施的《海关行政处罚实施条例》，首次将牵连违法行为的处罚载入其中，并确定为"择一重罚"的原则。这一原则也成了后续行政机关处理牵连行为的基本原则。虽然相关层面的其他法律规范并不多，但实践中，部分行政机关在制定本部门行政处罚裁量标准时往往会对该问题的法律适用作出规定，例如《上海市应急管理部门行政处罚裁量规则》《山西省药品监督管理局行政处罚裁量权适用规则》《四川省药品医疗器械化妆品行政处罚裁量权适用规则》

等，均统一采用了"择一重罚"原则。因此，对于牵连行为，"择一重罚"已经成为行政执法领域普遍适用的原则。

三、实践中对牵连行为的判断

牵连行为的特征虽然相对明显，但在实践中，执法人员在判断时往往还是存在误区，容易作出错误的认定。

案例三：某区市场监管部门接到某消费者对 C 美容中心违法行为的举报，经调查后查明，C 美容中心向消费者提供的某酵素包装盒内有涉及疾病预防、治疗功能的宣传，违反了《食品安全法》第 71 条第 1 款的规定，属于经营标签不符合规定的食品。同时其向消费者提供服务时，宣称服务项目具有净化淋巴、提升免疫、促进脏腑的蠕动、排毒、益肾温阳、健脾和胃、养心通络、宣肺润肠等作用，违反了《反不正当竞争法》第 8 条的规定，属于对其商品的性能、功能作虚假或者引人误解的商业宣传，欺骗、误导消费者的行为。同时在提供项目服务时，还未进行明码标价，未能提供合法的销售或收费票据，依据《价格法》第 13 条的规定，这属于未明码标价行为。

在执法中，就前述违法行为如何认定、如何处罚，有一种观点认为：C 美容中心就其提供的服务项目进行虚假宣传以及未进行明码标价实际上属于一个行为触犯了两个法规，在进行罚款时，应按照处罚较重的行为进行处罚。此外，提供的酵素食品涉及疾病预防功能、对服务项目进行虚假宣传及未明码标价都属于为顾客提供服务过程中的行为，具有牵连性，可以当作是一个行为，因此，在处罚时应按照一个行为进行处罚。

上述行为虽然均是同一经营主体在提供同一种服务的过程中发生的行为，但是否即为同一违法行为呢？或者说如果是不同的违法行为是否可以认定构成牵连行为而择一重罚呢？

如前述分析中提到的，对于多个违法行为符合何种条件才具备牵连关系，一般是参考刑法中关于牵连犯的相关理论来作判断，即数个行为之间应该存在手段行为与目的行为或原因行为与结果行为的牵连关系，简而言之，即数个行为具有高度伴随性，没有前者就没有后者或者是实施前行为是为了实施后行为。

具体到 C 美容中心案件，美容中心的前述行为虽然系在提供同一种服务的过程中发生，但从客观表象上来看，其为自然可分的数个行为，包括未对服务项目进行明码标价、对服务项目进行虚假宣传以及在服务过程中向顾客销售标签违法的食品三个领域的违法行为。笔者认为，从一般的社会经验判断，未明码标价行为与后两个领域的违法行为（即虚假宣传和销售标签违法的食品）之间不具有因果关系或手段和目的关系，系完全独立的一个自然可分的客观行为，故未明码标价行为与后两个领域的违法行为之间不存在牵连关系，故在作出行政处罚决定时，未明码标价行为应单独作为一个违法行为正常处罚。

关于"虚假宣传"与"销售标签违法的食品"是否属于同一违法行为或者牵连违法行为呢？笔者认为在判断违法行为个数时不能笼统地将"一个服务项目"作为一个违法行为，也不能简单地以存在于"一个服务项目"中的行为为标准判断其为牵连行为，还要根据行为本身的客观表现进行分析。具体到该案，美容中心是在提供部分"脏腑排毒"服务过程中向消费者"赠送"某酵素，即美容中心是在虚假宣传行为完成后又向消费者提供了其他厂家生产的标签违法的食品，虽名为"赠送"，但实质相关食品的费用已经包含在服务费中，实为销售。虚假宣传与销售标签违法的食品是发生在两个阶段的独立行为，两个行为之间没有牵连关系（虚假宣传并不必然导致向消费者销售标签违法的食品），且相关法律规定对两个行为进行处罚的原因亦不同（虚假宣传是因为当事人实施了欺骗消费者的行为，而销售标签违法的食品是因为当事人没有充分履行进货查验义务）。故，笔者认为"虚假宣传"与"销售标签违法的食品"属于两个独立的违法行为，一方面其客观上自然可分，另一方面，也并不存在必然的牵连关系，既不适用《行政处罚法》第 29 条关于同一违法行为的相关规定，也不应当适用牵连行为择一重罚，而应当分别认定、分别处罚。

综上，笔者认为，在行政执法中，对牵连行为的判断标准应当根据行为的客观表象，结合牵连行为的特征，即行为之间的因果关系、手段目的关系等因素来判断其是否构成牵连行为，进而判断是否要择一重罚，还是按照各自独立的行为分别认定、分别处罚。

关于中医药行医涉及行政处罚及
刑事犯罪问题讨论与建议

龚丽平*

一、案情简介

原告系某某正骨的第五代中医药传承者（2013 年取得非物质文化遗产传承技艺），工作于徐州市某某正骨店。该店按照国家政策要求 2016 年 10 月 8 日取得某某保健按摩服务部的工商营业执照，经营范围为按摩服务（诊疗性服务除外）（依法须经批准的项目，经相关部门批准后方可开展经营活动），某某正骨祖辈五代到原告一直持续经营未有一例病人投诉称受到伤害。

2020 年 11 月 19 日，一个女病人到原告店内求医，该女士与丈夫关系不和一直有矛盾，正好当天其丈夫打电话找该女士也到达原告店内，两人积攒的情绪在店内爆发，当即报警。民警到达现场后，却直接调查某某正骨店内的业务经营，与该女士报警的事由毫无关联，侦查完毕将侦查笔录作为证据直接送往被告处，2021 年 4 月 6 日作出该案标的某卫（医）罚告〔2021〕001 号行政处罚事先告知书。行政处罚事先告知书明确记载：（1）经徐州市某某区公安局侦查，原告未取得《医疗机构执业许可证》，个人未取得《医疗资格证书》及《医师执业证书》。（2）原告享有进行陈述和申辩的权利，可在 4 月 12 日之前到徐州市某某区卫生监督所（本文以下简称"监督所"）进行陈述和申辩。（3）原告有要求举行听证的权利，如要求听证，应当在收到本通知后三日内提出申请。后原告按照前述规定前往监督所提出申请听证，

---

* 龚丽平，单位：北京雷石律师事务所，电话：18618416717。

并进行了陈述和申辩。被告于 4 月 12 日作出某卫（医）罚听 ［2021］ 001 号行政处罚听证通知书。

行政处罚听证定于 2021 年 4 月 27 日 10 时，原告进行了相应的准备进行听证。可就在听证日到来之前，监督所安排执法人员不断动员原告撤回听证申请及缴纳罚款后可以参加 10 月份的中医确有专长的考试，否则无法参加今年的考试（江苏省中医确有专长的考试政策实行后，原告参加了 2019 年第一届考试但没通过；2020 年疫情；2021 年原告再次准备报名备考），原告确信并放弃听证。2021 年 4 月 23 日被告以原告违反依据《执业医师法》第 14 条及第 39 条的规定作出没收违法所得，并处五万元以下罚款的行政处罚决定书。

2021 年 5 月，一个骨折病人到某某正骨请求原告帮其正骨，（原告被行政处罚后一直按照要求不做任何诊疗行为，但有病人的哀求，便运用某某正骨的非物质文化遗产传承技艺为其正骨），也许系巧合，同时，一名便衣（后得知系市药环的执法人员）在某某正骨店内录像，后亮明身份系市药环执法人员，即刻做调查笔录。几日后，某某区公安局通知原告因两次被行政处罚，再次发现其有诊疗行为，依据《刑法》第 336 条规定涉嫌非法行医罪及最高人民检察院、公安部《关于公安机关管辖的刑事案件立案追诉标准的规定（一）》第 57 条的规定，被羁押。

二、行政诉讼情况

律师介入后，提起行政诉讼请求撤销某某市某某区卫生健康委员会行政处罚决定，直至刑事案件撤销。律师意见如下：

（1）被告公安机关没有执法主体资格且原告没有非法行医的医疗行为。

《无证行医查处工作规范》第 3 条规定，县级以上地方卫生计生行政部门负责无证行医查处工作，县级以上地方监督执法机构在同级卫生计生行政部门领导下承担无证行医查处工作任务。即公安机关不是监督执法机构。

第一次查处与该女士报警的事由毫无关联，公安机关的查处笔录及侦查也没有非法行医的医疗行为证据。第二次查处时原告在正骨后在皮肤外面打石膏没有任何创伤性侵入性，该行为不是医疗行为，而是一种按摩性质的理疗行为，故也没有非法行医的医疗行为。

（2）被告违反法定程序。

被告连续两次的查处有不当之处：第一次非法行医行政处罚（别人以无关的事由报案，公安不予侦查）；第二次涉非法行医刑事犯罪（给求医人正骨打石膏时，另外一个便衣摄像保全证据）。

被告两次查处相隔不到一个月很明显是以打击该店为目的，以满足两次行政处罚后第三次再发现有违法行为即构成非法行医罪。

被告以利诱、欺诈、胁迫的手段促使原告放弃听证的权利：行政处罚告知书记载的听证权利，后以行医人可以参加 2021 年度确有中医专长考试为利诱迫使其放弃听证权利；放弃听证的权利后为其加速处理第二次非法行医罪的作铺垫（注：2013 年也被当地卫健委"原名卫生局"处罚过一次，但当时没有法律意思，听其言罚些款以为就没事了）。

（3）该案行政处罚适用《执业医师法》错误：该案中原告系某某正骨的第五代中医药传承者，并于 2013 年取得非物质文化遗产项目（本文以下简称"非遗项目"），即为病人提供正骨服务系非物质文化遗产项目。该案中行政处罚依据的《执业医师法》第 14 条及第 39 条的规定予以处罚。但很明显该案原告系中医正骨传承者，首先就须探寻《中医药法》的规定，即便《中医药法》有关于对无《医疗机构执业许可证》《医疗资格证书》予以处罚的规定，也有法律的不完善之处，但《中医药法》是根据中华民族中医药的特点所制定的 2017 年 1 月 1 日生效实施的一部法律。《中医药法》对于非遗项目，其第 42 条中有明确的规定：对具有重要学术价值的中医药理论和技术方法，省级以上人民政府中医药主管部门应当组织遴选本行政区域内的中医药学术传承项目和传承人，并为传承活动提供必要的条件。传承人应当开展传承活动，培养后继人才，收集整理并妥善保存相关的学术资料，属于非物质文化遗产代表性项目的，依照《非物质文化遗产法》（本文以下简称《非遗法》）的有关规定开展传承活动。因此该案中属于非遗代表性项目，应适用《非遗法》的有关规定开展传承活动。其中《非遗法》第 28 条规定国家鼓励和支持开展非物质文化遗产代表性项目的传承、传播。

（4）该案中非遗项目的传承活动，系其工商营业执照经营范围中依法须经批准的项目，即合法。其工商营业执照记载，经营范围为：按摩服务（诊疗性服务除外）（依法须经批准的项目，经相关部门批准后方可开展经营活动），而 2013 年就经某某区人民政府认定为非遗项目和代表性传承人，某某正骨祖辈五代到原告一直合法合规经营，未有一例病人投诉称受到伤害。那么可以理解为该运用的非遗项目系上述工商营业执照经营范围中依法须经批准的项目，经相关部门批准后开展的经营活动，即为合法。

（5）该案中运用非遗项目开展的经营活动，没有任何社会危害性，不应行政处罚更不应科以刑责。

某某正骨店内数百面锦旗系被救助的老百姓对其技能的认可和感恩，系中华民族的中医医疗服务，技能高超，对社会不但毫无危害性，而且获得了多人的称赞，以至于有生命健康需求者慕名而来，作为医生有能力帮而不帮，则是违背人伦的不义之举，原告身为有技能之人，当然不会违背人伦。因此，原告的行为不但不能被处罚，反而应该被保护、被弘扬，以造福更多人，更好地展现中华民族的古老中医药文化，更好地用东方文明引领世界文明。该行为既符合国际人权法和红十字会的要求，更在我国《宪法》第 51 条之规定范畴内。

结合该案的两次（行政处罚和刑事案件）查处，在没有任何举报人立案且没有任何医疗事故的情况下，很明显就是为了刑事案件的立案而立案（最高人民检察院、公安部《关于公安机关管辖的刑事案件立案追诉标准的规定（一）》第 57 条规定："未取得医生执业资格的人非法行医，涉嫌下列情形之一的，应予立案追诉……（四）非法行医被卫生行政部门行政处罚两次以后，再次非法行医的……"）。现该行政处罚被撤销，那么将皮之不存毛将焉附，该案的非法行医罪即不成立，应不予起诉。

行政诉讼结果：非法行医行政处罚撤销，即涉嫌非法行医刑事犯罪所依据的两次行政处罚以后，再次非法行医的，该罪的法律基础随即丧失，非法行医刑事案件予以撤销。

三、中医药行医相关法律法规适用问题及建议

从前文可以发现，中医药行政处罚和刑事犯罪交叉，且行政处罚有多部法律的适用，多头管理导致矛盾冲突，不统一不协调。该案行政处罚适用法律的偏差，究其根本是行政执法方法正当性问题，那么应注重行政执法方法正当性；另须完善修改相关法律的指引和适用相关条款的司法解释。

（1）中医药行医行政处罚及刑事犯罪问题：最高人民检察院、公安部《关于公安机关管辖的刑事案件立案追诉标准的规定（一）》第 57 条规定：

"未取得医生执业资格的人非法行医，涉嫌下列情形之一的，应予立案追诉……（四）非法行医被卫生行政部门行政处罚两次以后，再次非法行医的……"《刑法》第 336 条第 1 款规定："未取得医生执业资格的人非法行医，情节严重的，处三年以下有期徒刑、拘役或者管制，并处或者单处罚金；严重损害就诊人身体健康的，处三年以上十年以下有期徒刑，并处罚金；造成就诊人死亡的，处十年以上有期徒刑，并处罚金。"该案看起来很明显，如果想冠医疗机构非法行医罪名，很容易就可以对欲处罚对象处两次以上行政处罚，再行依据上述规定第 57 条第 4 款的规定，非法行医被卫生行政部门行政处罚两次以后，再次非法行医的涉嫌刑事犯罪予以追诉。

建议：中医药医疗机构在没有任何直接的医疗伤害情况下，明确不适用于《刑法》第 336 条第 1 款规定及最高人民检察院、公安部《关于公安机关管辖的刑事案件立案追诉标准的规定（一）》第 57 条第 4 款规定，行政违法应在行政范围内予以解决，而不应该纳入刑法范围，另即便未取得医师执业资格的人非法行医，在没有医疗伤害的情况下，也可归类于扰乱市场秩序中非法经营罪名。

（2）《执业医师法》与《中医药法》交叉应用：该案所适用《执业医师法》第 14 条及第 39 条的规定予以处罚明显错误，原告系中医正骨传承者，而《中医药法》已经于 2017 年 1 月 1 日实施，应该适用《中医药法》的规定。现行《中医药法》即便有不完善之处，但也是一部根据中华民族中医药的特点所制定的法律。而该案适用的《执业医师法》（2022 年 3 月 1 日实施《医师法》后便失效，其中也有关于中医药的规定）与《中医药法》系同等位阶的法律，即执法机关可随意选择适用哪部法律，那么就会导致国家在中医药执业方面有多部法律多个部门多头管理，而恰恰中医药的整体性特点不适宜多头管理。

建议：将行政执法的方法正当性在行政法律中列为基本原则之一（比如该案执法首先应拟清事实问题然后才能找出相对应的法律规则），在该案中原告是中医正骨传承者给病人正骨，首先大的框架是中医问题，而该案的处罚问题是西医问题，且执法机关往往习惯于用处理西医问题的规则，来分析论证中医问题，并得出对西医问题的处理结论。中国本就有中医药文化，在中国漫长历史中有着深厚的文化积淀和传承，也具有广泛的民族认同，且《中医药法》已经实施了多年，可以完全放开，从自身的理论体系中探寻适用中医医师执业的道路。

（3）《中医药法》条款之间冲突及与《非遗法》交叉应用：《中医药法》第 14 条第 1 款规定，举办中医医疗机构应当按照国家有关医疗机构管理的规定办理审批手续，并遵守医疗机构管理的有关规定。《中医药法》第 56 条规定，违反本法规定，举办中医诊所应当备案而未备案的，由中医药主管部门和药品监督管理部门按照各自职责分工责令改正，没收违法所得，并处三万元以下罚款，向社会公告相关信息。该案原告是中医传承者且申请取得了非遗项目，而非遗项目在《中医药法》中第 42 条有相关规定，即对具有重要学术价值的中医药理论和技术方法，省级以上人民政府中医药主管部门应当组织遴选本行政区域内的中医药学术传承项目和传承人，并为传承活动提供必要的条件。传承人应当开展传承活动，培养后继人才，收集整理并妥善保存相关的学术资料。以上几个条款均为独立的条款，无任何牵制和指引，即用其中一个条款足以"行政处理"，且《中医药法》与《非遗法》也系同等位阶的法律，这意味着执法机关可以随意选择适用哪部法律，但多部法律的适用反而导致"无法律可适用"。该案适用《中医药法》第 14 条、第 56 条"行政处理"后，可以发现对一个没有社会危害性、获得人们交口称赞的非遗项目也能进行"行政处理"。但问题来了，无法真正地解决问题，如此处罚会导致我国中医药行政治理本末倒置，形成实质性的社会伤害。很明显该案应当适用《非遗法》第 28 条，即国家鼓励和支持开展非遗代表性项目的传承、传播。既然国家鼓励和支持的非物质文化遗产传承、传播，又符合工商营业执照经营范围中依法须经批准的项目，也即合法合规。

建议：中医系中国优秀文化的集大成者，对涉及申报的非遗（文化）项目中医疗技术在《中医药法》第 14 条、第 15 条的前面前置性地将非物质文化遗产明确规定不适用《中医药法》，而直接规定适用《非遗法》。

（4）《中医药法》第 15 条规定，从事中医医疗活动的人员应当依照《执业医师法》的规定，通过中医医师资格考试取得中医医师资格，并进行执业注册。中医医师资格考试的内容应当体现中医药特点。以师承方式学习中医或者经多年实践，医术确有专长的人员，由至少两名中医医师推荐，经省、自治区、直辖市人民政府中医药主管部门组织实践技能和效果考核合格后，即可取得中医医师资格；按照考核内容进行执业注册后，即可在注册的执业范围内，以个人开业的方式或者在医疗机构内从事中医医疗活动。注意："师承方式学习中医"规定得很明确，但"或者经多年实践，医术确有专长的人员"中"多年实践"怎么理解呢？可以明确的是多年实践是无证的状态，那么这个无证状态是否可以在行医的过程中实践呢？否则永远都没有经多年实践医术确有专长的人员而报名考核中医医师资格了，即如果需经多年实践作为参加考核的必要条件，只有"非法行医"五年后才有可能有报名的资格，那么这个无证行医阶段还会违法吗？换言之，在获得医师资格证之前，中医参加医疗实践（诊疗活动）是合法的。

建议：针对《中医药法》第15条第2款中"经多年实践"须出台相关的司法解释予以明确，什么情形下的实践才符合多年实践的标准，比如在别的医疗机构工作或者实习等标准，或者准许放开原来无证行医的中医大夫在几年内报名考核，考核不合格再淘汰。

（5）该案中正骨行为外敷石膏不是医疗行为在前两部分有详细阐述。细细琢磨，有一个重大问题凸显：对医疗行为和非医疗行为的界限，在有关中医药所有的法律法规也没明确的规定，仅有几条抽象的条款。而中医行为中，医疗安全是首要责任；但非医疗行为，比如该案中养身保健的民族传统中医药。两者处于"灰色地带"，对什么样的行为是医疗行为界限不明。

建议：首先，行政执法对中医药这种管理规范的医疗行为要与非医疗行为严格划清界限。其次，即便没有现存的执法依据，即没有医疗行为与非医疗行为的明确界限，那么行政机关应受"法无授权不可为"，而以有利于当事人的利益原则处理。最后，行政机关实施行政行为应符合合理性原则，始终为了公众的利益和正当的理由。另立法方面，中医药领域的专家和在实践从事中医药行业内律师可以担起责任，组织认证医疗行为和非医疗行为准入标准是什么。对于中医药整体性、如何规范，可以专门出台一部国务院级别的法规或部门规章，就医疗行为和非医疗行为（包括但不限于中医药）细化。

四、总结与反思

目前基本上是在用西医的管理模式管理传统中医药，用培养西医的教学方法培养中医人才。这导致了中医应有的权利得不到有力的保护，对中医的传承和发展造成了阻碍（很多民间中医教育主要是靠师傅带徒弟的方式继承下来，没有接受过西医体系下的培训及教育而无法考取医师资格证；开办医药卫生机构和医药企业的行政许可文件，也包括自制中药得不到审批。但恰恰这些是民间中医药经过长期历史实践和筛选传承后的技术人才和配方，比如该案的非遗项目）。中医药实践性强、理论自成体系，是我国具有特色的医药。近年来出台的一些法律已经有矫正和重新导向的作用了，现在需要的是将这些新法律的意图落实到社会层面。笔者坚信，只要中医药能够从国家的立法、司法及法律应当体现的价值理念高度来与时俱进，便能撑起中医药事业的一片蓝天，开创中医药事业新局面。

企业登记全程电子化办理模式下，申请材料真实性举证责任的"转移"

黄　珊*

一、案情简介

2020 年 8 月 17 日，[1]某公司委托郭某作为经办人申请公司设立登记，朱某为该公司的法定代表人及唯一股东。依据《公司登记管理条例》《企业登记提交材料规范》等相关法律法规的规定，郭某通过北京企业登记 E 窗通提交了设立申请材料。经审查，该公司提交的材料齐全，符合法定形式，故某区市场监督管理部门于 2020 年 8 月 18 日准予其设立登记。

2021 年 8 月，朱某将某区市场监督管理部门诉之法院，其以该部门对某公司的设立登记并不知情且未参与该公司的实际经营为由，要求法院撤销某区市场监督管理部门于 2020 年 8 月 18 日准予该公司设立登记的行政行为。某区市场监督管理部门接到应诉通知书后，于法定期限内向法院提交了答辩状、证据及法律依据。其中，证据包括公司设立登记申请材料、朱某的《实名认证信息表》（该实名认证信表包含朱某身份证正面、反面图像以及朱某人脸识别留存图像，认证时间为 2020 年 8 月 17 日 10：08：14）、朱某的《业务确认信息表》（该业务确认信息表包含朱某的人像识别留存图像以及业务确认签名字样，业务确认时间为：2020 年 8 月 17 日 05：08：04）、北京市市场监督管理局印发的《北京市企业服务 e 窗通平台使用指南》。

庭审过程中，经法院询问，朱某认可某市监局提交的《实名认证信息表》

---

* 黄珊，单位：北京市岳成律师事务所，联系方式：15501160365。
[1] 本文所引法条皆以当时有效的法律法规为准，后不赘述。

及《业务确认信息表》中相关身份证照片及人脸识别留存图像系其本人，但朱某表示其未通过企业登记 e 窗通 APP 办理过该公司的设立登记手续且该公司设立登记申请材料中的《郑重承诺》《法定代表人、董事、经理、监事信息表》《某公司章程》《指定（委托书）》《北京市市场主体登记告知承诺制——出资人（法定代表人）承诺书》等材料中相关法定代表人或股东签字均非其本人签署。

二、问题提出——企业登记全程电子化办理模式下市场监管部门是否负有申请材料真实性的举证责任

（一）纸质化办理模式下，申请材料真实性的举证责任承担主体

《公司登记管理条例》第 2 条第 2 款规定："申请办理公司登记，申请人应当对申请文件、材料的真实性负责。"第 51 条规定："公司登记机关应当根据下列情况分别作出是否受理的决定：（一）申请文件、材料齐全，符合法定形式的，或者申请人按照公司登记机关的要求提交全部补正申请文件、材料的，应当决定予以受理……"根据上述规定可知，在公司申请办理登记过程中，市场监管部门对申请材料仅负有形式审查义务，即仅审查申请材料是否齐全，是否符合法定形式。

在通过提交纸质材料办理工商登记的传统模式下，如相关人员（本文以下简称"当事人"）认为其身份信息被冒用进而被市场监督部门登记为企业的法定代表人或股东的，其可以市场监督管理部门为被告向人民法院提起行政诉讼的途径来撤销工商登记。在此类诉讼中，依照《行政诉讼法》第 34 条"被告对作出的行政行为负有举证责任，应当提供作出该行政行为的证据和所依据的规范性文件。被告不提供或者无正当理由逾期提供证据，视为没有相应证据。但是，被诉行政行为涉及第三人合法权益，第三人提供证据的除外。"之规定，市场监管部门仅对已履行形式审核义务承担举证责任，对于申请材料的真实性（即申请材料上的签名是否为当事人所签以及提交申请材料是否是当事人的真实意思）问题，原则上应由原告来进行举证。

在原告系因身份证件丢失进而被他人冒用身份信息登记为企业法定代表人或股东的情况下，原告可以通过提交身份证丢失的相关证明（如身份证件丢失报警回执、身份证件遗失公告、银行挂失身份证件记录）、笔迹鉴定报告

等材料来证明申请材料上相关签字为虚假的，工商登记不是本人的真实意思表示。在原告系因股东间争议而出现被其他股东伪造签名进而进行工商变更登记的情况下，目前的司法实践并不统一：部分法院认为，股东会决议是否合法有效的审查判断不仅涉及签字的真伪，还涉及行为人的意思表示是否真实、是否存在委托代理等问题，而这些问题系民事争议范畴，并非行政诉讼的审查范围。故，在被诉行政行为涉及的民事行为存在明显争议的前提下，应当先行通过民事诉讼途径对委托代理的效力进行判断。而部分法院则是通过在行政诉讼中直接追加相关企业或股东为第三人的方式对股东会决议的效力进行查明。无论是走先民事后行政还是直接在行政诉讼中一并解决民事争议的路径，申请材料的真实性均由原告承担举证责任，市场监督管理部门只需举证证明自身履行了形式审核义务。故在因纸质申请材料不真实进而引发的撤销工商登记行政诉讼案件中，市场监督管理部门一般只提交工商登记材料作为证据。例外的情况下（如原告先申请市场监督部门自行撤销工商登记，在市场监督部门作出不予撤销决定的情况下，原告提起行政诉讼，通过市场监督部门自撤程序的相关调查，可以确认工商登记是原告的真实意思），市场监督管理部门会提交自撤程序中的相关材料作为证明工商登记系原告真实意思的证据。

（二）全程电子化办理模式下，申请材料真实性的举证责任承担主体

1. 全程电子化办理流程简述

为进一步推进市场主体登记便利化、优化营商环境、服务市场发展，同时，为加强对冒名登记违法行为的防范，北京市市场监督管理局开发了企业登记e窗通系统，该系统可实现全程电子化办理商事登记。目前通过该系统办理电子化登记的具体流程为：在办理企业登记全程电子化业务前，被委托人（经办人）、股东及法定代表人需首先进行实名认证。实名认证通过后，经办人在企业登记e窗通中进行企业登记申请材料的填报，填报完毕并提交后，相关业务会推送到公司股东、法定代表人的账户中待确认。股东、法定代表人登录账户后，可以预览所有公司申请登记的相关文件，确认无误后可以点击确认并进行签字。登记申请材料经全体股东及法定代表人完成业务确认后会提交到区市场监督管理部门进行审核。在归档方面，全程电子化办理的工商登记，工商档案中除了企业登记申请材料外，还会保存经办人、法定代表

人、股东等的《实名认证信息表》和《业务确认信息表》。前述信息表中会留存相关人员实名认证/业务确认时提交的身份证照片、系统抓取的人脸图片、进行业务操作的签字及签字时间。

2. 全程电子化办理模式下申请材料真实性证明方式的变化

在通过提交纸质材料办理工商登记的传统模式下，如申请人认为工商登记材料存在伪造签名等虚假情况，其可以通过进行笔迹鉴定的方式来证明。而在通过企业登记 e 窗通全程化办理商事登记的情况下，需要法定代表人、股东等签名的文件均是由相关人员在业务确认环节通过电子签名的方式予以实现。由于"电子签名"的可视化外观（即通过手机屏幕进行的签名）与传统签名具有本质区别且电子签名的实质是用于识别签名人身份并标明签名人认可其中内容的数据，故在诉讼中，无法亦不能通过申请笔迹鉴定的方式来证明签字系伪造。此种情况下，对于申请材料真实性的问题需通过证明相关操作系当事人自行进行且当事人知晓其签字的文件两个层面来实现。

3. 全程电子化办理模式下，申请材料真实性的举证责任承担主体

在全程电子化办理模式下，市场监督部门除对登记材料是否齐全、是否符合法定形式进行形式审查以外，企业 e 窗通设置的技术手段本身即是对相关人员身份真实性、签字真实性进行的审核。由于企业登记过程中，市场监督部门已对相关材料的真实性进行了审核且真实性的相关证明材料保存在市场监管部门，故在诉讼中，市场监督管理部门应对申请材料的真实性进行举证。

三、全程电子化办理模式下市场监管部门的应诉建议

（一）电子化办理模式下需注意的问题

在电子化办理模式下，申请材料的真实性是通过实名认证和业务确认两个环节来保障的，且实名认证时间须在业务确认时间之前。但因为技术原因，工商档案中留存的材料会出现留存时间与实际时间不一致的情况。如在朱某诉某区市场监督管理局工商登记案件中，《实名认证信息表》显示朱某进行实名认证的时间为 2020 年 8 月 17 日 10：08：14，而《业务确认信息表》显示朱某进行业务确认的时间为 2020 年 8 月 17 日 05：08：04，出现业务确认时间早于实名认证时间这一情况，庭审中，原告也对这一操作流程的合理性产

生了怀疑。基于前述情况，法院要求某区市场监督管理部门对该情况进行解释。后经某区市场监督管理部门与北京市市场监督管理部门核实，业务确认时间早于实名认证时间是因为业务确认时间未按照 24 小时制时间展示，业务确认实际时间应为 2020 年 8 月 17 日 17：08：04。

（二）市场监管部门的应诉建议

在申请材料没有当事人"亲笔签名"且当事人否认办理过工商登记业务的情况下，市场监督部门应对以下方面进行举证进而证明申请材料的真实性：（1）账号系本人进行注册，不存在他人冒用身份信息注册的情况；（2）业务确认系本人进行操作，不存在他人盗用账号的情形；（3）当事人业务确认指向的是特定公司的工商登记申请材料。前述申请材料真实性的保障措施需市场监督管理部门在诉讼中对企业登记 e 窗通的操作流程予以充分举证和详细说明。因在诉讼过程中，法官无法通过亲自操作企业登记 e 窗通的形式来体验企业登记全程化电子办理的具体过程，故市场监督管理部门应通过提交北京市市场监督管理局印发的系统使用指南来证明电子化办理流程并通过简明扼要的介绍帮助法官了解业务流程。此外，针对此类案件中法官关注的焦点问题（如账号的实名认证过程是怎么操作的、业务操作环节的具体流程以及如何确保当事人签字的文件是某公司的工商登记申请材料），区级市场监督管理部门要透彻了解相关操作的具体细节并对《实名认证信息表》及《业务确认信息表》中相关信息的提取过程予以掌握。另，针对企业登记 e 窗通后台记录中可能存在的矛盾之处（如业务确认时间早于实名认证时间），区市场监督管理部门应高度重视，并在开庭前与市市场监督管理部门相关处室进行沟通、核实，以做好法庭询问的答复工作。

浅析律师参与"僵尸企业"治理的对策

——以眉山市"僵尸企业"治理为视角

代广义* 贾 泽**

清理僵尸企业是我国深化供给侧结构性改革的重要举措,尤其在新冠肺炎疫情肆虐的当下更是活化市场、提振我国经济的重要手段。我国治理僵尸企业历经多年,取得了重大成果,但也面临着新的问题。在协助清理眉山市僵尸企业的过程中,四川达宽律师事务所分析汇总了当地僵尸企业的致困成因,提出了多样化、富有针对性的治理方式以及相关优化建议,希望对未来的清理工作有所裨益。

一、我国开展僵尸企业治理的现状及问题

(一)我国开展僵尸企业治理的现状

"僵尸企业"是外来词汇,是经济学家爱德华·凯恩在研究日本经济问题时提出并为各国接受的。"僵尸企业"有三大特征:一是不能正常经营;二是持续获得放贷者或政府的资金支持;三是近期或长期不会倒闭。僵尸企业是企业在经济发展过程中不断形成的,主要有两方面的成因:一方面是外部因素的影响,如市场、疫情或者自然灾害等原因,另一方面是企业自身经营不善导致资不抵债或经营难以持续。为了实施供给侧结构性改革,解决我国产能过剩问题,我国在 2014 年发布的《关于加强金融监管防范金融风险工作情况的报告》明确稳增长、调结构是"十三五"期间工业转型升级的主要目标,而清理"僵尸企业"是深化改革的重要措施之一。这是我国首次引用"僵尸

* 代广义,单位:四川达宽(北京)律师事务所,电话:18201178155。
** 贾泽,单位:四川达宽(北京)律师事务所,电话:15652374450。

企业"这一概念。2017 年 4 月，国家发改委等部门联合发布《关于做好 2017 年钢铁煤炭行业化解过剩产能实现脱困发展工作的意见》（发改运行［2017］691 号）明确提出，将处置"僵尸企业"作为化解过剩产能的牛鼻子。2018 年 4 月 9 日，国家发改委等发布的《关于做好 2018 年重点领域化解过剩产能工作的通知》（发改运行［2018］554 号），进一步明确做好"僵尸企业"分类处置。2019 年 6 月 22 日，国家发改委等联合发布《加快完善市场主体退出制度改革方案》，明确将"僵尸企业"出清问题作为供给侧结构性改革的重要抓手和突破口。近期，由于新冠肺炎疫情肆虐、全球需求市场萎缩，引导资源流向高效率产业成为提升我国外循环水平的重要途径，处置"僵尸企业"，淘汰落后和过剩产能成了工作重点。

2020 年，眉山市经济和信息化局发布的《关于开展"助企脱困"专项服务的工作通知》明确，为精准服务闲置企业、"僵尸企业"、停产企业等困难企业，眉山市经济和信息化局聘请四川达宽律师事务所开展"助企脱困"专项服务（本文以下简称"本项目"）。本项目中四川达宽律师需要完成四项工作：一是开展助企诊断，需要对眉山市 30 户困难企业逐户摸底，掌握企业实际生产经营情况，逐户开展企业专业化法律诊断，出具诊断意见，制定帮扶方案；二是开展法律服务，包括提供专业化法律宣传，指导企业运用法律手段脱困；三是实施风险预警，包括协助建立企业风险防范预警机制，提高企业风险防范能力；四是服务企业脱困，整合资源开展法律、财税等综合性服务。

（二）我国开展"僵尸企业"治理中的问题

虽然，我国在"僵尸企业"治理中取得了巨大成果，但仍然有一定问题。尤其在眉山市的"僵尸企业"治理项目中，暴露出"僵尸企业"与相关政府机构的沟通不足、律师参与程度不足等问题。律师只是介入"僵尸企业"初期的经营情况梳理和治理意见提出，在后续的企业治理措施的具体实施等中后端流程中反而参与不多。

二、律师参与"僵尸企业"治理的经验分析

（一）"僵尸企业"的认定

当前，我国对"僵尸企业"并没有明确的定义，但是"僵尸企业"的某些特征是公认的，如依赖非市场因素存续、资不抵债并陷入困境。其中，依

靠政府或银行的非市场化支持而免于退出市场是识别"僵尸企业"的重要特征。眉山市在治理"僵尸企业"项目中,将三类企业认定为"僵尸企业":一是停产停业两年以上、不具备偿债能力、救治无望的企业;二是不符合结构调整方向、设立五年以上、连年亏损主要依赖政府补贴和银行续贷等方式维持生产经营,资产负债率连续三年超过100%的企业;三是因突发性原因陷入困境的企业。

(二)"僵尸企业"的致困原因分析

我国"僵尸企业"的致困原因很多,该项目中"僵尸企业"的致困原因主要为经营困难、资金链断裂、陷入债务纠纷等经济因素,其次是法定代表人个人原因无力经营、企业技术不足、自然灾害和企业拆迁等原因。需要指出的是,企业的致困原因并不是单一的,往往是多种原因叠加的。具体致困原因详见下图。

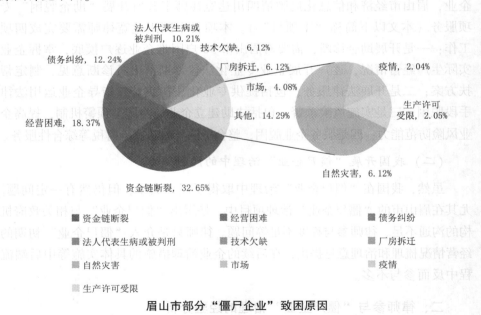

眉山市部分"僵尸企业"致困原因

(三)"僵尸企业"的治理方式及分析

我国治理"僵尸企业"的传统方式有并购重组、破产清算、托管经营和扶持发展四种,具体详见下表。

我国"僵尸企业"的一般治理方式

治理方式	满足条件	治理问题	特点
并购重组	企业通过并购重组能够对资源进行整合，在一定程度上提升并购双方的经营空间和利润收益	经营业务、管理流程难以整合到位，企业管理决策制定难度加大	重新利用企业的资源，妥善解决员工就业问题
破产清算	企业资不抵债，短期内无法创造新的利润增长点	相关法律法规不健全，实际可操作性较低	破产清算程序繁杂，短时间内无法完成
托管经营	企业经营不善但存在发展前景或属于经济支柱产业，但因体制原因难以开展并购重组	难以找到具备经营管理能力和资金能力的托管者	规避体制性障碍、不开展产权转让、充分利用社会资本
扶持发展	企业属于新兴产业或具备经济活力，暂时出现经济困境	以财税优惠政策、费用减免以及信贷支持等方式降低经营压力	政府扶持成本过高且存在较高的风险

传统的四种治理方式中，托管经营的操作难度较大，扶持发展和破产清算应用较多。本项目中，律师对困境企业的治理建议主要为三种，分别为纾困解难、破产重整和破产清算。

1. 纾困解难

为企业纾困解难直接针对企业的致困原因和当前实际情况，直接解决困难，恢复企业活力。这种措施主要针对暂时陷入困境的企业，企业存在的问题相对简单。但是，困境企业的问题较为复杂，纾困解难需要从多方面着手，统筹考量，综合施策。在"僵尸企业"治理中，可以将纾困解难作为前置手段。先采取纾困解难方式尝试解决企业的困难，若可以解决，说明企业的问题不大；若存在较大困难则要考虑其他治理方式。律师在这一阶段的工作较多，可通过联系政府和银行为"僵尸企业"协调优惠政策、联络资金。对于技术欠缺的"僵尸企业"，律师还可帮助协调沟通专利授权、技术转让等事宜，通过技术改造升级解决"僵尸企业"技术落后问题。

2. 破产重整

对"僵尸企业"破产重整主要是通过司法干预拯救虽存在破产原因但尚有希望挽救的"僵尸企业",以期恢复企业的生产经营。破产重整的优势是可以最大程度保留"僵尸企业"的核心技术或其他竞争优势。同时,通过重整使企业职工与企业共存,可较大减少失业职工安置问题给政府造成的工作压力。

但是破产重整的适用存在较大局限性。首先,破产重整需要按期提交重整计划草案,不能按期提交则会被法院裁定终止重整程序并宣告破产。其次,采取破产重整并无法保证一定能够拯救"僵尸企业",存在较大风险。一旦重整失败,不但没有解决"僵尸企业"的问题,还浪费了前期投入。最后,破产重整成功后,"僵尸企业"恢复到原本的经营水平需要较长时间,后期成本较大。

综合来看,破产重整是针对"僵尸企业"较好的治理方式,既保留"僵尸企业"的竞争力,避免企业彻底退出给当地经济发展造成的不良影响,又可以从根本上解决企业存在的问题,对政府和企业而言都可以更平稳地完成企业"脱僵"工作,但缺点是投入的人力物力成本较高。

3. 破产清算

"僵尸企业"破产清算主要是通过直接对"僵尸企业"清算,将其彻底清除。破产清算是治理"僵尸企业"最彻底的方式,通过将"僵尸企业"直接清出市场,断绝其继续维持现状、拖垮当地经济、占用社会及市场资源的可能。破产清算是"僵尸企业"清理的终极方式,只有在企业问题严重时,才应当适用。如企业陷入严重的债务纠纷、企业经营扭转困难、企业丧失经营意愿等。这种方式虽然彻底,却会因为企业破产而产生一些其他问题,包括导致"僵尸企业"职工失业,以及"僵尸企业"的相关债权人利益损失等,并或将导致大量纠纷与诉讼。律师在分析"僵尸企业"时,应当将破产清算作为最后的方式。律师的主要工作包括协助按破产管理人的要求提供相应材料、协助企业完成清算及注销等事宜。

三、律师参与"僵尸企业"治理的对策和改进建议

四川达宽律师在本项目中除了协助眉山市政府部门梳理企业情况,提出分类施策的治理方案和意见外,还有两点优化建议。

(一) 建议强化分类治理

1. 建议加强"僵尸企业"与相关部门的协调辅助工作

"僵尸企业"的重要致困原因是其缺乏与银行、政府等相关部门的有效沟通。因此，律师工作的重要部分在于搭建或恢复"僵尸企业"的外部沟通机制，主要包括与两类主体的沟通，即银行机构和政府机构。考虑到"僵尸企业"普遍存在信用风险，律师若欲帮助"僵尸企业"脱困，可以借助政府支持，与银行沟通争取短期流动资金贷款或专项贷款，补全"僵尸企业"特定项目的资金缺口，帮助企业恢复生产，从而达到脱困目标。

律师与政府部门的沟通，主要目标是协调落实政府的各项福利政策，尤其是政府工业园区政策。"僵尸企业"普遍缺少工作场地，如果能帮助"僵尸企业"进入政府工业园区，将大大改善"僵尸企业"的经营情况。律师的主要工作包括协助"僵尸企业"和政府签订拆迁补偿协议、协助"僵尸企业"了解政府政策补贴或银行贷款优惠。

2. 强化律师在"僵尸企业"破产中的作用

对于经营状况、财务状况虽恶化，但仍有核心技术或人员的企业，应优先考虑企业重整。律师的主要工作包括协助企业选定重整投资人、协助制定重整计划草案。如果重整失败则需要进行破产清算。在破产清算中，律师可以建议政府部门和企业协商收回土地及地上建筑物，协助企业清算和注销，解决债权债务的清偿工作，达到企业用回购款清偿公司债务，正式退出市场，政府另行利用土地招商引资的效果。另外，律师可以协助政府制定失业职工安置方案。对于企业涉及的多方利益主体，为保证债权人、职工、债务人及股东等的利益均衡，律师可对企业财产的分配出具解决方案。

3. 增加强制注销制度的适用

2019 年我国规定了强制注销制度，律师可以协助政府对"僵尸企业"启动强制注销。对于强制注销，要把握好市场主导和政府推动之间的平衡，确立强制注销的前置条件，谨慎采取强制注销的措施，避免政府对企业经营的过度干预。通过律师协助政府规范运用强制注销制度，发挥政府在治理"僵尸企业"方面的主动推动作用，也避免造成政府过分影响企业治理的不良后果。

（二）建议提升律师对"僵尸企业"中后期治理的参与程度

律师在"僵尸企业"治理中的主要工作是协助政府对企业进行准确定位，完成对企业基本情况的全面了解、审计分析，判断是否属于"僵尸企业"，出具法律诊断报告，并针对不同的企业提出不同的治理建议。但需要指出的是，律师作为政府法律顾问主要解决的是"僵尸企业"的前期治理工作，未能有效参与中后期治理，尤其是未能参与企业破产阶段的治理。建议政府在"僵尸企业"治理项目立项时，提高律师参与"僵尸企业"中后期治理的程度，协助政府妥善完成"僵尸企业"的后续安置工作。

第二部分

依法行政问答

《行政处罚法》有关问答

1. 行政处罚的实施机关是谁?

答：根据《行政处罚法》第 17 条的规定，行政处罚由具有行政处罚权的行政机关在法定职权范围内实施，行政机关不能在超出自身职权范围的领域实施行政处罚，其他组织主体更无权实施行政处罚。其中限制人身自由的行政处罚只能由公安机关和法律规定的其他机关行使。

根据《行政处罚法》第 20 条、第 21 条的规定，行政机关依照法律、法规、规章的规定，可以在其法定权限内书面委托符合《行政处罚法》第 21 条规定条件的组织实施行政处罚，但不得委托其他组织或者个人实施行政处罚。受委托的组织必须符合：依法成立并具有管理公共事务职能；有熟悉有关法律、法规、规章和业务并取得行政执法资格的工作人员；需要进行技术检查或者技术鉴定的，应当有条件组织进行相应的技术检查或者技术鉴定。

2. 行政处罚有哪些种类?

答：根据《行政处罚法》第 9 条的规定，行政处罚的种类有：警告、通报批评；罚款、没收违法所得、没收非法财物；暂扣许可证件、降低资质等级、吊销许可证件；限制开展生产经营活动、责令停产、责令关闭、限制从业；行政拘留；法律、行政法规规定的其他行政处罚。比如因违反交通法规而被罚款、吊销驾照，就是一种行政处罚。

3. 行政处罚由什么法规设定?

答：根据《行政处罚法》第 10 条、第 11 条、第 12 条、第 13 条、第 14 条的规定，行政处罚由法律、行政法规、地方性法规、国务院部门规定、地方政府规章设定，但是不同层级的法规可以设定行政处罚的范围不同。其中限制人身自由的行政处罚（如行政拘留）只能有法律设定，行政法规可以设定除限制人身自由以外的行政处罚，地方性法规可以设定除限制人身自由、吊销营业执照以外的行政处罚，国务院部门规章可以在法律、行政法规规定的给予行政处罚的行为、种类和幅度的范围内作出具体规定，地方政府规章可以在法律、法规规定的给予行政处罚的行为、种类和幅度的范围内作出具体规定，下级法规制定的行政处罚不能与上级法规制定的行政处罚相冲突。

4. 行政处罚由哪里的行政机关管辖？

答：《行政处罚法》第22条、第23条规定，行政处罚由违法行为发生地县级以上地方人民政府具有行政处罚权的行政机关管辖。

《行政处罚法》第24条规定，省、自治区、直辖市根据当地实际情况，可以决定将基层管理迫切需要的县级人民政府部门的行政处罚权交由能够有效承接的乡镇人民政府、街道办事处行使。

5. 两个以上行政机关都有管辖权时如何处理？

答：《行政处罚法》第25条规定，由最先立案的行政机关管辖。对管辖有争议的，应协商解决或报请共同的上一级行政机关指定管辖；也可以直接由共同的上一级行政机关指定管辖。

6. 行政处罚对于未成年人如何适用？

答：《行政处罚法》第30条规定，不满14周岁的未成年人有违法行为的，不予行政处罚，责令监护人加以管教；已满14周岁不满18周岁的未成年人有违法行为的，应当从轻或者减轻行政处罚。

7. 行政处罚的追溯时效是多长时间？

答：《行政处罚法》第36条规定，违法行为从发生之日起两年内未被发现的，不再给予行政处罚；涉及公民生命健康安全、金融安全且有危害后果的，上述期限延长至五年。法律另有规定的除外。但是违法行为有连续或者继续状态的，追溯时效从行为终了之日起计算。

8. 法律法规规章发生变化时，行政处罚适用何种原则？

答：根据《行政处罚法》第37条的规定，实施行政处罚，适用违法行为发生时的法律、法规、规章的规定。但是，作出行政处罚决定时，法律、法规、规章已被修改或者废止，且新的规定处罚较轻或者不认为是违法的，适用新的规定。也就是说，适用从旧兼从轻的原则。

9. 行政处罚由哪些人员实施？

答：《行政处罚法》第42条规定，行政处罚由具有行政执法资格的执法人员实施，执法人员不得少于两人。

10. 执法人员与处罚案件有利害关系时如何处理？

答：《行政处罚法》第43条规定，执法人员与案件有直接利害关系或者有其他关系可能影响公正执法的，应当回避。

11. 行政机关在作出行政处罚前应当履行哪些程序？

答：《行政处罚法》第44条规定，行政机关在作出行政处罚前，应当告知当事人拟作出的行政处罚内容及事实、理由、依据，并告知当事人依法享有的陈述、申辩、要求听证等权利。

12. 当事人对行政处罚有哪些救济权利？

答：《行政处罚法》第7条规定，公民、法人或者其他组织对行政机关所给予的行政处罚不服的，有权依法申请行政复议或者提起行政诉讼。

13. 什么情况下可以当场作出行政处罚？

答：《行政处罚法》第51条规定，违法事实确凿并有法定依据，对公民处以200元以下、对法人或者其他组织处以3000元以下罚款或者警告的行政处罚的，可以当场作出行政处罚决定。法律另有规定的，从其规定。

14. 执行人员进行调查或者进行检查时，是否应当出示执行法证件？

答：《行政处罚法》第55条规定，执行人员进行调查或者进行检查时，应当主动向当事人或者有关人员出示执行法证件。不出示的，当事人或者有关人员有权拒绝接受调查或者检查。

15. 当事人要求听证的，应该在什么时间内提出？

答：根据《行政处罚法》第 64 条的规定，当事人要求听证的，应当在行政机关告知后五日内提出。

16. 听证程序需要当事人本人参加吗？

答：根据《行政处罚法》第 64 条的规定，听证时，当事人可以亲自参加听证，也可以委托一至二人代理，但是当事人及其代理人不能无正当理由拒不出席听证或者未经许可中途退出听证的，否则视为放弃听证权利，行政机关终止听证。

17. 行政处罚的罚款由谁收取？归谁？

答：《行政处罚法》第 67 条规定，除当场收缴的罚款外，作出行政处罚的行政机关及其执法人员不得自行收缴罚款，当事人应当自收到行政处罚决定书之日起 15 日内到指定银行或通过电子支付系统缴纳罚款，罚款上缴国库。

18. 哪些罚款可以当场收缴？

答：《行政处罚法》第 68 条、第 69 条规定，依法给予 100 元以下罚款或者不当场收缴事后难以执行的罚款，或者交通不便地区到指定银行或者电子支付确有困难且经当事人提出的罚款，执行人员可以当场收缴。

19. 当事人逾期不履行行政处罚决定的，作出行政处罚的行政机关可以采取哪些措施？

答：《行政处罚法》第 72 条规定，可以采取如下措施：

（1）到期不缴纳罚款的，每日按罚款数额的百分之三加处罚款，加处罚款的数额不得超出罚款的数额。

（2）根据法律规定，将查封、扣押的财物拍卖、依法处理或者将冻结的存款、汇款划拨抵缴罚款。

（3）根据法律规定，采取其他行政强制执行方式。

（4）依照《行政强制法》的规定申请人民法院强制执行。

20. 行政复议或者行政诉讼期间，行政处罚如何处理？

答：《行政处罚法》第73条规定，行政复议或者行政诉讼期间，行政处罚不停止执行，但对于限制人身自由的行政处罚可以提出暂缓执行申请。

21. 对于没收的物品如何处理？

答：《行政处罚法》第74条规定，除依法应当予以销毁的物品外，依法没收的非法财物必须按照国家规定公开拍卖或者按照国家有关规定处理。

22. 行政处罚案件的处理时限多长？

答：《行政处罚法》第60条规定，行政机关应当自行政处罚案件立案之日起90日内作出行政处罚决定。法律、法规、规章另有规定，从其规定。

23. 行政处罚决定书应何时交给当事人？

答：《行政处罚法》第61条规定，行政处罚决定书应当在宣告后当场交付当事人；当事人不在场的，行政机关应当在七日内依照《民事诉讼法》的有关规定，将行政处罚决定书送达当事人。

行政诉讼及行政复议实务问答

1. 哪些行政行为属于人民法院行政诉讼的受案范围？

答：《行政诉讼法》第 12 条规定，人民法院受理公民、法人或者其他组织提起的下列诉讼：

（1）对行政拘留、暂扣或者吊销许可证和执照、责令停产停业、没收违法所得、没收非法财物、罚款、警告等行政处罚不服的；

（2）对限制人身自由或者对财产的查封、扣押、冻结等行政强制措施和行政强制执行不服的；

（3）申请行政许可，行政机关拒绝或者在法定期限内不予答复，或者行政机关作出的有关行政许可的其他决定不服的；

（4）对行政机关作出的关于确认土地、矿藏、水流、森林、山岭、草原、荒地、滩涂、海域等自然资源的所有权或者使用权的决定不服的；

（5）对征收、征用决定及其补偿决定不服的；

（6）申请行政机关履行保护人身权、财产权等合法权益的法定职责，行政机关拒绝履行或者不予答复的；

（7）认为行政机关侵犯其经营自主权或者农村土地承包经营权、农村土地经营权的；

（8）认为行政机关滥用行政权力排除或者限制竞争的；

（9）认为行政机关违法集资、摊派费用或者违法要求履行其他义务的；

（10）认为行政机关没有依法支付抚恤金、最低生活保障待遇或者社会保险待遇的；

（11）认为行政机关不依法履行、未按照约定履行或者违法变更、解除政府特许经营协议、土地房屋征收补偿协议等协议的；

（12）认为行政机关侵犯其他人身权、财产权等合法权益的。

除前款规定外，人民法院受理法律、法规规定可以提起诉讼的其他行政案件。

2. 哪些行政行为不属于人民法院行政诉讼的受案范围？

答：最高人民法院《关于适用〈中华人民共和国行政诉讼法〉的解释》第1条规定，下列行为不属于人民法院行政诉讼的受案范围：

（1）公安、国家安全等机关依照刑事诉讼法的明确授权实施的行为；

（2）调解行为以及法律规定的仲裁行为；

（3）行政指导行为；

（4）驳回当事人对行政行为提起申诉的重复处理行为；

（5）行政机关作出的不产生外部法律效力的行为；

（6）行政机关为作出行政行为而实施的准备、论证、研究、层报、咨询等过程性行为；

（7）行政机关根据人民法院的生效裁判、协助执行通知书作出的执行行为，但行政机关扩大执行范围或者采取违法方式实施的除外；

（8）上级行政机关基于内部层级监督关系对下级行政机关作出的听取报告、执法检查、督促履责等行为；

（9）行政机关针对信访事项作出的登记、受理、交办、转送、复查、复核意见等行为；

（10）对公民、法人或者其他组织权利义务不产生实际影响的行为。

3. 谁有权提起行政诉讼？

答：根据《行政诉讼法》第25条的规定，行政行为的相对人以及其他与行政行为有利害关系的公民、法人或者其他组织，有权提起诉讼。

有权提起诉讼的公民死亡，其近亲属可以提起诉讼。

有权提起诉讼的法人或者其他组织终止，承受其权利的法人或者其他组织可以提起诉讼。

人民检察院在履行职责中发现生态环境和资源保护、食品药品安全、国有财产保护、国有土地使用权出让等领域负有监督管理职责的行政机关违法行使职权或者不作为，致使国家利益或者社会公共利益受到侵害的，应当向行政机关提出检察建议，督促其依法履行职责。行政机关不依法履行职责的，人民检察院依法向人民法院提起诉讼。

4. 哪些情形属于《行政诉讼法》第 25 条第 1 款规定的"与行政行为有利害关系"?

答：最高人民法院《关于适用〈中华人民共和国行政诉讼法〉的解释》第 12 条规定，有下列情形之一的，属于《行政诉讼法》第 25 条第 1 款规定的"与行政行为有利害关系"：

（1）被诉的行政行为涉及其相邻权或者公平竞争权的；

（2）在行政复议等行政程序中被追加为第三人的；

（3）要求行政机关依法追究加害人法律责任的；

（4）撤销或者变更行政行为涉及其合法权益的；

（5）为维护自身合法权益向行政机关投诉，具有处理投诉职责的行政机关作出或者未作出处理的；

（6）其他与行政行为有利害关系的情形。

5.《行政诉讼法》第 25 条第 2 款规定的"近亲属"有哪些?

答：根据最高人民法院《关于适用〈中华人民共和国行政诉讼法〉的解释》第 14 条的规定，《行政诉讼法》第 25 条第 2 款规定的"近亲属"，包括配偶、父母、子女、兄弟姐妹、祖父母、外祖父母、孙子女、外孙子女和其他具有扶养、赡养关系的亲属。

6. 行政诉讼中的被告如何确定?

答：《行政诉讼法》第 26 条规定，公民、法人或者其他组织直接向人民法院提起诉讼的，作出行政行为的行政机关是被告。

经复议的案件，复议机关决定维持原行政行为的，作出原行政行为的行政机关和复议机关是共同被告；复议机关改变原行政行为的，复议机关是被告。

复议机关在法定期限内未作出复议决定，公民、法人或者其他组织起诉原行政行为的，作出原行政行为的行政机关是被告；起诉复议机关不作为的，复议机关是被告。

两个以上行政机关作出同一行政行为的，共同作出行政行为的行政机关是共同被告。

行政机关委托的组织所作的行政行为，委托的行政机关是被告。

行政机关被撤销或者职权变更的，继续行使其职权的行政机关是被告。

7. 如何理解《行政诉讼法》第26条第2款所规定的"复议机关改变原行政行为"？

答：根据最高人民法院《关于适用〈中华人民共和国行政诉讼法〉的解释》第22条的规定，《行政诉讼法》第26条第2款规定的"复议机关改变原行政行为"，是指复议机关改变原行政行为的处理结果。复议机关改变原行政行为所认定的主要事实和证据、改变原行政行为所适用的规范依据，但未改变原行政行为处理结果的，视为复议机关维持原行政行为。

复议机关确认原行政行为无效，属于改变原行政行为。

复议机关确认原行政行为违法，属于改变原行政行为，但复议机关以违反法定程序为由确认原行政行为违法的除外。

8. 如何理解最高人民法院《关于适用〈中华人民共和国行政诉讼法〉的解释》第26条第2款关于原告不同意追加被告，人民法院通知其以第三人身份参加诉讼的规定？

答：应当追加被告而原告不同意追加的，人民法院应当通知该行政机关以第三人的身份参加诉讼。这是诉讼法的一般原理。行政诉讼中的例外情形，仅仅是复议决定维持原行政行为，复议机关与作出原行政行为的机关为共同被告的情况下，原告仅仅起诉复议机关或作出原行政行为的机关，人民法院应当追加未被起诉的一方为共同被告，不得通知该行政机关以第三人身份参加诉讼。

9. 被诉行政行为违法，但撤销被诉行政行为将会损害善意第三人合法权益的，是否可以判决确认违法不撤销保留效力？

答：被诉行政行为违法，但撤销被诉行政行为将会损害善意第三人合法权益的，人民法院应当依照《行政诉讼法》第74条第1款第1项的规定，判决确认违法，不撤销行政行为。

应当注意的是，被确认违法保留效力的行政行为，应当是指以虚假事实取得不当权利的行政行为。而善意第三人基于该行为获得权利的行政行为，应当是合法有效的。原告对这一合法有效的行为同时提起诉讼的，应当判决驳回其该项诉讼请求。

10. 违法建筑物建成于《城乡规划法》实施之前，规划部门在该法实施之后作出行政处罚，应当适用《城乡规划法》还是《城市规划法》的相关规定？

答：行政机关作出行政处罚决定，实体处理应当适用违法行为发生时有效的法律。但是，新法的规定更有利于被处罚人的，应当根据从旧兼从轻的原则，适用新法规定。

违法行为处于持续状态的，应当适用违法行为终了时有效的法律。违法建筑属于违法行为持续状态，应当适用作出行政处罚时有效的《城乡规划法》。

11. 原告或者第三人是否要求相关行政执法人员出庭说明？

答：最高人民法院《关于适用〈中华人民共和国行政诉讼法〉的解释》第41条规定，有下列情形之一，原告或者第三人要求相关行政执法人员出庭说明的，人民法院可以准许：

（1）对现场笔录的合法性或者真实性有异议的；

（2）对扣押财产的品种或者数量有异议的；

（3）对检验的物品取样或者保管有异议的；

（4）对行政执法人员身份的合法性有异议的；

（5）需要出庭说明的其他情形。

12. 行政复议机关能否加重对申请人处罚？

答：根据全国人大常委会法制工作委员会《关于行政复议机关能否加重对申请人处罚问题的答复意见》可知，行政复议机关在对被申请人作出的行政处罚决定或者其他具体行政行为进行复议时，作出的行政复议决定不得对该行政处罚或者该具体行政行为增加处罚种类或加重对申请人的处罚。

13. 行政复议的复议时效是多长时间?

答：根据《行政复议法》第 9 条的规定，公民、法人或者其他组织认为具体行政行为侵犯其合法权益的，可以自知道该具体行政行为之日起 60 日内提出行政复议申请；但是法律规定的申请期限超过 60 日的除外。

因不可抗力或者其他正当理由耽误法定申请期限的，申请期限自障碍消除之日起继续计算。

14. 对属于人民法院受案范围的行政案件，当事人是否可以不经过行政复议直接向人民法院起诉?

答：根据《行政诉讼法》第 44 条的规定，对属于人民法院受案范围的行政案件，公民、法人或者其他组织可以先向行政机关申请复议，对复议决定不服的，再向人民法院提起诉讼；也可以直接向人民法院提起诉讼。

法律、法规规定应当先向行政机关申请复议，对复议决定不服再向人民法院提起诉讼的，依照法律、法规的规定。

15. 行政复议当事人不服复议决定的，应当在多长时间内向人民法院提起诉讼?

答：根据《行政诉讼法》第 45 条的规定，公民、法人或者其他组织不服复议决定的，可以在收到复议决定书之日起 15 日内向人民法院提起诉讼。复议机关逾期不作决定的，申请人可以在复议期满之日起 15 日内向人民法院提起诉讼。法律另有规定的除外。

16. 当事人直接向人民法院提起诉讼的，应当在多长时间内提起?

答：根据《行政诉讼法》第 46 条的规定，公民、法人或者其他组织直接向人民法院提起诉讼的，应当自知道或者应当知道作出行政行为之日起六个月内提出。法律另有规定的除外。

因不动产提起诉讼的案件自行政行为作出之日起超过 20 年，其他案件自行政行为作出之日起超过五年提起诉讼的，人民法院不予受理。

17. 行政诉讼当事人提起行政诉讼应当符合哪些条件?

答:《行政诉讼法》第 49 条规定,提起诉讼应当符合下列条件:

(1) 原告是符合本法第 25 条规定的公民、法人或者其他组织;

(2) 有明确的被告;

(3) 有具体的诉讼请求和事实根据;

(4) 属于人民法院受案范围和受诉人民法院管辖。

18. 人民法院既不立案,又不作出不予立案裁定的,当事人如何救济?

答:根据《行政诉讼法》第 52 条的规定,人民法院既不立案,又不作出不予立案裁定的,当事人可以向上一级人民法院起诉。上一级人民法院认为符合起诉条件的,应当立案、审理,也可以指定其他下级人民法院立案、审理。

19. 起诉状副本送达被告后,原告提出新的诉讼请求的,人民法院是否应当准许?

答:最高人民法院《关于适用〈中华人民共和国行政诉讼法〉的解释》第 70 条规定,起诉状副本送达被告后,原告提出新的诉讼请求的,人民法院不予准许,但有正当理由的除外。

20. 行政诉讼期间是否停止行政行为的执行?

答:《行政诉讼法》第 56 条规定,诉讼期间,不停止行政行为的执行。但有下列情形之一的,裁定停止执行:

(1) 被告认为需要停止执行的;

(2) 原告或者利害关系人申请停止执行,人民法院认为该行政行为的执行会造成难以弥补的损失,并且停止执行不损害国家利益、社会公共利益的;

(3) 人民法院认为该行政行为的执行会给国家利益、社会公共利益造成重大损害的;

(4) 法律、法规规定停止执行的。

当事人对停止执行或者不停止执行的裁定不服的,可以申请复议一次。

21. 行政诉讼案件是否可以适用调解？

答：《行政诉讼法》第 60 条规定，人民法院审理行政案件，不适用调解。但是，行政赔偿、补偿以及行政机关行使法律、法规规定的自由裁量权的案件可以调解。

调解应当遵循自愿、合法原则，不得损害国家利益、社会公共利益和他人合法权益。

22. 在行政诉讼案件中法院是否可以一并解决相关的民事争议？

答：根据《行政诉讼法》第 61 条的规定，在涉及行政许可、登记、征收、征用和行政机关对民事争议所作的裁决的行政诉讼中，当事人申请一并解决相关民事争议的，人民法院可以一并审理。

在行政诉讼中，人民法院认为行政案件的审理需以民事诉讼的裁判为依据的，可以裁定中止行政诉讼。

23. 人民法院对行政案件宣告判决或者裁定前，原告是否可以申请撤诉？

答：根据《行政诉讼法》第 62 条规定，人民法院对行政案件宣告判决或者裁定前，原告申请撤诉的，或者被告改变其所作的行政行为，原告同意并申请撤诉的，是否准许，由人民法院裁定。

24. 哪些行政行为属于行政复议的受理范围？

答：《行政复议法》第 6 条规定，有下列情形之一的，公民、法人或者其他组织可以依照本法申请行政复议：

（1）对行政机关作出的警告、罚款、没收违法所得、没收非法财物、责令停产停业、暂扣或者吊销许可证、暂扣或者吊销执照、行政拘留等行政处罚决定不服的；

（2）对行政机关作出的限制人身自由或者查封、扣押、冻结财产等行政强制措施决定不服的；

（3）对行政机关作出的有关许可证、执照、资质证、资格证等证书变更、中止、撤销的决定不服的；

（4）对行政机关作出的关于确认土地、矿藏、水流、森林、山岭、草原、荒地、滩涂、海域等自然资源的所有权或者使用权的决定不服的；

（5）认为行政机关侵犯合法的经营自主权的；

（6）认为行政机关变更或者废止农业承包合同，侵犯其合法权益的；

（7）认为行政机关违法集资、征收财物、摊派费用或者违法要求履行其他义务的；

（8）认为符合法定条件，申请行政机关颁发许可证、执照、资质证、资格证等证书，或者申请行政机关审批、登记有关事项，行政机关没有依法办理的；

（9）申请行政机关履行保护人身权利、财产权利、受教育权利的法定职责，行政机关没有依法履行的；

（10）申请行政机关依法发放抚恤金、社会保险金或者最低生活保障费，行政机关没有依法发放的；

（11）认为行政机关的其他具体行政行为侵犯其合法权益的。

25. 申请行政复议时，当事人是否可以一并向行政复议机关提出对行政行为所依据的规定的审查申请？

答：《行政复议法》第7条规定，公民、法人或者其他组织认为行政机关的具体行政行为所依据的下列规定不合法，在对具体行政行为申请行政复议时，可以一并向行政复议机关提出对该规定的审查申请：

（1）国务院部门的规定；

（2）县级以上地方各级人民政府及其工作部门的规定；

（3）乡、镇人民政府的规定。

前款所列规定不含国务院部、委员会规章和地方人民政府规章。规章的审查依照法律、行政法规办理。

26. 当具体行政行为侵犯当事人合法权益时，当事人应当在多长时间内提起行政复议？

答：《行政复议法》第9条规定，公民、法人或者其他组织认为具体行政行为侵犯其合法权益的，可以自知道该具体行政行为之日起60日内提出行政复议申请；但是法律规定的申请期限超过60日的除外。

因不可抗力或者其他正当理由耽误法定申请期限的，申请期限自障碍消除之日起继续计算。

27. 行政复议的申请人如何确定?

答:《行政复议法》第10条规定,依照本法申请行政复议的公民、法人或者其他组织是申请人。

有权申请行政复议的公民死亡的,其近亲属可以申请行政复议。有权申请行政复议的公民为无民事行为能力人或者限制民事行为能力人的,其法定代理人可以代为申请行政复议。有权申请行政复议的法人或者其他组织终止的,承受其权利的法人或者其他组织可以申请行政复议。

28. 申请人申请行政复议的方式有哪些?

答:根据《行政复议法》第11条的规定,申请人申请行政复议,可以书面申请,也可以口头申请;口头申请的,行政复议机关应当当场记录申请人的基本情况、行政复议请求、申请行政复议的主要事实、理由和时间。

29. 行政复议期间是否停止具体行政行为的执行

答:《行政复议法》第21条规定,行政复议期间具体行政行为不停止执行;但是,有下列情形之一的,可以停止执行:

(1) 被申请人认为需要停止执行的;

(2) 行政复议机关认为需要停止执行的;

(3) 申请人申请停止执行,行政复议机关认为其要求合理,决定停止执行的;

(4) 法律规定停止执行的。

30. 公民、法人或者其他组织认为政府信息公开行为侵犯其合法权益,是否可以提起行政复议?

答:司法部《关于审理政府信息公开行政复议案件若干问题指导意见的通知》第2条规定,公民、法人或者其他组织认为政府信息公开行为侵犯其合法权益,有下列情形之一的,可以依法向行政复议机关提出行政复议申请:

(1) 向行政机关申请获取政府信息,行政机关答复不予公开(含部分不予公开,下同)、无法提供、不予处理或者逾期未作出处理的;

（2）认为行政机关提供的政府信息不属于其申请公开的内容的；

（3）认为行政机关告知获取政府信息的方式、途径或者时间错误的；

（4）认为行政机关主动公开或者依申请公开的政府信息侵犯其商业秘密、个人隐私的；

（5）认为行政机关的其他政府信息公开行为侵犯其合法权益的。

31. 公民、法人或者其他组织对政府信息公开行为不服提出行政复议申请，行政复议机关不予受理的情形有哪些？

答：司法部《关于审理政府信息公开行政复议案件若干问题指导意见的通知》第3条规定，公民、法人或者其他组织对政府信息公开行为不服提出行政复议申请，有下列情形之一的，行政复议机关不予受理：

（1）单独就行政机关作出的补正、延期等程序性处理行为提出行政复议申请的；

（2）认为行政机关提供的政府信息不符合其关于纸张、印章等具体形式要求的，或者未按照其要求的特定渠道提供政府信息的；

（3）在缴费期内对行政机关收费决定提出异议的；

（4）其他不符合行政复议受理条件的情形。

《北京市法律援助条例》问答

1. 什么是法律援助，法律援助还需要向援助机构支付费用吗？

答：法律援助是指由政府设立的法律援助机构或者非政府设立的合法律所组织法律援助的律师，为经济困难或特殊案件的人尤其是农村给予无偿提供法律服务的一项法律保障制度。

《北京市法律援助条例》第2条、第3条规定，本条例适用于政府设立的法律援助机构组织法律援助服务机构和法律援助人员，为符合法律、法规规定的公民提供免费法律服务的活动。

本条例所称法律援助服务机构，包括律师事务所和经司法行政部门确认的其他法律服务机构。法律援助服务机构应当接受法律援助机构的指派，安排人员办理法律援助。

本条例所称法律援助人员，包括接受法律援助机构指派或者安排办理法律援助的律师、基层法律服务工作者、法律援助机构工作人员和法律援助志愿者以及其他法律专业人员。

法律援助是政府的责任。市和区、县人民政府应当采取措施积极推动法律援助工作，将法律援助经费列入同级财政预算，保障法律援助事业与经济、社会协调发展。

法律援助经费应当专款专用，经费的使用应当接受财政、审计等部门的监督。

2. 法律援助的案件范围？

答：《北京市法律援助条例》第9条规定，公民对下列需要代理的事项，因经济困难没有委托代理人的，可以向法律援助机构申请法律援助：（1）请求国家赔偿的；（2）请求给予社会保险待遇或者最低生活保障待遇的；（3）请求发给抚恤金、救济金的；（4）请求给付赡养费、抚养费、扶养费的；（5）请求支付劳动报酬的；（6）因家庭暴力、虐待、遗弃，合法权益受到侵害，请求司法保护的；（7）因交通事故、工伤事故、医疗事故、产品质量事故以及其他人身伤害事故造成人身伤害请求赔偿的；（8）法律、法规及市人民政府规定的其他法律援助事项。

3. 刑事案件中哪些情况下可以申请法律援助？

答：《北京市法律援助条例》第13条规定，刑事诉讼中有下列情形之一的，公民可以向法律援助机构申请法律援助：（1）侦查阶段犯罪嫌疑人自被第一次讯问或者被采取强制措施之日起，因经济困难没有聘请律师的；（2）公诉案件自案件移送审查起诉之日起，犯罪嫌疑人因经济困难没有委托辩护人的；（3）公诉案件自提起公诉之日起，被告人因经济困难没有委托辩护人的；（4）公诉案件中的被害人及其法定代理人或者近亲属，自案件移送审查起诉之日起，因经济困难没有委托诉讼代理人的；（5）自诉案件的自诉人及其法定代理人，自人民法院受理案件之日起，因经济困难没有委托诉讼代理人的。

4. 申请法律援助有地域限制吗？

答：《北京市法律援助条例》第15条规定，公民申请法律援助的事项属于诉讼事项的，向有管辖权的人民法院所在地的法律援助机构提出；属于侦查或者审查起诉阶段刑事案件的，向办理案件的公安机关或者人民检察院所在地的法律援助机构提出。

公民申请法律援助的事项属于非诉讼法律事务的，向有权处理机关所在地、申请人住所地或者事项发生地的法律援助机构提出。按照第1款、第2款规定，两个以上法律援助机构都可以受理申请的，申请人应当向其中一个法律援助机构提出申请。申请人就同一事项向两个以上法律援助机构提出申请的，由最先收到申请的法律援助机构受理。

5. 法律援助可以用哪些方式申请，申请法律援助时时需要提交哪些材料？

答：《北京市法律援助条例》第18条规定，申请法律援助应当以书面形式提出，并填写申请表。以书面形式提出确有困难的，可以口头申请，由法律援助机构工作人员或者代为转交申请的有关机构工作人员作出书面记录。

申请法律援助应当提供下列材料：（1）身份证或者其他有效的身份证明，代理申请人还应当提交有代理权的证明；（2）经济困难证明；（3）与申请法律援助事项有关的案件材料。

经济困难证明由申请人住所地街道办事处、乡镇人民政府出具。经济困难证明应当包括申请人家庭人口状况、就业状况、家庭人均收入等信息。

《北京市法律援助条例》第19条规定，申请人能够证明有下列情形之一的，法律援助机构可以直接认定其经济困难，无需提供第18条第2款规定的经济困难证明：（1）属于农村五保供养对象的；（2）领取最低生活保障金或者生活困难补助金的；（3）在社会福利机构由政府供养的；（4）重度残疾或者患有重大疾病且无固定生活来源的；（5）人民法院给予司法救助的。

6. 法律援助机构经过审核不予受理援助申请的是否需要向申请人说明理由？

答：《北京市法律援助条例》第22条规定，因下列情形之一不能提供法律援助的，法律援助机构应当向申请人说明：（1）申请事项不属于人民法院或者其他非诉讼事务处理机构受理范围的；（2）申请相对人不明确的；（3）法律援助事项已审结或者处理完毕，申请人以同一事实和理由再次申请法律援助的；（4）法律、法规规定不能提供法律援助的其他情形。

7. 法律援助都有哪些形式？

答：《北京市法律援助条例》第25条规定，法律援助可以采取下列形式：（1）解答法律咨询、代拟法律文书；（2）刑事辩护、刑事代理；（3）民事、行政诉讼代理；（4）行政复议代理，劳动、人事争议仲裁代理和其他非诉讼法律事务代理；（5）法律、法规规定的其他法律援助形式。

8. 法律援助案件受援人是否需要向法院交纳诉讼费，是否需要向司法鉴定机构支付鉴定费用？

答：《北京市法律援助条例》第27条规定，法律援助机构提供法律援助的诉讼案件，受援人向人民法院提起诉讼的，人民法院应当缓收诉讼费。

人民法院判决受援人胜诉的，诉讼费应当由对方当事人负担；判决受援人败诉的，人民法院根据受援人的经济状况决定减收、免收诉讼费。

《北京市法律援助条例》第28条规定，法律援助人员在办理法律援助案件时，凭法律援助公函利用档案资料、调查取证，国家机关、事业单位等组织应当予以协助。受援人在接受法律援助过程中所涉及的诉讼费、公证费、鉴定费以及法律援助人员在办案中查阅档案资料、从事调查取证活动所涉及的相关费用，按照国家规定予以免收、减收或者缓收。

9. 情况紧急时可以先接受法律援助服务之后再提交相关材料吗？

答：《北京市法律援助条例》第29条规定，有下列情形之一的，法律援助机构可以先行提供法律援助：（1）不及时提供法律援助可能使当事人面临重大人身或者财产危险的；（2）不及时提供法律援助可能会造成不良社会影响的；（3）有其他紧急或者特殊情形的。

法律援助机构发现先行提供法律援助的受援人不符合本条例规定的法律援助条件，应当终止法律援助。因先行提供法律援助而发生的费用，由受援人承担。

10. 哪些情况下可以终止法律援助服务？

答：《北京市法律援助条例》第30条规定，发现下列情形之一的，法律援助人员应当向作出提供法律援助决定的法律援助机构报告，法律援助机构经审查核实，应当终止法律援助：（1）以欺骗、隐瞒事实或者其他不正当手段获得法律援助的；（2）受援人的经济状况发生变化，不再符合法律援助条件的；（3）案件终止审理或者已被撤销的；（4）受援人另行委托律师或者其他代理人的；（5）受援人要求终止法律援助的；（6）受援人违反法律援助协议，使协议难以继续履行的。

11. 法律援助人员在提供法律服务时不得实施哪些行为？

答：根据《北京市法律援助条例》第31条的规定，法律援助人员应当恪守职业道德和执业纪律，依法实施法律援助，维护受援人的合法权益，并不得实施下列行为：（1）无正当理由拒绝、拖延或者终止实施法律援助；（2）向受援人收取财物或者牟取其他不正当利益；（3）不及时向受援人通报法律援助进展情况；（4）泄露当事人的隐私。

12. 受援人在接受法律援助时有权了解案件进展吗?

答:《北京市法律援助条例》第 33 条规定,受援人有权向法律援助机构或者法律援助人员了解为其提供法律援助的进展情况;有事实证明法律援助人员不依法履行职责的,受援人可以要求更换。受援人应当如实陈述与法律援助案件有关的情况,及时提供相关证据材料,协助、配合法律援助机构和法律援助人员开展法律援助工作。

《北京市烟花爆竹安全管理规定》问答

1. 烟花爆竹安全管理机关是哪个政府部门？

答：《北京市烟花爆竹安全管理规定》第3条规定，本规定由本市各级人民政府组织实施。公安机关是烟花爆竹安全管理工作的主管机关。

市、区应当建立由公安、工商行政管理、安全生产监督管理、质量技术监督、交通、市政管理等行政部门和城市管理综合执法组织组成的烟花爆竹安全管理协调工作机制，按照职责分工，各负其责。

居民委员会、村民委员会和其他基层组织应当协助本市各级人民政府做好烟花爆竹的安全管理工作。

2. 北京市内可以生产烟花爆竹吗？

答：《北京市烟花爆竹安全管理规定》第9条规定，本市行政区域内禁止生产烟花爆竹。本市对销售、运输烟花爆竹依法实行许可制度。

3. 北京市内销售、运输烟花爆竹有什么特别规定吗？

答：《北京市烟花爆竹安全管理规定》第10条规定，在本市销售烟花爆竹应当取得安全生产监督管理部门的许可，未经许可，不得销售并储存。销售储存场所的设置应当符合规定的安全条件。

《北京市烟花爆竹安全管理规定》第11条规定，在本市行政区域内运输烟花爆竹，应当取得公安机关的运输许可，未经许可，不得运输。

承运单位运输烟花爆竹应当携带许可证件，按照核准载明的品种、数量、路线、有效期限等规定运输。

4. 北京市内哪些地方禁止销售、燃放烟花爆竹?

答:《北京市烟花爆竹安全管理规定》第 13 条规定,禁止在下列地点及其周边销售、燃放烟花爆竹:(1)文物保护单位;(2)车站、机场等交通枢纽;(3)油气罐、站等易燃、易爆危险物品储存场所和其他重点消防单位;(4)输、变电设施;(5)医疗机构、幼儿园、中小学校、敬老院;(6)山林、苗圃等重点防火区;(7)重要军事设施;(8)市、区人民政府根据维护正常工作、生活秩序的要求,确定和公布的其他禁止燃放烟花爆竹的地点。

前款规定禁止燃放烟花爆竹的地点及其周边具体范围,由有关单位设置明显的禁止燃放烟花爆竹警示标志,并负责看护。

《北京市烟花爆竹安全管理规定》第 14 条规定,本市五环路以内(含五环路)区域为禁止燃放烟花爆竹的区域。

五环路以外区域,区人民政府应当根据维护公共安全和公共利益的需要,划定禁止或者限制燃放烟花爆竹的区域。禁止、限制燃放的地点和区域以外的其他区域,可以燃放烟花爆竹。

限制燃放烟花爆竹的区域,农历除夕至正月初一,正月初二至十五每日的七时至二十四时,可以燃放烟花爆竹,其他时间不得燃放烟花爆竹。

国家、本市在庆典活动和其他节日期间,需要在禁止或者限制燃放烟花爆竹区域内燃放烟花爆竹的,由市人民政府决定并予以公告。

《北京市烟花爆竹安全管理规定》第 15 条规定,空气重污染橙色和红色预警期间本市行政区域内禁止销售、燃放烟花爆竹。

《北京市烟花爆竹安全管理规定》第 16 条规定,市、区人民政府有关部门应当按照统筹规划、合理布局的原则,设置烟花爆竹销售单位和限制燃放烟花爆竹区域内的临时销售网点,不在禁止燃放烟花爆竹的地点和区域设置销售网点。

5. 燃放烟花爆竹时有哪些特别需要注意的地方?

答:《北京市烟花爆竹安全管理规定》第 19 条规定,单位和个人燃放烟花爆竹的,应当从具有许可证的销售网点购买,燃放时应当按照燃放说明正确、安全地燃放,并应当遵守下列规定:(1)不得向人群、车辆、建筑物抛掷点燃的烟花爆竹;(2)不得在建筑物内、屋顶、阳台燃放或者向外抛掷烟花爆竹；（3）不得妨碍行人、车辆安全通行；（4）不得采用其他危害国家、集体和他人人身、财产安全的方式燃放烟花爆竹；（5）不得存放超过一箱或者重量超过30公斤的烟花爆竹。14周岁以下未成年人燃放烟花爆竹的，应当由监护人或者其他成年人陪同看护。

6. 违规生产、销售、存储、运输、燃放烟花爆竹的将承担哪些法律责任？

答：《北京市烟花爆竹安全管理规定》第20条规定，违反本规定，未经许可违法生产、销售、储存、运输烟花爆竹的，由安全生产监督管理、工商行政管理、公安、交通行政管理部门按照有关法律、法规的规定处罚。

《北京市烟花爆竹安全管理规定》第21条规定，违反本规定，有下列情形之一的，由公安部门责令改正，收缴其烟花爆竹，对单位处1000元以上5000元以下罚款，对个人处100元以上200元以下罚款；情节严重的，对单位处5000元以上3万元以下罚款，对个人处200元以上500元以下罚款：

（1）违反第12条第2款规定，携带、燃放的烟花爆竹不符合本市公布的规格和品种的；

（2）违反第13条第1款规定，在禁止燃放烟花爆竹的地点燃放的；

（3）违反第14条第1款、第2款规定，在禁止燃放烟花爆竹的区域燃放的；

（4）违反第14条第3款规定，在限制燃放烟花爆竹的区域内不按照规定燃放时间燃放的；

（5）违反第15条规定，在空气重污染橙色或者红色预警期间燃放的；

（6）违反第19条第1款规定，燃放、存放烟花爆竹的。

《北京市烟花爆竹安全管理规定》第22条规定，违反第17条第2款规定，烟花爆竹销售单位和临时销售网点采购、销售的烟花爆竹不符合本市规定的品种和规格的，由工商行政管理部门没收违法收入，收缴烟花爆竹，并可以处1万元以上10万元以下罚款；由有关行政主管部门吊销销售许可证。

根据《北京市烟花爆竹安全管理规定》第23条的规定，燃放烟花爆竹给国家、集体财产造成损失或者造成他人人身伤害、财产损失的，由行为人依法承担赔偿责任；属于违反治安管理的行为的，由公安机关依法处理；构成犯罪的，依法追究刑事责任。

行政许可相关问答

<hr/>

1. 行政许可的概念是什么？

答：根据《行政许可法》第 2 条的规定，行政许可，是指行政机关根据公民、法人或者其他组织的申请，经依法审查，准予其从事特定活动的行为。

2. 设定和实施行政许可的原则是什么？

答：根据《行政许可法》第 5 条的规定，设定和实施行政许可，应当遵循公开、公平、公正、非歧视的原则。

3. 行政机关是否可以变更和撤回已经生效的行政许可？

答：根据《行政许可法》第 8 条的规定，公民、法人或者其他组织依法取得的行政许可受法律保护，行政机关不得擅自改变已经生效的行政许可。

行政许可所依据的法律、法规、规章修改或者废止，或者准予行政许可所依据的客观情况发生重大变化的，为了公共利益的需要，行政机关可以依法变更或者撤回已经生效的行政许可。由此给公民、法人或者其他组织造成财产损失的，行政机关应当依法给予补偿。

4. 行政许可是否可以转让？

答：根据《行政许可法》第 9 条的规定，依法取得的行政许可，除法律、法规规定依照法定条件和程序可以转让的外，不得转让。

5. 哪些事项可以设定行政许可？

答：《行政许可法》第 12 条规定，下列事项可以设定行政许可：
（1）直接涉及国家安全、公共安全、经济宏观调控、生态环境保护以及直接关系人身健康、生命财产安全等特定活动，需要按照法定条件予以批准的事项；

（2）有限自然资源开发利用、公共资源配置以及直接关系公共利益的特定行业的市场准入等，需要赋予特定权利的事项；

（3）提供公众服务并且直接关系公共利益的职业、行业，需要确定具备特殊信誉、特殊条件或者特殊技能等资格、资质的事项；

（4）直接关系公共安全、人身健康、生命财产安全的重要设备、设施、产品、物品，需要按照技术标准、技术规范，通过检验、检测、检疫等方式进行审定的事项；

（5）企业或者其他组织的设立等，需要确定主体资格的事项；

（6）法律、行政法规规定可以设定行政许可的其他事项。

6. 哪些事项可以不设立行政许可？

答：《行政许可法》第 13 条规定，《行政许可法》第 12 条所列事项，通过下列方式能够予以规范的，可以不设行政许可：

（1）公民、法人或者其他组织能够自主决定的；

（2）市场竞争机制能够有效调节的；

（3）行业组织或者中介机构能够自律管理的；

（4）行政机关采用事后监督等其他行政管理方式能够解决的。

7. 哪些规范性文件可以设定行政许可？

答：根据《行政许可法》的相关规定，法律可以设定行政许可。尚未制定法律的，行政法规可以设定行政许可。必要时，国务院可以采用发布决定的方式设定行政许可。实施后，除临时性行政许可事项外，国务院应当及时提请全国人民代表大会及其常务委员会制定法律，或者自行制定行政法规。

尚未制定法律、行政法规的，地方性法规可以设定行政许可；尚未制定法律、行政法规和地方性法规的，因行政管理的需要，确需立即实施行政许可的，省、自治区、直辖市人民政府规章可以设定临时性的行政许可。临时性的行政许可实施满一年需要继续实施的，应当提请本级人民代表大会及其常务委员会制定地方性法规。

地方性法规和省、自治区、直辖市人民政府规章，不得设定应当由国家统一确定的公民、法人或者其他组织的资格、资质的行政许可；不得设定企业或者其他组织的设立登记及其前置性行政许可。其设定的行政许可，不得限制其他地区的个人或者企业到本地区从事生产经营和提供服务，不得限制其他地区的商品进入本地区市场。

8. 有行政许可权的行政机关是否可以委托其他行政机关实施行政许可？

答：根据《行政许可法》第 24 条的规定，行政机关在其法定职权范围内，依照法律、法规、规章的规定，可以委托其他行政机关实施行政许可。委托机关应当将受委托行政机关和受委托实施行政许可的内容予以公告。

委托行政机关对受委托行政机关实施行政许可的行为应当负责监督，并对该行为的后果承担法律责任。

受委托行政机关在委托范围内，以委托行政机关名义实施行政许可；不得再委托其他组织或者个人实施行政许可。

9. 行政许可申请的提出方式有哪些？

答：根据《行政许可法》第 29 条的规定，公民、法人或者其他组织从事特定活动，依法需要取得行政许可的，应当向行政机关提出申请。申请书需要采用格式文本的，行政机关应当向申请人提供行政许可申请书格式文本。申请书格式文本中不得包含与申请行政许可事项没有直接关系的内容。

申请人可以委托代理人提出行政许可申请。但是，依法应当由申请人到行政机关办公场所提出行政许可申请的除外。

行政许可申请可以通过信函、电报、电传、传真、电子数据交换和电子邮件等方式提出。

10. 行政机关对申请人提出的行政许可申请应当如何处理？

答：《行政许可法》第 32 条规定，行政机关对申请人提出的行政许可申请，应当根据下列情况分别作出处理：

（1）申请事项依法不需要取得行政许可的，应当即时告知申请人不受理；

（2）申请事项依法不属于本行政机关职权范围的，应当即时作出不予受理的决定，并告知申请人向有关行政机关申请；

（3）申请材料存在可以当场更正的错误的，应当允许申请人当场更正；

（4）申请材料不齐全或者不符合法定形式的，应当当场或者在五日内一次告知申请人需要补正的全部内容，逾期不告知的，自收到申请材料之日起即为受理；

（5）申请事项属于本行政机关职权范围，申请材料齐全、符合法定形式，或者申请人按照本行政机关的要求提交全部补正申请材料的，应当受理行政许可申请。

行政机关受理或者不予受理行政许可申请，应当出具加盖本行政机关专用印章和注明日期的书面凭证。

11. 行政机关对申请人提交的申请材料如何进行审查？

答：根据《行政许可法》第34条的规定，申请人提交的申请材料齐全、符合法定形式，行政机关能够当场作出决定的，应当当场作出书面的行政许可决定。

根据法定条件和程序，需要对申请材料的实质内容进行核实的，行政机关应当指派两名以上工作人员进行核查。

12. 依法应当先经下级行政机关审查后报上级行政机关决定的行政许可，上级行政机关能否要求申请人重复提供申请材料？

答：《行政许可法》第35条规定，依法应当先经下级行政机关审查后报上级行政机关决定的行政许可，下级行政机关应当在法定期限内将初步审查意见和全部申请材料直接报送上级行政机关。上级行政机关不得要求申请人重复提供申请材料。

行政执法相关问答

1. 行政机关作出的准予行政许可决定是否应当公开？

答：根据《行政许可法》第 40 条的规定，行政机关作出的准予行政许可决定，应当予以公开，公众有权查阅。

2. 行政机关应当自受理行政许可申请之日起多长时间内作出行政许可决定？

答：根据《行政许可法》第 42 条、第 43 条的规定，除可以当场作出行政许可决定的外，行政机关应当自受理行政许可申请之日起 20 日内作出行政许可决定。20 日内不能作出决定的，经本行政机关负责人批准，可以延长 10 日，并应当将延长期限的理由告知申请人。但是，法律、法规另有规定的，依照其规定。

依照《行政许可法》第 26 条的规定，行政许可采取统一办理或者联合办理、集中办理的，办理的时间不得超过 45 日；45 日内不能办结的，经本级人民政府负责人批准，可以延长 15 日，并应当将延长期限的理由告知申请人。

依法应当先经下级行政机关审查后报上级行政机关决定的行政许可，下级行政机关应当自其受理行政许可申请之日起 20 日内审查完毕。但是，法律、法规另有规定的，依照其规定。

3. 行政机关作出准予行政许可的决定，应当自作出决定之日起多长时间内向申请人颁发、送达行政许可证件？

答：根据《行政许可法》第 44 条的规定，行政机关作出准予行政许可的决定，应当自作出决定之日起 10 日内向申请人颁发、送达行政许可证件，或者加贴标签、加盖检验、检测、检疫印章。

4. 实施行政许可是否应当举行听证?

答:《行政许可法》第 46 条规定,法律、法规、规章规定实施行政许可应当听证的事项,或者行政机关认为需要听证的其他涉及公共利益的重大行政许可事项,行政机关应当向社会公告,并举行听证。

5. 行政许可申请人和利害关系人是否有权要求听证?

答:根据《行政许可法》第 47 条的规定,行政许可直接涉及申请人与他人之间重大利益关系的,行政机关在作出行政许可决定前,应当告知申请人、利害关系人享有要求听证的权利。

6. 申请人、利害关系人应当在多长时间内提出听证申请?行政机关应当在多长时间内组织听证?

答:根据《行政许可法》第 47 条的规定,申请人、利害关系人在被告知听证权利之日起五日内提出听证申请的,行政机关应当在 20 日内组织听证。

7. 行政许可的听证程序应当如何进行?

答:《行政许可法》第 48 条规定,听证按照下列程序进行:

(1) 行政机关应当于举行听证的七日前将举行听证的时间、地点通知申请人、利害关系人,必要时予以公告;

(2) 听证应当公开举行;

(3) 行政机关应当指定审查该行政许可申请的工作人员以外的人员为听证主持人,申请人、利害关系人认为主持人与该行政许可事项有直接利害关系的,有权申请回避;

(4) 举行听证时,审查该行政许可申请的工作人员应当提供审查意见的证据、理由,申请人、利害关系人可以提出证据,并进行申辩和质证;

(5) 听证应当制作笔录,听证笔录应当交听证参加人确认无误后签字或者盖章。

行政机关应当根据听证笔录,作出行政许可决定。

8. 被许可人是否可以要求变更许可事项?

答:根据《行政许可法》第49条的规定,被许可人要求变更行政许可事项的,应当向作出行政许可决定的行政机关提出申请;符合法定条件、标准的,行政机关应当依法办理变更手续。

9. 被许可人延续依法取得的行政许可的有效期的,应当在多长时间内向谁提出?

答:根据《行政许可法》第50条的规定,被许可人需要延续依法取得的行政许可的有效期的,应当在该行政许可有效期届满30日前向作出行政许可决定的行政机关提出申请。但是,法律、法规、规章另有规定的,依照其规定。

10. 行政机关实施行政许可是否收取费用?

答:根据《行政许可法》第58条、第59条的规定,行政机关实施行政许可和对行政许可事项进行监督检查,不得收取任何费用。但是,法律、行政法规另有规定的,依照其规定。

行政机关提供行政许可申请书格式文本,不得收费。

行政机关实施行政许可,依照法律、行政法规收取费用的,应当按照公布的法定项目和标准收费;所收取的费用必须全部上缴国库,任何机关或者个人不得以任何形式截留、挪用、私分或者变相私分。财政部门不得以任何形式向行政机关返还或者变相返还实施行政许可所收取的费用。

11. 个人和组织有发现违法从事行政许可事项的活动,是否有权向行政机关进行举报?

答:根据《行政许可法》第65条的规定,个人和组织发现违法从事行政许可事项的活动,有权向行政机关举报,行政机关应当及时核实、处理。

12. 行政机关撤销行政许可的情形有哪些?

答:《行政许可法》第69条规定,有下列情形之一的,作出行政许可决定的行政机关或者其上级行政机关,根据利害关系人的请求或者依据职权,可以撤销行政许可：

（1）行政机关工作人员滥用职权、玩忽职守作出准予行政许可决定的；

（2）超越法定职权作出准予行政许可决定的；

（3）违反法定程序作出准予行政许可决定的；

（4）对不具备申请资格或者不符合法定条件的申请人准予行政许可的；

（5）依法可以撤销行政许可的其他情形。

被许可人以欺骗、贿赂等不正当手段取得行政许可的，应当予以撤销。

依照前两款的规定撤销行政许可，可能对公共利益造成重大损害的，不予撤销。

13. 行政机关注销行政许可的情形有哪些？

答：《行政许可法》第70条规定，有下列情形之一的，行政机关应当依法办理有关行政许可的注销手续：

（1）行政许可有效期届满未延续的；

（2）赋予公民特定资格的行政许可，该公民死亡或者丧失行为能力的；

（3）法人或者其他组织依法终止的；

（4）行政许可依法被撤销、撤回，或者行政许可证件依法被吊销的；

（5）因不可抗力导致行政许可事项无法实施的；

（6）法律、法规规定的应当注销行政许可的其他情形。

致　谢

　　北京市朝阳区律师协会行政与政府法律顾问业务研究会的主要职责和工作范围包括：开展行政法律业务理论研讨，组织经验交流，提供业务指导，总结律师在专业领域案件中的经验和对策；针对公民和法人与行政单位之间的行政复议、行政诉讼和国家赔偿等法律事务进行研究，就政府单位如何保障公民和法人合法权利提出意见和建议，促进和推动行政单位法治建设；对行政法法律、政策的制定和实施开展调查研究，从专业角度提出立法咨询意见或立法修改建议。

　　感谢以下为本书出版付出工作和努力的律师同仁：郑小宁、温奕昕、方其先、付光强、付新岭、郭杨、黄振达、廉振保、魏珠祥、王晓玉、付雪薇、曲衍桥、王玉涛、宋京遼、李文剑、苏金宇。